U0636715

王艮全集

［明］王艮 著
陳寒鳴 編校

上海古籍出版社

圖書在版編目(CIP)數據

王艮全集 /（明）王艮著；陳寒鳴編校. —上海：上海古籍出版社，2022.12（2023.8 重印）
ISBN 978-7-5732-0485-1

Ⅰ.①王… Ⅱ.①王… ②陳… Ⅲ.①王艮(1483-1540)—全集 Ⅳ.①B248.3-53

中國版本圖書館 CIP 數據核字(2022)第 214678 號

王艮全集

（明）王艮 著
陳寒鳴 編校
出版發行 上海古籍出版社
地　　址 上海市閔行區號景路 159 弄 1-5 號 A 座 5F
郵政編碼 201101
網　　址 www.guji.com.cn
E-mail guji1@guji.com.cn
印　　刷 江陰市機關印刷服務有限公司
開　　本 890×1240 1/32
印　　張 11.75
插　　頁 5
字　　數 226,000
版　　次 2022 年 12 月第 1 版 2023 年 8 月第 2 次印刷
印　　數 1,101—1700
書　　號 ISBN 978-7-5732-0485-1/B·1284
定　　價 79.00 元

如有質量問題，請與承印公司聯繫

目録

卷三……（五五）

編校説明

陳寒鳴

王艮（一四八三—一五四一），原名銀，字汝止，號心齋，泰州安豐場（今東臺）人。他一生可分爲三個時期：無所師承的自學時期；依傍王門的從學時期；「别立門户」的講學傳道時期。

他在三十七歲前，學無師承，但「有任道之志」，故在「商遊四方」的過程中，將《孝經》《論語》《大學》置於書袖中，「逢人質義」（《心齋學譜》），懷着爲「萬世師」的願望發奮學習儒家經典。他「講説經書，多發明自得，不泥傳注。或執傳注辨難者，即爲解説明白」（《年譜》），「信口談解，如或啓之，塾師無敢難者」（《譜餘》）；更「默坐體道」（《年譜》），「以經證悟，以悟釋經」（趙貞吉：《泰州王心齋墓誌銘》）〔一〕，漸至心體洞徹，萬物一體之境，而行住坐默，皆在覺中，毅然以先覺者而有天下之志。在見王陽明之前，王艮自稱已「爲學十年」，這十年，即指他二十七

〔一〕 官長馳：《趙貞吉詩文集注》，第五七九頁，巴蜀書社一九九九年版。

八歲至三十七八歲間，是他的自學時期。

從正德十五年（一五二〇）執贄王門起，至嘉靖七年（一五二八）陽明去世時爲止的八年間，是他依傍王門的從學時期。其間他受到陽明心學的深刻影響。王艮在自學時期，幾乎没有什麽著述，而在從學王門時期，他卻寫作了一些作品，如《鰍鱔賦》《復初説》《明哲保身論》《樂學歌》《天理良知説》等等。這説明王艮基本上接受了王陽明的心學思想，并在陽明心學的薰陶下理論水平有很大提高，不僅原有的思想得以完善，而且對陽明心學亦能有所推展，如其《復初説》即是對陽明「良知亦自會覺，覺即蔽去，復其體矣」的發揮；《樂學歌》則是依據陽明「樂是人心之本體」的觀點寫成的。

嘉靖八年（一五二九），王艮往會稽，會葬乃師王陽明，「大會同志，聚講於書院，訂盟以歸」，此後開始了他「自立門户」的講學傳道時期，亦即泰州學派的奠基時代。在這個時期，王艮定居家鄉安豐場，主要從事講學活動。他一面在家開門授徒，一面又與王門同學和官府士紳往來交遊。五十四歲以前，他外出較爲頻繁，且多遊於江、浙間；晚年則不再外出，居家講學。他自樹一幟，開創了獨具特色的泰州學派。在這一時期，他的思想充分發展，并産生了廣泛而又深刻的影響，主要作品有《格物要旨》《勉仁方》《大成歌》《與南都諸友》《均分草蕩議》《王道論》《答徐子直書》等。

作爲一位教育家，王艮特别注重平民教育。他始終與社會下層群衆保持着密切關係。袁承業《心齋先生弟子師承表序》説：「心齋先生毅然崛起於草莽魚鹽之中，以道統自任，一時天下之士率翕然從之，風動宇内，綿綿數百年不絶。」王艮的學生中，雖有如徐樾這樣的官僚士大夫，但更多的還是布衣平民，如他最早的學生林春出身傭工，朱恕是樵夫，韓貞是陶匠，等等。泰州後學中，還有田夫、商人等。王艮平民教育傳統成爲泰州學派的重要特色之一。

王艮不喜著述，且不以言語爲教，著作和講學語録經其子孫、門人陸續收集整理，彙編成集。王艮著作的成書和刻印情況如下：

（一）先生逝後，門人吴標、王汝貞、羅楫、董高、聶静及王衣、王襞兄弟五人初刻《譜録姓氏》；兵道蔡國賓刻《粹語》。

門人張峰初刻《遺録》於江浦（今屬南京），繼刻於義陽書院（在河南信陽）。張峰再寄王襞書云：「先師遺稿及諸祭文，今已將入梓，請兄速將各原本親過江浦，一面訂之，庶無後悔。更《語録》及詩文有可録者，收拾持來。」三寄王襞書云：「先生《語録》，前與竹山略有定本，但未爲完備，須補其所未及，乃成全書，可以傳也。」四寄王襞書云：「先師教録，向已入梓矣。近蒙疏山公重加校正，其中未免有去留。此公於先師甚是尊崇。」

門人董燧、聶静、吴標、王貞等重刻《年譜語録》。董燧《年譜後序》稱：「壬戌秋，先生之子宗順、宗飭、宗元携先生《行實》至金陵，並同門吴從本、王惟一輩相繼以至，始得按先生《行實》草創爲《譜》，大書其綱，小書其目，直書其素履，詳書始之所悟入與其學業之大成、出處之大致。……癸亥之夏，燧亦解組西歸，復携其稿過子安，共參訂之。己巳春，而仲子宗順亦以《譜》事來會於永豐，乃又與素慕先生者程子振之、劉子茂時相校讐焉。參伍不遺，詳略具備。燧與子安遂並其語録而俱梓以傳。」此後，王棟三刻《遺録》於姜堰鎮（今江蘇泰州姜堰區）。揚州府推官吴一栻、泰州知州陳仁四刻《譜録》於海陵（今江蘇泰州）。耿定力等五刻《全集》於海陵。又據袁承業記，繼五刻本後，焦竑、周汝登又予校刻，是爲六刻本。

清嘉慶間，王氏後裔搜訪遺板，合其族弟、門人王棟及其子王襞的著作，成明刻清遞修《淮南王氏三賢全書》。王世豐（沂中）將王艮集從中抽取而出，以《心齋先生全集》（一名《重鐫心齋王先生全集》）印行於世。是爲「全集本」。

「全集本」卷首有萬曆三十五年丁未陳履祥原序、《明史·王艮傳》，卷一爲薦疏、遺像（附贊）、年譜（附出處事蹟），卷二爲語録（計一百四十七段）、《復初説》《安定書院别言》《明哲保身論》《勉仁方書壁示諸生》《天理良知説答甘泉書院諸友》《答問補遺》。陳履祥序曰：「先生性真，不修文字，而隨在指點，散在士林。識大識小，舊録未之悉也。諸孫氏之垣等旁搜而增益之，稍稍成先生全書。」

（二）弘化四年（一八四七），日本京都中文出版社印行《王心齋全集》（一作《王文貞公全集》），卷首有平安潛庵源襄所撰序、薦疏二章，卷一爲年譜，卷二爲語録上（凡一百零七段），卷三爲語録下（凡三十段），卷四爲雜著（凡二十七篇），卷五爲尺牘（凡二十七則）、弟子録等。是爲「和刻本」。「和刻本」實由耿定力、焦竑核刻本編校而成，故大體保存了「五刻本」、「六刻本」的原貌，但《答問補遺》未收録其中。王榮禄在清道光六年（一八二六）爲此書所作跋中引其父之語道：「《文貞集》行世二百餘年矣，愛而傳之者心心相印，未易一二言其所以然也。而當時隨輯隨刊，編次未遑較畫，如《孝弟箴》《樂學歌》等篇，《年譜》《語録》並載，可一省；論説詩章又錯見於尺牘，可放；《論》《孟》某篇多記某某之例，比類編之；其前之譜系、後之傳誄，只載家乘可也。需重刊善本，則習讀者益便。謹識九十餘處，示汝輩讀書梯筏。得失不能自知，亦思附刊以正有道。」此書傳至日本，平安潛庵源襄十分重視，認爲「心齋之爲人也，抱雄傑儁邁非常之資，而其立志直欲造聖人之域而止矣。且其用工易簡直捷，譬如霜隼搏空，此豈非心齋平生之事耶？後人既不獲心齋之資稟，而志亦庸下，而喜其易簡、便其捷徑，乃其流之弊，不狂則爲陋也必矣！然發人之蒙，莫善於易簡之説，顧其志何如耳。夫志猶權衡丈尺也。小有違焉，則輕重短長不得其法也。或抑或揚、或進或退，其勢不得不偏至矣。苟不偏至，則不能得其力，故聖賢之教有一定不易之權衡丈尺，而其抑揚進退實無一定之法矣。則其説之繁簡難易，皆所以用工也。然而權衡不定，何以量度乎？志向不立，何以用工乎？庸丈夫則不知立我之志也，而趨於易簡捷徑，是猶不持權衡以量輕重，而惡重喜輕也。而可乎？此余之所以歎也！然學者莫善於易簡之説，易簡非天德乎？故曰發人之蒙，莫善於此」，故特命宇都宫岡田裕加以校勘，於弘化四年印行於世。

（三）清末民初，東臺袁承業在《淮南王氏三賢全書》中的《心齋先生全集》基礎上，重新編訂成五卷本的《明儒王心齋先生遺集》。是爲「遺集本」。「遺集本」卷首有王艮所撰其父守庵公像贊，袁承業摹繪之心齋遺像、岳元聲和郝繼可所撰心齋像贊、心齋冠服蒲輪等製圖、袁承業所撰例言，卷一爲語録，卷二爲詩文雜著，卷三爲年譜，卷四爲譜餘和續譜餘，卷五爲碑傳合編（上、下），後附《王一庵先生遺集》等四種。袁氏例言説：「《心齋先生集》，前明六刻，板均散佚。國朝四庫館開，曾加採録，傳益廣焉。嘉慶間，先生裔某搜訪遺板，合一庵、東厓兩先生集版，彙印百餘部，族人分藏之，署曰《淮南王氏三賢全書》，即今本是也。維時泰州先達王沂中世豐者，照原集只刊《語録》，其餘詩文雜著概未刊行，印本亦無多。當此王學復興時代，中外志士求先生書者甚衆。爰將原書重編體例，先付排印，俾好學君子得以先睹爲快。」「先生之學，自一庵翼之而始暢，至東厓繼之而更純。一庵者，先生族弟棟也；東厓者，先生仲子襞也。今印先生集，更名曰《明儒王心齋遺集》，以一庵、東厓兩集爲之附。仍依原書稍加編次，即如《心齋集》有

《年譜》、有《譜餘》、有《續譜餘》、有《疏傳合編》，占集之三分有二，今重加編録，重複者删之，原缺者空之。」據此，「遺集本」除保存了「全集本」内容外，又將心齋年譜之《譜餘》《續譜餘》以及王艮曾孫元鼎所輯《疏傳合編》收入，所收資料頗爲詳盡，惟全集本中的《答問補遺》未予收録。陳祝生主編之《王心齋全集》（江蘇教育出版社二〇〇一年版）以此本爲底本加以整理，并收録《心齋學譜》、《明儒王一庵先生遺集》、《明儒王東厓先生遺集》。

今以遺集本爲底本，以全集本、和刻本爲參校本，重加編校，以成新版九卷本之《王艮全集》。章節編排上，在遺集本基礎上，整合各本，并增入相關資料，重加編排：

卷一爲語録，當底本卷一除末附《復初説》諸文以外之語録，末附全集本、和刻本輯録之語録；

卷二爲尺牘，當底本卷二「詩附」以外之文；

卷三爲詩文雜著，首爲底本卷二「詩附」之詩，次爲底本卷一末附之《復初説》諸文，末爲底本卷首之《王守庵先生像贊》；

卷四爲年譜，當底本卷三；按：此卷底本、全集本、和刻本差異頗大，主要爲相關作品内容的概括徵引及事件敘述的詳略。故此處一依底本，於詳略處不出校，僅於底本有誤處出校。

卷五爲譜餘、續譜餘，當底本卷四；

卷六爲疏傳合編，當底本卷五；

卷七爲《心齋先生弟子師承表序》（節録）、《弟子録》《心齋弟子謀梓遺集尺牘》；《心齋先生弟子師承表序》（節録）當底本附録四，《弟子録》據和刻本卷五移録；

卷八爲《心齋先生學譜》，據民國三十一年（一九四二）刊本移録；

卷九爲《王心齋先生像贊》、序跋、傳記，多據底本、全集本、和刻本卷首彙録，另有數篇從他書輯録。

傳承至今的「全集本」、「遺集本」、「和刻本」，盡彙於此矣！

古籍文獻整理是一項專業性很強的工作。整理者未專事於兹，且學殖淺陋，故這部《王艮全集》難免有疏漏訛誤之處。我們真誠期待讀者諸君不吝批評指正。

上海古籍出版社查明昊先生爲本書付出辛勤的勞動，特謹致謝忱！

補記：

書稿草成於多年前。年來疏懶，於學界關注不多。今付梓在即，始知向以爲散佚之明萬曆刊《重鐫心齋王先生全集》（以下簡稱萬曆本），已由海豚出版社於二〇一八年影印出版。兹據以校録一過，於卷五《續譜餘》補入萬曆四十四年記載一條，於卷七補入《配享弟子列傳》一篇，於卷九補入曹儒川《心齋語略跋》、管志道《心齋語略跋》兩篇。其他據以校補文字者多處，不再贅舉。《儒藏》中有沙志利整理之《重鎸心齋王先生全集》（北京大學出版社二〇一七年），即以北京大學圖書館藏明萬曆三十四年（一六〇六年）刻本爲底本，以中科院圖書館藏同刻後印本補齊并補入部分内容。

卷一

語録〔一〕

《大學》是經世完書，吃緊處只在「止於至善」。「格物」卻正是「止至善」。「自天子以至於庶人」以下數句，是釋「格物致知」之義。「格物」之「物」，即物有本末之物。「其本亂而末治者否矣，其所厚者薄而其所薄者厚，未之有也」，此格物也，故即繼之曰：「此謂知本，此謂知之至也。」行有不得者，皆反求諸己。「反己」是格物底工夫。其身正而天下歸之。正己而物正也。〔二〕

〔一〕 底本、全集本均計一百四十七節，和刻本計一百三十七段。

〔二〕 此條全集本所録同，而和刻本記：「《大學》乃孔門經理萬世的一部完書。吃緊處只在『止於至善』，『格物』卻正是『止至善』。『格物』之『物』，即物有本末之物。『其本亂而末治者否矣，其所厚者薄而其所薄者厚，未之有也』，此格物也，故即繼之曰：『此謂知本，此謂知之至也。』不用增一字解釋，本義自足。驗之《中庸》《論》《孟》《周易》，洞然脗合。孔子精神命脈，具此矣。諸賢就中會得，便知孔子大成學。」

《大學》言平天下在治其國，治國在齊其家，齊家在修其身，修身在正其心。而正心不言在誠其意，誠意不言在致其知，可見致知、誠意、正心各有工夫，不可不察也。

《中庸》「中」字、《大學》「止」字，本文自有明解，不消訓釋。「喜怒哀樂之未發謂之中」、「中也者，天下之大本也」，是分明解出「中」字來。「於止知其所止」、「止仁」、「止敬」、「止慈」、「止孝」、「止信」，是分明解出「止」字來。

纔着意便是私心。

大人者，正己而物正者也。故立吾身以爲天下國家之本，則位育有不襲時位者。

「見龍」，可得而見之謂也；「潛龍」，則不可得而見矣。惟人皆可得而見，故「利見大人」。危其身於天地萬物者，謂之失本；潔其身於天地萬物者，謂之遺末。

門人問「志伊學顔」。先生曰：「我而今只説志孔子之志，學孔子之學。」曰：「孔子之志與學，與伊尹、顔淵異乎？」曰：「未可輕論。且將孟子之言細思之，終當有悟。」

聖人雖時乘六龍以御天，然必當以見龍爲家舍。

康節極稱孔子，然只論得孔子玄微處，至其易簡宗旨卻不曾言。

居是邦不非其大夫，故斂床之問，孔子不答子路而答子貢。以是知八佾、雍徹之譏，皆孔子早年事也。

請討陳恒，仁也；不從而遂已，智也。若知其必不從而不請，亦智也，然非全仁智者也。仁且智，所以爲孔子。

愛人直到人亦愛，敬人直到人亦敬，信人直到人亦信，方是學無止法。

「七十老翁無欲教，一番拈動一番新。」先生每語此詩以省。

學者但知孟子辨夷之《告子》有功聖門，不知其辨堯、舜、孔子處極有功於聖門。

顔子「有不善未嘗不知」，常知故也；「知之未嘗復行」，常行故也。

聖人經世只是家常事。

有以伊、傅稱先生者，先生曰：「伊、傅之事，我不能；伊、傅之學，我不由。」門人問曰：「何謂也？」曰：「伊、傅得君，可謂奇遇。設其不遇，則終身獨善而已。孔子則不然也。」

天下之學惟有聖人之學好學，不費些子氣力，有無邊快樂。若費些子氣力，便不是聖人之學，便不樂。

或問「中」，先生曰：「此童僕之往來者，中也。」曰：「然則百姓之日用即中乎？」曰：「孔子云『百姓日用而不知』，使非中，安得謂之道？特無先覺者覺之，故不知耳。若智者見之謂之智，仁者見之謂之仁，有所見便是妄，妄則不得謂之中矣。」

凡涉人爲皆是作僞，故「僞」字從人從爲。

或言：「佛、老得吾儒之體。」先生曰：「體用一原。有吾儒之體，便有吾儒之用。老、佛[一]之用，則自是佛、老之體也。」

周子曰：「一者，無欲也。」無欲即無極，一即太極。無極是無欲到極處。

程子曰：「一刻不存非中也，一事不爲非中也，一物不該非中也。」知此，可與究執中之學。不執意見，方可入道。

學講而後明，明則誠矣。若不誠，只是不明。

天行健，則通乎晝夜之道而知，故知行合一。

無罪而殺士，則大夫可以去；無罪而戮民，則士可以徙，可與幾也。去而不失其[二]君臣之義，可與存義也。故「女樂」去，幾也；「燔肉」行，存義也。

知修身是天下國家之本，則以天地萬物依於己，不以己依於天地萬物。

論道理若只見得一邊，雖不可不謂之道，然非全體也。譬之一樹，有見根未見枝葉者，有見枝葉未見花實者，有見枝葉、花實卻未見根者；須見[三]得一株，全樹始得。

[一]「老佛」，全集本、和刻本作「佛老」。
[二]「其」，底本作「首」，和刻本作「吾」，此據全集本改。
[三]「見」，全集本、和刻本作「是見」。

「致中和，天地位焉，萬物育焉」，不論有位無位。孔子學不厭而教不倦，便是位育之功。

愚夫愚婦與知能行便是道，與鳶飛魚躍同一活潑潑地，則知性矣。

「射有似乎？」君子失諸正鵠，反求諸其身，不怨勝己者，正己而已矣。君子之行有不得者，皆反求諸己，亦惟正己而已矣。故曰「不怨天，不尤人」。

學者有求爲聖人之志，始可與言學。先師常云：「學者立得定，便是堯、舜、文王、孔子根基。」

學者初得頭腦，不可便討聞見支撐。正須養微致盛，則天德王道在此矣。《六經》、《四書》，所以印證者也。若功夫得力，然後看書，所謂温故而知新也。不然，放下書本便没工夫做。

孔子謂：「二三子以我爲隱乎？」此「隱」字對「見」字説。孔子在當時雖不仕，而「無行不與二三子」，是修身講學以見於世，未嘗一日隱也。隱則如丈人、沮溺之徒，絶人避世，而與鳥獸同群者是已。《乾》「初九」：「不易乎世。」故曰「龍德而隱」。「九二」：「善世不伐。」故曰「見龍在田」。觀桀溺〔一〕曰：「滔滔者天下皆是也，而誰以易之？」非隱而何？孔子曰：「天下有道，丘不與易也。」非見而何？

〔一〕「桀溺」，和刻本同，全集本作「沮溺」。

曾點冠舞雩之樂，正與孔子「無行不與二三子」之意同，故喟然與之。只以三子所言爲非，便是他狂處。譬之曾點，有家當，不會出行；三子會出行，卻無家當。孔子則又有家當，又會出行。

子路只以正名爲迂，所以卒死衛輒之難。

事君有三：君有可諷不可諷，有可諫不可諫，有可犯不可犯。匪石之貞，不可與幾。孔子曰：「諫有五，吾其從諷諫乎？」「諷」字從風，其入也微。〔一〕

仕以爲祿也，或至於害身；仕而害身，於祿也何有？仕以行道也，或至於害身；仕而害身，於道也何有？

君子不以養人者害人，不以養身者害身，不以養心者害心。

「不亦說乎？」「說」是心之本體。

或問：「智者不惑，仁者不憂，勇者不懼。」曰：「我知天，何惑之有？我樂天，何憂之有？我同天，何懼之有？」

若說己無過，斯過矣；若說人有過，斯亦過矣。君子則不然，攻己過，無攻人之過。若有

〔一〕此條全集本同。和刻本作：「孔子曰：『諫有五，吾其從諷諫乎？』『諷』字從風，其入也微。事君有三：君有可諷不可諷，君有可諫不可諫，君有可犯不可犯。匪石之貞，不可與幾。無罪而殺士，則大夫可以去；無罪而戮民，則士可以徙，可與幾也。去而不失其君臣之義，可與存義也。故『女樂』去，幾也；『燔肉』行，存義也。」

於己者，忠告善道之可也。

陰者陽之根，屈者伸之源。屯卦初爻，便是聖人濟屯起手處。

孔子雖天生聖人，亦必學《詩》、學《禮》、學《易》，逐段研磨，乃得明徹之至。

體用不一，只是功夫生。

智譬則巧，聖譬則力。宋之周、程、邵學已皆到聖人，然而未智也，故不能巧中。孔子致知格物而止至善，安身而動，便智巧。

周茂叔窗前草不除，仁也。明道有覺，亦曰：「自此不好獵矣。」此意不失乃得，滿腔子是惻隱之心，故其言曰：「學者先須識仁。」仁者渾然與物同體。

人之天分有不同，論學則不必論天分。

舜於瞽叟，命也。舜盡性而瞽叟底豫，是故君子不謂命也。陶淵明言：「天命苟如此，且盡杯中物。」便不濟。

孔子之不遇於春秋之君，亦命也；而周流天下，明道以淑斯人，不謂命也。若天民，則聽命矣。故曰「大人造命」。

門人歌「道在險夷隨處樂」。先生曰：「此先師當時處險時言之。學者不知以意逆志，則安於險而失其身者有之矣。」

一友持功太嚴，先生覺之曰：「是學爲子累矣！」因指旁斲木之匠示之，曰：「彼卻不曾用功，然亦何嘗廢事？」

刑所以弼教者也，故不教而殺謂之虐。

戒慎恐懼莫離，却不睹不聞。不然，便入於有所戒慎、有所恐懼矣。故曰：「人性上不可添一物。」

社稷、民人，固莫非學，但以政爲學最難。吾人莫若且做學，而後入政。

古人定省，謂使親安妥；而常省察之，非必問於親而後謂之定省也。文王朝於王季日三，亦只問安否於內豎而已。

聖人之道無異於百姓日用。凡有異者，皆謂之異端。

子見南子之謂中，子路不悦之謂正。中者自無不正，正者未必能中。

天理者，天然自有之理也。纔欲安排如何，便是人欲。

「虚明之至」，「無物不覆」，「反求諸身」，「欛柄在手」。合觀此數語，便是宇宙在我，萬化生身矣。「若能握其機，何必窺陳編？」白沙之意，在學者須〔一〕善觀之。「六經」正好印證吾心。孔

〔一〕「在學者須」，和刻本同。全集本作「有在學者」。

子之時中，全在韋編三絕。

學者指摘舉業之學，正與曾點不取三子之意同。舉業何可盡非？但君子安身立命不在此耳。

「夢周公」，不忘天下之仁也；「不復夢見」，則歎其衰之甚。此自警之辭耳。

問〔一〕「時乘六龍」。先生曰：「此是説聖人出處。是這出處，便是這學。此學既明，致天下堯舜之世只是家常事。」

百姓日用條理處，即是聖人之條理處。聖人知，便不失；百姓不知，便會失。

「文王望道而未之見道」，如魯一變至於道之道。視民如傷，故望天下於道也。「見」，如豈若於吾身親見之見；當紂之亂，故卒未之見也。

孔子知本，故仕止久速，各當其時。其稱山梁雌雉之時哉，正以色〔二〕舉而翔集耳。故其繫《易》曰：「君子安其身，而後動。」又曰：「利用安身。」又曰：「安身而天下國家可保也。」

舜自耕稼陶漁以至爲帝，無非取諸人者。孔子則自不暇耕稼陶漁，無非與諸人者，故曰：

〔一〕「問」，全集本同，和刻本作「或問」。

〔二〕「色」，全集本、和刻本作「其色」。

「吾無行而不與二三子者，是丘也」。

「飛龍在天」，上治也，聖人治於上也。「見龍在田」，天下文明，聖人治於下也。惟此二爻皆謂之大人，故在下必治，在上必治。

「乍見孺子入井而惻隱」者，衆人之仁也；「無求生以害仁，有殺身以成仁」，賢人之仁也；「吾未見蹈仁而死者矣」，聖人之仁也。

良知之體，與鳶魚同一活潑潑地。當思則思，思通則已。如周公思兼三王，夜以繼日，幸而得之，坐以待旦，何嘗纏繞？要之，自然天則，不着人力安排。

「山梁雌雉，時哉時哉！」歎其舉止之得時也。「三嗅而作」，是舉得其時也；「翔而後集」，是止得其時也。

有心於輕功名富貴者，其流弊至於無父無君；有心於重功名富貴者，其流弊至於弑父與君。

光武召子陵，與共榻，伸私情也，非尊賢之道也。子陵不能辭，而直與共榻，失貴貴之義也，賢者亦不如此自處。故加足帝腹，子陵之過；狂奴之辱，光武之失。

子夏篤信謹守，爲己切矣，但不免硜硜然「言必信，行必果」，故孔子進之曰：「無爲小人儒」。

無爲其所不爲，無欲其所不欲，只是致良知便了，故曰如此而已矣。

孔子謂「期月」、「三年」，孟子謂「五年」、「七年」之類，要知聖賢用世真實，步步皆有成算，定應毫髮不差。

古之時百工信度，故數罟不入汙池。凡宫室器用，一切皆有制度，百工惟信而守之，莫或敢作淫巧以取罪戾，故人將越度，而工不敢爲。所以令易行而禁易止也。

孔子卻顔路之請車，而不禁門人之厚葬，無成心也。

「將上堂，聲必揚」，仁之用也。故曰《經禮》三百、《曲禮》三千，無一事而非仁。

微子之去，知幾保身，上也。箕子之爲奴，庶幾免死，故次之。比干執死諫以自決，故又次之。孔子以其心皆無私，故同謂之仁，而優劣則於記者次序見之矣。

「知之爲知之，不知爲不知」，是天德良知也。

塵凡事常見，俯視無足入慮者，方爲超脱。〔一〕

〔一〕 全集本同，和刻本作：「塵凡事常見，俯視無足入慮者，方爲超脱。今人只爲自幼便將功利誘壞心術，所以夾帶病根，終身無出頭處。日用間毫釐不察，便入於功利而不自知，蓋功利陷溺人心久矣。須見得自家一個真樂，真與天地萬物爲一體，然後能宰萬物而主經綸，所謂樂則天、天則神。學者不見真樂，則安能超脱而聞聖人之道？仁者安處於仁而不爲物所動，智者順利乎仁而不爲物所陷。仁且智，君子所以約樂而善道矣。」

即事是學，即是事[一]道。人有困於貧而凍餒其身者，則亦失其本而非學也。夫子曰：「吾豈匏瓜也哉，焉能繫而不食？」

教子無他法，但令日親君子而已。涵育薰陶，久當自别。

善者與之，則善益長；惡者容之，則惡自化。

君子之欲仕，仁也；可以仕則仕，義也。居仁由義，大人之義畢矣。

教不倦，仁也。須善教乃有濟，故又曰：「成物，智也。」容得天下人，然後能教得天下人。《易》曰：「包蒙，吉。」

先生於眉睫之間省覺人最多。

先生每論世道，便謂自家有媿。

大丈夫存不忍人之心，而以天地萬物依於己，故出則必爲帝者師，處則必爲天下萬世師。出不爲帝者師，失其本矣；處不爲天下萬世師，遺其末矣。進不失本，退不遺末，止至善之道也。

或言：「爲政莫先於講學。」先生曰：「其惟盛德乎？蓋僚友相下爲難，而當道責備尤重。

[一]「是事」，全集本、和刻本作「事是」。

《易》曰『莫之與』，則傷之者至矣。其必官先事信而後言，可也。」

問「節義」。先生曰：「『危邦不入，亂邦不居』，道尊而身不辱，其知幾乎？」「然則孔、孟何以言成仁取義？」曰：「應變之權固有之，非教人家法也。」

問：「《易》稱湯武革命，順乎天而應乎人；《論語》稱伯夷、叔齊餓於首陽之下，民到於今稱之。是皆孔子言也，何事異而稱同邪？」先生曰：「湯、武有救世之仁，夷、齊有君臣之義；既皆善，故並美也。」曰：「二者必何如而能全美？」曰：「紂可伐，天下不可取。彼時尚有微子在，迎而立之，退居於豐，確守臣職，則救世之仁、君臣之義兩得之矣。且使武庚不至於叛，夷、齊不至於死。此所謂道並行而不相悖也。《易》曰：『安貞之吉，應地無疆。』」

問：「昔者仲由、端木賜、顏回侍孔子而論學，仲由曰：『人善我者，我固善之。人不善我者，我則不善之。』端木賜曰：『人善我者，我固善之。人不善我者，我姑引之進退之間而已。』顏回曰：『人善我者，我固善之。人不善我者，我亦善之。』孔子曰：『我則異於是，無可無不可。』此〔一〕三子之是非，何如？而孔子之所以異於三子者，又何如？」先生曰：「子路之謂，直也；子貢之謂，教也；顏淵之謂，德也。直可加之夷狄，教可行之朋友，德可行之親屬。孔子之『無可

〔一〕「此」，底本作「比」，據全集本、和刻本改。

無不可』者，在夷狄則用子路之直，在朋友則用子貢之教，在親屬則用顔子之德，並行而不悖者也。」

孟子道性善必稱堯、舜，道出處必稱孔子。

伯夷之清，齊莊中正有之矣，然而望望然卻〔一〕不能容人而教之，此其隘也。柳下惠之和，寬裕温柔有之矣，然而致袒裸裎於我側，此其不恭也。君子正其衣冠，尊其瞻視，儼然，人望而畏之，又從而引導之。其處己也恭，其待物也恕，不失己、不失人，故曰：「隘與不恭，君子不由也。」

「人心惟危」，人心者，衆人之心也。衆人不知學，一時忿怒相激，忘其身以及其親者有矣，不亦危乎？「道心惟微」，道心者，學道之心也。學道則戒慎不睹，恐懼不聞，有不善未嘗不知，知之未嘗復行，見幾微也。

孟子曰：「惟大人爲能格君心之非。」孔子曰：「沽之哉，沽之哉，我待價者也。」「待價而沽」，然後「能格君心之非」。故惟大人，然後能利見大人。

隱居以求其志，求萬物一體之志也。

〔一〕「卻」，底本作「去」，據全集本、和刻本改。

「夫子之道，忠恕而已矣」。「忠恕」，學之準則也，便是「一以貫之」。孔子以前無人説忠恕，孟子以後無人識忠恕。

孔子之學，惟孟子知之。韓退之謂「孔子傳之孟軻」，真是一句道着！有宋諸儒只爲見孟子麄處，所以多忽略過學術宗源全在出處大節。氣象粗，未甚害事。

「貴戚之卿，君有大過則諫，反覆之而不聽，則易位。」微子、箕子，殷之貴戚卿也。當紂之惡，不可以不諫。而諫之也，當不在虐焰之後。而其去之也，當不爲儉德辟難已焉可也。昔陳恒弑其君，孔子去魯。去位之臣也，且沐浴告於魯，而倡大義以請討；則微子、箕子者，猶當有諫行之智矣。蓋三分天下，文、武有其二，微子、箕子豈不知之也？周家歷年仁義忠厚，微子、箕子豈不知之也？文、武有天下三分之二，則周之時足以格紂也明矣。且其祖宗、父子仁義忠厚，則可諒其無伐殷之念，而易位之舉亦可必，其協同襄贊而有以共濟天下之難者矣。且夷、齊清風高節，素抱羞辱汙君之義，以此告之，安知其不詢謀僉同而有以共安社稷之危？故孟子曰：「民爲貴，社稷次之，君爲輕也。」且不惟〔一〕成湯之祀尚可以永於無疆，而箕子不至於囚、比干不至於死，武王、夷、齊無相悖之道矣。此天下本無難事，而惟學識之有未盡焉耳。

〔一〕「惟」，底本作「爲」，據全集本、和刻本改。

「志於道」，立志於聖人之道也。「據於德」，據仁、義、禮、智、信五者，心之德也。「依於仁」，仁者善之長，義、禮、智、信皆仁也，此學之主腦也。「遊於藝」，多識前言往行，以蓄其德也。

禘之説，正不王不禘之法也。知不王不禘之説，則知君臣上下名分秩然，而天下之治，誠如示掌之易矣。

卑禮厚幣以招賢者，而孟軻至梁即求而往，明也。國有道不變塞焉，即女子貞不字。聖人濟屯，曰「利建侯」。只是樹立朋友之義。

唐虞君臣，只是相與講學。

知此學，則出處進退各有其道。有爲行道而仕者；行道而仕，敬焉、信焉、尊焉可也。有爲貧而仕者；爲貧而仕，在乎盡職，會計當、牛羊茁壯長而已矣。

問：「辭受取與，固君子守身之節，不可不慎。如顔子之貧，孔子何不少助之？」先生曰：「重人情，則累於道。君子之與受，視諸道而已。故曰：『非其道，一介不以與人，一介不以取諸人。如其道，舜受堯之天下，不以爲泰。』」

「人心惟危」。伊川，賢者，猶因東坡門人一言，遂各成黨。況其下者乎？學者須在微處用功。顔子不遠復，乃道心也。

漢高之有天下，以縱囚斬蛇一念之仁。韓信之殺身，以聽徹襲齊一念之不仁。故人皆有是惻隱之心，苟能充之，足以保四海；苟不充之，不足以保四體。

有疑先生安身之説者問焉，曰：「夷、齊雖不安其身，然而安其心矣。」先生曰：「安其身而安其心者，上也；不安其身而安其心者，次之；不安其身，又不安其心，斯其爲下矣。」

堯、舜、禹相傳授受，曰「允執厥中」。此便是百王相承之統。仲尼祖述者，此也。然宰我曰：「以予觀於夫子，賢於堯、舜遠矣。」子貢曰：「自生民以來，未有夫子也。」有若曰：「自生民以來，未有盛於孔子也。」孟子亦曰：「自有生民以來，未有孔子也。」是豈厚誣天下者哉？蓋堯、舜之治天下，以德感人者也，故民曰：「帝力何有於我哉？」故有此位，乃有此治。孔子曰：「吾無行而不與二三子者，是丘也。」只是學不厭、教不倦，便是致中和、位天地、育萬物，便做了堯、舜事業。此至簡至易之道，視天下如家常事，隨時隨處無歇手地，故孔子爲獨盛也。先師嘗有精金之喻；予以爲孔子是靈丹，可以點瓦石成金，無盡藏者。

有學者問「放心難於求」，先生呼之，即起而應。先生曰：「爾心見在，更何求心乎？」

經所以載道，傳所以釋經。經既明，傳不復用矣；道既明，經何足用哉？經、傳之間，印證吾心而已矣。

陽明先生詩曰：「羨殺山中麋鹿伴，千金難買芰荷衣。」先生曰：「羨殺山中沂浴伴，千金難買莫春衣。」

《易》曰〔一〕：「二多譽，四多懼，三多凶，五多功。」先生曰：「初多休，六多周。」

六陽從地起，故經世之業莫先於講學，以興起人才。古人位天地、育萬物，不襲時位者也。

「當屯難，而乘馬班如者」，要在上有君相之明，「求而往，明也」。「女子貞不字，十年乃字」，相時耳。此君子出處之節也。

誠意忠恕，强恕致曲，皆是立本功夫。

知安身而不知行道，知行道而不知安身，俱失一偏。故居仁由義，大人之事備矣。

自成自道，自暴自棄。

今人只爲自幼便將功利誘壞心術，所以夾帶病根，終身無出頭處。日用間毫釐不察，便入於功利而不自知，蓋功利陷溺人心久矣。須見得自家一個真樂，直與天地萬物爲一體，然後能宰萬物而主經綸，所謂樂則天，天則神。

學者不見真樂，則安能超脱而聞聖人之道？

問：「能容下之慢而不能受上之陵，其病安在？」先生曰：「總只是一個『傲』。能容下之慢，視以爲不足與校云耳。君子只知愛人敬人。」

〔一〕「曰」，底本作「自」，據全集本、和刻本改。

有別先生者以遠師教爲言，先生曰：「塗之人皆明師也，得深省。」

學者有積疑，見先生，多不問而解。

吾身猶矩，天下國家猶方。天下國家不方，還是吾身不方。

天性之體本自活潑，鳶飛魚躍便是此體。

一友論及朋友之失。先生曰：「爾過矣！何不取法君子？見不賢而自省之不暇，那有許多工夫去較量人過失？」

不面斥朋友之失，而以他事動其機，亦是成物之智處。

仁者安處於仁，而不爲物所動；智者順利乎仁，而不爲物所陷。仁且智，君子所以隨約樂而善道矣。

齋明盛服，非禮不動，一時具在，便是立志用功。

朋友初見，先生常指之曰：「即爾此時就是。」未達。曰：「爾此時何等戒懼，私欲從何處入？常常如此，便是允執厥中。」

天下有道，以道殉身；天下無道，以身殉道。未聞以道殉人者也。以道殉人，妾婦之道也！先生常誦此，教學者以立本。

或問：「處人倫之變如何？」子曰：「處變而不失其常，善處變者也。爲人君止於仁，爲人臣止於敬，爲人子止於孝，爲人父止於慈。此常道也。故曰：『舜盡事親之道，而瞽叟厎豫，象憂亦憂，象喜亦喜，不以其害己而或間也。』此處變而不失其常也。」

先生問門人曰：「孔子與點之意，何如？」對曰：「點得見龍之體，故與之也。」曰：「何以爲狂也？」曰：「以其行不掩言也。」曰：「非也！點見吾道之大，而略於三子事爲之末，此所以爲狂也。」

門人問：「先生云『出則爲帝者師』，然則天下無爲人臣者矣。」曰：「不然。學也者，所以學爲師也，學爲長也，學爲君也。帝者，尊信吾道，而吾道傳於帝，是爲帝者師也。吾道傳於公卿大夫，是爲公卿大夫師也。不待其尊信而衒玉以求售，則爲人役。是在我者，不能自爲之主宰矣。其道何由而得行哉？道既不行，雖出，徒出也。若爲禄仕，則乘田委吏，牛羊茁壯、會計當，盡其職而已矣。道在其中，而非所以行道也。不爲禄仕，則莫之爲矣。故吾人必須講明此學，實有諸己，大本達道，洞然無疑。有此把柄在手，隨時隨處無入而非行道矣。有王者作，必來取法，是爲王者師也。使天下明此學，則天下治矣。是故出不爲帝者師，是漫然苟出，則反累其身，則失其本矣。處不爲天下萬世師，是獨善其身，而不講明此學，則遺其末矣。皆小成也。故本末一貫，合内外之道也。」

「愛之欲其生，惡之欲其死」，性情之正，非惑也。既欲其生，又欲其死，中無定主，抱不決

疑，方是惑。〔一〕

或問「『格』字之義」。先生曰：「『格』如格式之『格』，即後『絜矩』之謂。吾身是個矩，國家是個方。絜矩則知方之不正由矩之不正也，是以只去正矩，卻不在方上求，矩正則方正矣，方正則成格矣，故曰『物格』。吾身對上下前後左右，是物；絜矩，是格也。『其本亂而末治者，否矣』一句，便見絜度，『格』字之義。《大學》首言『格物致知』，説破學問大機括，然後下手功夫不差。此孔門家法也。」〔二〕

《中庸》先言慎獨中和，説盡性學問，然後言大本，致中和，教人以出處進退之大義也。〔三〕

正己物正，此是吾人歸宿處。見人惡，只是己未盡善；若盡善，自當轉易。以此見己一身不是小。一正而正，一了百了，此之謂通天天下之故。聖人以此修己以安百姓而天下平；得此道者，孔子而已。〔四〕

諸生問「止至善之旨」。先生曰：「明明德以立體，親民以達用。體用變通，趨時慮也。如是而身安，如『綿蠻黃鳥，止於丘隅。色斯舉矣；翔而後集，無不得所止』矣，止至善也。孔子歎曰：『於止知其所止，何以人而不如鳥乎？』要在知安身也。安身以安家而家齊，安身以安國而

〔一〕〔二〕〔三〕〔四〕 此數條底本、全集本均奪，據和刻本補。

國治，安身以安天下而天下平。故曰：『修己以安人，修己以安百姓。』孟子曰：『守，孰爲大？守身爲大。失其身而能事其親者，吾未之聞。』同一旨也。不知安身，身不能保，又何以保天下國家哉？」〔一〕

「大德不踰閑」，守經之謂也；「小德出入」，行權以正其經也。〔二〕

程子云：「善固性也，惡亦不可不謂之性。清固水也，濁亦不可不謂之水。」此語未瑩，恐誤後學。孟子只説「性善」，蓋善固性也；惡非性也，氣質也，變其氣質則性善矣。清固水也；濁非水也，泥沙也，去其泥沙則水清矣。故言學不言氣質，以學能變化氣質也。故曰：「明得盡，渣滓便渾化。」張子云：「形而後有氣質之性，性善反之，則天地之性存焉。氣質之性，君子有弗性者焉。」此語亦要善看，謂氣質雜性，故曰「氣質之性」。〔三〕

〔一〕〔二〕〔三〕　此數條底本、全集本均奪，據和刻本補。

卷二

尺牘[一]

與俞純夫

只心有所向便是欲，有所見便是妄。既無所向，又無所見，便是無極而太極。良知一點，分分明明，亭亭當當，不用安排思索。聖神之所以經綸變化而位育參贊者，皆本諸此也。此至簡至易之道，然必明師良友指點工夫，方得不差，故曰道義由師友有之。不然，恐所爲雖是，將不免行不著、習不察。

深坐山中，得無喜静厭動之僻乎？肯出一會商榷，千載不偶。

[一] 底本卷二《尺牘密證》計二十一劄、《尺牘論議補遺》原輯計九通。和刻本收録尺牘凡二十七則。

答徐子直

來書所謂「即事是心，更無心矣。即知是事，更無事矣」，足見用功精密，契一貫之旨，可慰可慰。

夫良知即性，性焉安焉之謂聖，知不善之動而復焉執焉之謂賢，惟百姓日用而不知。故曰以先知覺後知，一知一覺，無餘蘊矣。此孔子學不厭而教不倦，合内外之道也。

又

來書謂「虚靈無礙」，此云道之體也；「一切精微」，此云道之用也。體用一原，知體而不知用，其流必至喜静厭動，入於狂簡；知用而不知體，其流必至於支離瑣碎，日用而不知。不能一切精微，便是有礙，便不能一切精微，故曰精則一，一則精。

答林子仁

來書所謂「真實」二字，足見切實工夫。但其間微有毫釐之辨，不可不察。蓋良知原自無不真實，而真實者未必合良知之妙也。故程子謂：「人性上不容添一物。」

又

來書謂府尊以禮來召，賤疾不能行，當以禮辭。用上敬下、用下敬上，其義一也，又何不可哉？禮聞來學，未聞往教。致師而學，則學者不誠矣；往教，則教不立矣：皆不足以知。至尊者道也。昔者公山佛肸召，子尚欲往，而況其以上者乎？欲往者，與人爲善之誠也；終不往者，以其爲善不誠也。使其誠能爲善，則當求於我，又何以召言哉？是故天子不召師，而況其以下者乎？

不往，是不仁也；必往，是不智也。於此可以觀道之精也。東城於此默而識之，可也。

又

得書，見疏山公薦疏。書中云云，亦理勢之自然也〔一〕。求之在我，必有一定之道。當量而後入，不可入而後量也。若君相求之，百執事薦之，然後出焉，此中節之和，吾之道可望其行矣。吾之出，可謂明矣。《易》曰：「求而往，明也。」若君相

〔一〕「書中云云，亦理勢之自然也」，全集本、和刻本作「書中云當道氣味殊别，乃理勢之自然，無足怪也」。

不用，百執事雖薦之，不過盡彼職而已矣。在我者雖有行，亦不過敬君命而已矣。

前此諸儒忽於此道，至於入而後量，是以取辱者多矣，可不鑒哉？

《大學》曰「物有本末」，是吾身爲天地萬物之本也，能立天下之本，然後能知天地之化育。夫焉有所倚？吾東城默而識之。

答朱惟實

得書，知尹高陽，可慰。

來謂既云「敬慎不敗矣」，又云「患所以立」。夫良知即性，性即天，天即乾也。以其無所不包，故謂之仁；無所不通，故謂之亨；無所不宜，故謂之利；無所不正，故謂之貞。是故君子體仁足以長人，嘉會足以合禮，利物足以和義，貞〔一〕固足以幹事。

終日乾乾，夕惕敬慎，此良知而已。雖危無咎，即所謂不敗也，即所以立也。平齋求之良知，更何疑於不足？此便是盡性，自能獲乎上下。行有不得，反求諸己而已矣。能反求，自不怨天尤人，更有何事？

〔一〕「貞」，底本作「真」，據全集本、和刻本改。

答宗尚恩

來書之意已悉，但某欲吾丸齋爲第一等人物，惜乎今日小用之，非我所望也。所謂欲自試云者，古人謂學而後入政，未聞以政爲學。此至當之論。吾丸齋且於師友處試之；若於人民、社稷處試，恐不及救也。進修苟未精徹，便欲履此「九三」危地，某所未許！有疑，尚當過我講破。

又

來書謂「爲禄而仕」，足見謙德。古之人欲仕，出疆必載贄。「三月無君則吊」，君臣大倫豈一日可忘？昔者孔子爲禄而仕，爲乘田必曰「牛羊茁壯長而已矣」，爲委吏必曰「會計當而已矣」。牛羊不茁壯、會計不當，是不能盡其職，是爲不及。牛羊茁壯、會計當而不已者，是爲出位之思，是爲過之。過與不及，皆自取其罪過。在丸齋，當瞭然此道，自不至於如彼喜而不寐。

區區本心，但休戚相關，不能不爲之慮耳。

爲禄、爲道，無入而不自得者，有命存焉。若夫仕止久速，此又在吾丸齋隨時消息見機，自試如何，非我所能逆料也。

與薛中離

昔高郵舟次，歌濂溪先生「故人若問吾何況，爲道春陵只一般」之句，信即大行不加，窮居不損之意。先師良知，實際正如此也。

弟近悟得陰者陽之根，屈者伸之源。孟子曰：「不得志，則修身見於世。」此便是見龍之屈、利物之源也。孟氏之後，千古寥寥，鮮識此義。

今之欲仕者必期通，而舍此外慕，固非其道。陶淵明喪後歸辭之歎，乃欲息交絶遊，此又是喪心失志。周子謂其爲隱者之流，不得爲中正之道。後儒不知，但見高風，匍匐而入微。吾兄其孰與辨之。

答鄒東廓先生

辱手教，兼惠書布，具感具感。

滿擬舊冬一會請正，賤疾不能出，於心歉歉。

先生明先師良知之學，倡於青原，興於南都，今又入輔東宮，乃天地鬼神、祖宗社稷、生民萬物之福也。其任責豈不大哉？

昔者堯、舜不得禹、皋陶爲己憂，孔子不得顔、曾爲己憂，其位分雖有上下之殊，然其爲天地立心、爲生民立命則一也。是故堯、舜、孔、曾相傳授受者，此學而已。學既明，而天下有不治者哉？故《通書》曰：「『曷爲天下善？』曰：『師。』」師者，立乎中，善乎同類者也。故師道立則善人多，善人多則朝廷正而天下治矣。」非天下之至善，其孰能與於此？

雖然，學者之患在好爲人師，故孔子曰「我學不厭而教不倦」，則無斯患矣。是故「中人以上可以語上也，中人以下不可以語上也」。又曰「可與言而不與之言，不可與言而與之言」，皆歸於自家不智。以此爲學，只見自家不能，是以遷善改過，日入於精微也。不然，則抱道自高，未免於怨天尤人，此所以爲患也。世之知明德而不親民者固不足以與此，明德親民而不止於至善者亦不足以與此也。《大學》釋「止至善」，必曰「緡蠻黄鳥，止於丘隅」，於「止」知其所止。故《易》曰「精義入神以致用也，利用安身以崇德也」。

高明以爲何如？

答太守任公

兩辱枉召，感愧殊深。

恭聞執事以賢舉僕矣。果如所舉，則不敢如所召；果如所召，則又負所舉矣。於此權之，與其所負舉，寧不敢如所召也。孟子曰：「有大有之君，必有所不召之臣。」僕固非不召之臣，亦不敢不願學也。

學之如何？堯、舜執中，孔、孟爲仁而已。程子曰：「一物不該，非中也。」又曰：「仁者以天地萬物爲一體。」夫既以天地萬物爲一體，則一夫不獲其所，即己之不獲其所也。是故人人君子，天地位而萬物育，此僕之心也。

雖然，又有所厚也。孔子曰：「仁者人也，親親爲大。」孝弟之至，通於神明，光於四海，無所不通。孟子曰：「仁之實，事親是也。」人人親其親、長其長，而天下平矣。僕之父今年八十九歲，若風中之燭。爲人子者，此心當何如哉？此尤僕之所以不能如召也。伏願執事善爲僕辭，使僕父子安樂於治下，仍與二三子講明此學。所謂「師道立則善人多，善人多則朝廷正而天下治矣」，豈曰小補云乎哉？故孔子曰：「吾無隱乎爾！吾無行而不與二三子者，是丘也。」亦所謂修身見於世也。修身見於世，然後能利見大人，能利見大人，然後能不負所舉矣。

然非一體之仁者，其孰能若執事之薦僕哉？故孔子曰：「賢者賢哉，薦賢者賢哉！」子貢悟之，亦曰：「薦賢者賢哉！」

答朱思齋明府

良知天性，往古來今，人人具足，人倫日用之間舉措之耳，所謂大行不加，窮居不損，分定故也。但無人爲意見參搭其間，則天德王道至矣哉。

承諭撫按薦舉事。竊思古之先覺者，以萬物一體之仁而竭心思焉，斯有萬物一體之政，是故出則必使是君爲堯舜之君，使是民爲堯舜之民。其程可以前定，故曰「三年有成」，曰「必世而後仁」。豈虛語哉？

某本田野鄙夫，豈足爲邦家用？第僻處海濱，以虛聞竊名鄉里，有司以此過舉，撫按以是知我哉，所謂聲聞過情，此心獨無愧乎？

答侍郎張蘆〔一〕岡先生

昨拜尊賜，又辱手教並佳什，感激何如。古所謂先匹夫，以貴下賤者，於今見之矣。佩服，不敢忘。

〔一〕「蘆」，底本作「蘆」，據全集本、和刻本改。

蒙示有司云：「聖愚同性，千古一機。」不可謂天下盡無其人，以絶將來之望。山林野夫豈無格物窮理、講學明道、修身治行而爲振古之人豪者乎？間一有之，同類者譏其矯俗，當道者議其好名，豪傑者嫌其迂，鄙俗者忌其矜。此固執事大人萬物一體之仁，樂取諸人以爲善，而與人爲善之心也。然而在修身治行者反求諸身，果有矯俗好名之蔽、迂闊驕矜之偏，自當修之治之，所謂非議嫌忌者無非砥礪切磋之師矣。

竊聞執事宣令，首戒以省刑罰，此又仁人君子存心愛物，古人泣囚之意也。生民何幸？蓋刑以弼教，不得已而後用之。古人刑期於無刑，故能刑措不用。今之爲政者非不慕此，然而刑不勝刑、罰不勝罰，則必有所以然之説也。豈人心有古今之異，抑時勢之不同而治之有難易歟？將古之善爲政者必有至簡至易之道、易知易從之方，而後之爲政者未之思歟？所謂人人君子，刑措不用，道不拾遺者，不識何日而得見乎？此僕之心固有所惓惓，不敢不因知我者請教也。非敢爲出位之思，自取罪戾。

來諭謂「心有所得，足爲理學補益，爲身心體驗，爲世道經濟」者，愚謂此心綱紀宇宙，流行今古，所謂天理也。存此心，是爲理學，足爲補益矣。是道也，非徒言語也，體之身心，然後驗矣。是道也，萬世不易之常經，無物不濟者也。堯、舜相傳授受，允執厥中，正謂此而已矣。

高明以爲何如？

答徐鳳岡節推

來諭謂：「良知在人信。天然自足之性，不須人爲立意做作。」足見知之真，信之篤，從此更不作疑念否？知此者謂之知道，聞此者謂之聞道，修此者謂之修道，安此者謂之聖也。此道在天地間，徧滿流行，無物不有，無時不然，原無古今之異。故曰「鳶飛戾天，魚躍於淵」，言其上下察也。孟子曰：「無爲其所不爲，無欲其所不欲。」如斯而已矣。所謂聖門肯綮者，此而已。聖門惟由也喭然，教之曰「修己以敬」，子路以爲未足，又曰「安人，安百姓」，亦惟敬此而已矣。

學者信不及此，則當就明師良友講明之，未可輒生疑惑。

答劉鹿泉

來云：「三千歲花實者，久則徵也。」頃刻花者，喜怒哀樂未發之中也；無根無實者，即無聲無臭；即根即實者，即天命之性也。《通書》云「無極而太極」者，即無根而根、無實而實也；「太極本無極」者，即此根本無根、實本無實也。不然，則無根無實者淪於虛無，即根即實者滯於有象，而非所謂道矣。故道也者，性也，天德良知也，不可須臾離也。率此良知，樂與人同，便是充拓得開，天地變化草木蕃。」所謂易簡，而天下之理得，而成位乎其中矣。

答劉子中

來書云：「簡易工夫，只是慎獨、立大本，此是頭腦處。」又謂：「遇境動摇，閑思妄念不能除去，此學者通患。」

子中只在簡易慎獨上用功，當行而行，當止而止，此是集義。即此充實將去，則仰不愧、俯不怍，故浩然之氣塞乎兩間，又何遇境摇動，閑思妄念之有哉？此孟子集義所生，四十不動心者也。若只要遇境不動摇，無閑思妄念，便是告子不集義，先我不動心者也。毫厘之差，不可不辨。

子中當於明師良友處求之，成就此學。天下古今大事，堯、舜、孔、曾相傳授受，只是如此，所謂「道義由師友有之」。子中其念之。

答南都諸友

都下一别，不覺七八年矣。思欲一會，再不可得。朋友之難聚易散也如此，可不歎乎？先師之身既殁，追之不可得也，傷哉！然先師之心在於諸兄，不可得而傳之乎？傳之者，所以尊先師也。不失其幾，所謂時中也。

弟近有愚見，請質諸兄，未知高明以爲何如？裁示萬幸[一]。

弟欲請教諸兄：欲堯舜其君，欲堯舜其民也，然堯舜君民之道，必有至簡、至易、至樂存焉，使上下樂而行之，無所煩難也。所謂爲高必因丘陵，爲下必因川澤，見幾而作，功易成也。今聞主上有純孝之心，斯有純孝之行，何不陳一言爲盡孝道而安天下之心，使人人君子，比屋可封？

欽惟我太祖高皇帝《教民榜文》以孝弟爲先，誠萬世之至訓也！蓋聞天地之道，先以化生，後以形生。化生者，天地即父母也；形生者，父母即天地也。是故仁人孝子，事親如事天，事天如事親，其義一也。故孔子曰：「天地之性，人爲貴。」人之行莫大於孝，孝莫大於嚴父，嚴父莫不大於配天，則周公其人也。昔者周公郊祀后稷以配天，宗祀文王於明堂以配上帝。夫聖人之德又何以加於孝乎？

夫聖人之德，仁、義、禮、智、信而已矣。故孟子曰：「仁之實，事親是也；義之實，從兄是也。」樂之實，樂斯二者是也，故曰：「堯舜之道，孝弟而已矣。」孝弟之至，通於神明，光於四海，無所不通，故上焉者老吾老以及人之老，治天下可運之掌上。又曰「人人親其親、長其長，而天

〔一〕「萬幸」，底本作「幸萬」，據全集本、和刻本改。

下平下焉」者，事父孝，故忠可移於君。又曰：「孝者，所以事君也。」是上下皆當以孝弟爲本也。

無諸己而求諸人，是其本亂而末治者，否矣；有諸己而不求諸人，是獨善其身者也。求諸人而天下之有不孝者，未能盡其術者也。不取天下之孝者立乎高位、治其事，是未能盡其術也。取之在位，所以勸天下以孝也；立乎高位，所以尊天下之孝也；使之治事，所以教天下以孝也。

取之有道。取之不專，是不敬事而慢也；取之不漸，則必至於求全責備矣。天地之道，陰陽迭運，從微而至著也。初月頒取天下之孝者，無擇其貴賤賢愚，次二月頒取在各司之次位，次三月頒賞爵禄，次四月任以官事，次五月頒以舉之司徒，次六月頒取進諸朝廷，天子拜而受之，登之天府，轉以頒諸天下。以能教不能，是以孝者教天下不孝者也。然以六月者，若天道，一陽以至六陽也。其一陽者，微陽也，當維持以養之，不可求全責備。所謂一陽初動處，萬物未生時，養至六陽，即人人知孝矣。

昔人有求千里馬者不得，而先償乎死馬，則千里馬馴至，亦其驗也，亦君子用心之微意也。必月月而頒詔者，使天下皆聽其諄諄之教，而知在上者用心之專也，又得以宣暢其孝心，使之無間斷也。然一陽生於六陰〔一〕之中，知扶陽而不知抑陰，則必爲所困矣。六陰者，皆不孝之謂也。

〔一〕「陰」，底本作「陽」，據全集本、和刻本改。

是故先王教民六行，以孝爲先；糾民八刑，以不孝爲先。

此以上爲聖賢格言，所以使天下有所稽也。若以爲非者，是非聖人者，無法；非孝者，無親。則當懲之，懲一人，而千萬人戒也。

蓋孝者，人之性也，天之命也，國家之元氣也。元氣壯盛而六陰漸化矣，然而天下有不孝者鮮矣。故有若曰：「其爲人也孝弟而好犯上者，鮮矣。不好犯上而好作亂者，未之有也。」然而天下有爭鬬者，鮮矣。「君子務本，本立而道生。孝弟也者，其爲仁之本與？」故親親而仁民，仁民而愛物，然而百姓有不親者，鮮矣。

若曰君不能，是賊其君也；若曰人不能，是賊其人也；若曰己不能，是自賊者也。只此一言便是非禮之言，只此一念便是非禮之動，便是絶人道、棄天命也，便入虛無寂滅之類也。又何以爲萬物一體而立其人道哉？

在上者果能以是取之，在下者則必以是舉之。父兄以是教之，子弟以是學之，師保以是勉之，鄉黨以是榮之。是上下皆趨於孝矣。然必時時如此，日日如此，月月如此，歲歲如此。在上者不失其操縱鼓舞之機，在下者不失其承流宣化之職，遂至窮鄉下邑、愚夫愚婦皆可與知與能，所以爲至簡至易之道，然而不至於人人君子、比屋可封者，未之有也。

愚見如此，高明以爲何如？

自古聖人作字，以孝文爲教，其旨深哉！此道，人人可知可能，上合天心，下合人心，幽合鬼神，古合聖人，時合當今。其機不可失矣！

答王龍溪

書來，云：「羅子疑出入爲師之説，惜不思問耳。」諺云：相識滿天下，知心有幾人？非先生而何？

先生知我之心，知先師之心，未知能知孔子之心否？欲知孔子之心，須知孔子之學。知孔子之學，而丈夫之能事畢矣。

答黎洛大尹〔二〕

來書所謂「動之即中，應之至神，無以加矣。是故人受天地之中以生，而動之即中，隨感而應，而應之即神」。先生爲民父母，如保赤子，率真而行，心誠求之，當擬議則擬議，是故擬議以成變化，又何惑之有哉？

〔二〕　詩題全集本、和刻本作「答黎樂溪大尹如臯縣大尹，名堯勳，西蜀人」。

民受海潮之難，往者不可追，見在者仁政自能存恤，以爲生生不息之國本。是故近者悅而遠者來，何俟贅言矣？

昔者堯爲民上而有九年大水，使禹治之，而後天平地成。湯有七年大旱，能以六事自責，大雨方數千里。此人事變於下，而天象應於上也。所謂位天地、育萬物，參爲三才者，如此而已。

高明以爲何如？

再與徐子直

前者書中欲吾子直思之，未及明言，然亦不過率此良知之學，保身而已。故《中庸》曰：「君子居上不驕，爲下不倍。」國有道，其言足以興；國無道，其默足以容。既明且哲，以保其身。孔子曰：「五十以學《易》，可以無大過矣。」豈欺我哉？竊思《易》道潔淨精微，雖不能盡述其詳，然聖神之出處上下，已具於乾、坤兩卦之六爻也。以此印證吾良知，無毫厘之差，自能知進退保身之道矣。

今吾子直居九三危地，而爲過中之爻，乃能乾乾夕惕，敬慎不敗。如此，是能善補過也，故无咎。

夫陽者，陰之主也；陰者，陽之用也。一陰一陽之謂道，故《坤·六三》曰：「陰雖有美，含之以從王事，弗敢成也。」地道也，妻道也，臣道也。地道無成而代有，終此之謂也。將來或有時而近大人，察言觀色，慮以下人，所謂自試也，故无咎。《六四》曰：「括囊无咎無譽，慎不害也。」此之謂也。其餘以此推之，上下無所不通。

故孔子曰：「於止知其所止，可以人而不如鳥乎？」所謂止至善也。吾子其慎思之。

又

屢年得書，必欲吾慈憫教誨，於此可見子直不自滿足，非特謙辭已也。殊不知我心久欲授吾子直大成之學，更切切也。但此學將絶二千年，不得吾子直面會，口傳心授，未可以筆舌諄諄也。

幸得舊冬一會，子直聞我「至尊者道，至尊者身，然後與道合一」，隨時即欲解官善道。於此可見吾子直果能信道之篤，乃天下古今有志之士，非凡近所能及也。

又聞別後沿途欣欣，自歎自慶。但出處進退未及細細講論，吾心猶以爲憂也。

我今得此沉疴之疾。我命雖在天，造命卻由我。子直聞此，當有不容已者。

餘俟面講，不備。

孝箴

父母生我，形氣俱全。形屬乎地，氣本乎天。中涵太極，號人之天。此人之天，即天之天。此天不昧，萬理森然。動則俱動，静則同焉。天人感應，因體同然。天人一理，無大小焉。一有所昧，自暴自棄焉。惟念此天，無時不見。告我同志，勿爲勿還；外全形氣，内保其天。苟不得已，殺身成天。古有此輩，殷三仁焉。斷髮文身，泰伯之天；採薇餓死，夷齊之天；不逃待烹，申生之天；啓手啓足，曾子之全。敬身爲大，孔聖之言；孔曾斯道，吾輩當傳。一日克復，曾孔同源。

孝弟箴

事親從兄，本有其則。孝弟爲心，其理自識。愛之敬之，務至其極。愛之深者，和顔悦色；敬之篤者，怡怡侍側。父兄所爲，不可不識；父兄所命，不可不擇。所爲若是，終身踐跡；所爲未是，不可姑息。所命若善，盡心竭力；所命未善，反復思繹。敷陳義理，譬喻端的。陷之不義，於心何擇？父兄之愆，子弟之責。堯舜所爲，無過此職。

樂學歌

人心本自樂，自將私欲縛。私欲一萌時，良知還自覺。一覺便消除，人心依舊樂。樂是樂此學，學是學此樂。不樂不是學，不學不是樂。樂便然後學，學便然後樂。樂是學，學是樂。於乎！天下之樂，何如此學？天下之學，何如此樂？

大成學歌〔二〕 寄羅念庵

十年之前君病時，扶危相見爲相知。十年之後我亦病，君期枉顧亦如之。始終感應如一日，與人爲善誰同之？堯舜之爲乃如此，芻蕘詢及復奚疑？我將大成學印證，隨言隨悟隨時躋。只此心中便是聖，説此與人便是師。至易至簡至快樂，至尊至貴至清奇。隨大隨小隨我學，隨時隨處隨人師。掌握乾坤大主宰，包羅天地真良知。自古英豪誰能此？開闢以來惟仲尼。仲尼之後微孟子，孟子之後又誰知？廣居正路致知學，隨語斯人隨知覺。自此以往又如何？吾儕同樂同高歌。隨得斯人繼斯道，太平萬世還多多。我説道心中和，原來個個都中和；我説道心

〔二〕「學歌」，全集本、和刻本作「歌」。

中正，個個人心自中正。常將中正覺斯人，便是當時大成聖。自此以往又何如？清風明月同高歌。同得斯人説斯道，大明萬世還多多。

鰍鱔賦

道人閑行於市，偶見肆前育鱔，一碙覆壓纏繞，奄奄然若死之狀。忽見一鰍從中而出，或上或下，或左或右，或前或後，周流不息，變動不居，若神龍然。其鱔因鰍得以轉身通氣，而有生意。是轉鱔之身、通鱔之氣，存鱔之生者，皆鰍之功也。雖然，亦鰍之樂也，非專爲憫此鱔而然，亦非爲望此鱔之報而然，自率其性而已耳。於是道人有感，喟然歎曰：「吾與同類並育於天地之間，得非若鰍、鱔之同育於此碙乎？吾聞大丈夫以天地萬物爲一體，爲天地立心、爲生民立命，幾不在茲乎？」遂思整車束裝，慨然有周流四方之志。

少頃，忽見風雲雷雨交作，其鰍乘勢躍入天河，投於大海，悠然而逝，縱横自在，快樂無邊！回視樊籠之鱔，思將有以救之，奮身化龍，復作雷雨，傾滿鱔碙，於是纏繞覆壓者皆欣欣然而有生意。俟其蘇醒精神，同歸於長江大海矣。

道人欣然就車而行。

或謂道人曰：「將入樊籠乎？」曰：「否！吾豈匏瓜也哉，焉能繫而不食？」「將高飛遠舉乎？」曰：「否！吾非斯人之徒與而誰與？」「然則如之何？」曰：「雖不離於物，亦不囿於物也。」

因詩以示之。詩曰：一旦春來不自由，遍行天下壯皇州。有朝物化天人和，麟鳳歸來堯舜秋。

與薛中離

良知者聖也，安焉者學也，故曰性焉、安焉之謂聖。知其不安而安之者，復其性也，故曰復焉、執焉便是賢。惟百姓日用而不知，故曰以先知覺後知。是聖、愚之分，知與不知而已矣。此簡易之道也。

先師良知之教，卓貫千古。微吾兄，孰能語於此哉？

別後，先師家事變更不常，其間細微曲折，雖令弟竹居先生耳聞目擊於此，猶未知其所以然也，蓋機不可泄故。

向嘗請先師立夫人以爲衆婦之主，師曰：「德性未定，未可輕立。」請至再三，先師不以爲然者，其微意有所在也。正恐諸母生子壓於主母而不安，則其子之不安可知矣。

我輩不究先師淵微之意、遠慮之道，輕立吴夫人以爲諸母之主。其性剛無容，使正億之母處於危險之地，無由自安。母固如此，億弟又何以安哉？遂使億弟陷於五婦人之手。

當時太夫人伯顯因汪白泉懲戒之後，誓不入先師家内。其危險至此，幸得歐南野至越，與樂村、約齋商量，拯救至南都，白與黄久庵。

何善山召弟商議，人謀鬼謀已定，又得王瑶湖贊決、李約齋之力，遂拔正億出危離險，遂得翁婿相處。吾輩之心安矣。

後，陳、吴二夫人送歸，各得其所矣。其後，吴夫人只可還歸原職，蓋三從之道，姑叔、門人不與焉。

我輩正當認錯改之，使吾億弟後無魔障可也。此便是復焉執焉之道，無負於先師先覺之明也。

此又在於吾兄消息權度之力焉，非區區所能與也。其不知此意者，遂誹誹日甚，雖有一二同志，亦操戈入室矣，而況他人哉？

此微意豈能一一遍告，使之知其所以然哉？故曰「吉凶悔吝生乎動」。吉一而已，可不慎乎？

與歐陽南野 附歐札

貴鄉里曾雙溪至，知久庵公丁憂，正億弟隨歸。初，公言以死保孤，於今日事勢，不知果能終其所願否也？過越，恐伯顯老夫人相留，未知如何處之？望兄與龍溪兄扶持，豫謀萬全之策，以保先師一脈之孤！如何如何？

附歐札

久庵老先生取正億育之宦邸。亦嘗反復籌量，不能自已。蓋非但慮正億保抱鞠育之跡，亦恐其長於婦人之手，蒙養弗端，或浸淫以入於邪僻，重遺先人之羞也。

非但爲正億求成立之道，抑亦以同志諸友往來處事。輒有違言，恐誹誹日甚，或啓無窮之釁也。

非但於正億有翁婿之義，老師有骨肉之恩，抑亦於伯顯及四方士友有道義同志之雅，善爲調護，使各不失其一體之愛也。

伯顯有書欲留正億，自是大義至情。然觀之日前，雖若割恩舍愛，徐觀其後。伯顯亦將喜而安之矣。執事幸委曲成之。草草奉聞，惟萬萬。

與林子仁

「自誠[一]明謂之性」，苟非生而知之，焉能自誠而明也如此？「自明誠謂之教」，苟非師友講明功夫頭腦，並出處進退時宜，焉能自明而誠也如此？故曰：「誠則明矣，明則誠矣。」是故學者之於師友切磋琢磨，專在講明而矣，故曰：「學不講不明。」

又

別來不覺三載矣，屢承惠問，感激殊深。始聞高中而居要地，誠有喜而不寐之意。又得龍溪先生諸友切磋，學日益明，此第一義也。故學外無政，政外無學。是故堯、舜相傳授受，「允執厥中」而已矣。故孟子曰：「經正，庶民興，斯無邪慝矣。」雖孔子，必三年而後有成。有志於忠君愛民者，求其萬全之策，必以此爲是矣。王正億者，乃吾先師一脈之孤也。愧我勢不能相隨看管，此惓惓於懷！萬望青目，幸甚幸甚！諒吾東城推此學之所自，必自能照顧矣，豈待贅言哉？

〔一〕「誠」，底本誤作「城」，據和刻本改。

又

舟中所論人有道，其言足以興；無道，其默足以容。即大舜隱惡揚善之道。此所謂以爲大知也。吾東城執此中而用之，則徹上徹下，是爲明哲保身矣。

奉緒山先生書

先生倡道京師，興起多士，是故君子莫大乎與人爲善，非先生樂取諸人以爲善，其孰能與於此哉？近有學者問曰：「良知者性也，即是非之心也。一念動，或是或非，無不知也。如一念之動，自以爲是，而人又以爲非者，將從人乎、將從己乎？」予謂：「良知者，真實無妄之謂也，自能辨是與非。此處亦好商量，不得放過。」

夫良知固無不知，然亦有蔽處，如子貢欲去告朔之餼羊，而孔子曰：「爾愛其羊，我愛其禮。」齊王欲毀明堂，而孟子曰：「王欲行王政，則勿毀之矣。」若非聖賢救正，不幾於毀先王之道乎？故正諸先覺，考諸古訓，多識前言往〔二〕行而求以明之，此致良知之道也。

〔二〕「往」，底本奪，據和刻本、全集本補。

觀諸孔子曰「不學《詩》，無以言；不學《禮》，無以立」、「五十以學《易》，可無大過」，則可見矣。然子貢多學而識之，夫子又以爲非者，何也？説者謂子貢不達其簡易之本，而徒事其末，是以支離外求而失之也。故孔子曰：「吾道一以貫之。」一者，良知之本也，簡易之道也；貫者，良知之用也，體用一原也。使其以良知爲之主本，而多識前言往行以爲畜德，則何多識之病乎？

昔者陸子以簡易爲是，而以朱子多識窮理爲非；朱子以多識窮理爲是，而以陸子簡易爲非。嗚呼！人生其間，則孰知其是非而從之乎？孟子曰：「是非之心，人皆有之。」此簡易之道也。充其是非之心，則知不可勝用，而達諸多識前言往行以蓄德矣。故曰：「博學而詳説之，將以反説約也。」嗚呼！朱、陸之辨不明於世也久矣。

昔者堯欲治水，四岳薦四凶，堯曰：「静言庸違，方命圮族。」既而用之，果至敗績。四岳不知而薦之，過也；堯知而用之，非仁乎？不能拂四岳之情，舍己之是而從人之非，非至仁者不能與於此也。是以「蕩蕩乎，民無能名焉」。岳曰：「胤子朱啓明。」堯曰：「嚚訟可乎？」是以不得舜爲己憂。不特仁乎天下，亦仁於丹朱也。舜即受堯之禪，而又避位於堯之子。使當時之人皆曰吾君之子而立之，不幾於失堯仁丹朱之心乎？不特堯仁丹朱之心，亦失堯仁天下之心也。此是非又難明也。舜受堯之禪是也，而又不忍逼堯之子，於宫中而避之。避之者，遜之也。是故順乎天而應乎人，皆由己之德也。孔子曰「盡美又盡善」，是非明矣。故孟子曰：「行一不義而得天下，皆不爲也。」此先師所謂致知焉盡矣。鄙見請正高明，其裁示之。

答林養初書 林東城子

來書見所述孝弟之詳，非身親履歷不能言也。孔子曰：「孝無終始，而患不及者，未之有也。」《中庸》謂：「思事親，不可以不知人；思知人，不可以不知天。」知人，謂尊賢也；知天，謂聞道也。如州中某某於道皆有所得，吾養初能愛而親就之，可謂尊賢矣。尊之，明此良知之學。聞天命之性，可謂聞道矣。聞道則中和之氣在我矣，以之事親，斯謂之孝，自有愉色惋容而無扞格怨尤矣。是故父母悦之，喜而不忘；父母怒之，勞而不怨。以之事君，斯謂之忠；以之事長，斯謂之弟。以至於天下之交，則無所不通。故《易》曰：「以言乎遠則不禦，以言乎邇則静而正，以言乎天地之間則備矣。」養初能進於此，可謂大孝矣乎！

王道論

孔子曰：「如有王者，必世而後仁。」《書》曰：「刑，期於無刑。」此王道也。夫所謂王道者，存天理、遏人欲而已矣。天理者，父子有親、君臣有義、夫婦有別、長幼有序、朋友有信是也；人欲者，不孝不弟、不睦不婣、不任不恤、造言亂民是也。存天理則人欲自遏，天理必見，是故堯、舜在位，比屋可封；周公輔政，刑措不用。是其驗也。蓋刑因惡而用，惡因無教養而生。苟養之有道、教之有方，則衣食足而禮義興，民自無惡矣，刑將安施乎？

然養之道，不外乎務本節用而已。古者田有定制，民有定業，均節不忒，而上下有經，故民志一而風俗淳。衆皆歸農，而宂食遊民無所容於世。今天下田制不定，而遊民衆多，制用無節，而風俗奢靡。所謂一人耕之，十人從而食之；一人蠶之，百人從而衣之。欲民之無饑寒，不可得也。饑寒切身，而欲民之不爲非，亦不可得也。今欲民得其養，在去天下虛縻無益之費，而制用有經，重本抑末，使巧詐遊民各皆力本。如此則生者衆而食者寡，爲之疾而用之舒，而財用無不足矣。

其三代貢、助、徹之法，後世均田、限田之議，口分世業之制，必俟人心和洽方可斟酌行之。師其意，而不泥其跡。行之有漸，則通變得宜。民皆安之，而不見其擾矣。所謂人心和洽，又在教之有方。而教之有方，唐、虞三代備矣。

昔者堯、舜在上，憂民之逸居無教而近於禽獸也，使契爲司徒，教以人倫。三代之學，皆所以明人倫是也。是故《周禮》大司徒以鄉三物教萬民而賓興之，一曰六德，智、仁、聖、義、中、和；二曰六行，孝、友、睦、婣、任、恤；三曰六藝，禮、樂、射、御、書、數。先德行而後文藝，明倫之教也。又爲比閭、族黨、州鄉之法以聯屬之，使之相親相睦、相愛相勸，以同歸於善。故凡民之有德行才藝者，必見於人倫日用之間，而一鄉之人無不信之者。及其鄉舉里選之時，比以告閭、閭以告族、族以告黨、黨以告州、州以告鄉，而鄉大夫則以所舉者以爲是，而不復考其德行才藝，悉以敬賢之禮遇之；不若後世之猜忌防閑也。鄉大夫舉於司徒，司徒薦以天子，天子拜而受之，登於天府，使司馬論才而授任。是故在上者專以德行舉士，在下者專以德行取士；父兄以德行教之，子弟以德行學之；師保以德行勉之，鄉人以德行榮之。是上下皆趨於德行，躬行實踐於孝弟忠信、禮義廉恥之間，不復營心於功名富貴之末，而功名富貴自在其中矣。是故在上者專取天下之賢以爲輔相，不欲遺天下之賢，是與天下之人爲善也；在下者專舉天下之賢以爲己功，不敢蔽天下之賢，是勸天下之人爲善也。精神命脈，上下流通，日新月異，以至愚夫愚婦皆知所以爲學，而不至於人人君子、比屋可封，未之有也。

後世以來，非不知道德仁義爲美，亦非不知以道德仁義爲教，而所以取士者不專以道德仁義，而先於文藝之末，故上有好者，下必有甚焉者矣。在上者以文藝取士，在下者以文藝舉士；

父兄以文藝教之，子弟以文藝學之；師保以文藝勉之，鄉人以文藝榮之；而上下皆趨於文藝矣。故當時之士自幼至老浩瀚於辭章，汩没於記誦，無晝無夜，專以文藝爲務。蓋不如此，則不足以應朝廷之選而登天子之堂，以榮父母，以建功業，光祖宗而蔭子孫矣。方其中式之時，雖田夫野叟、兒童走卒皆欽敬。故學校之外，雖王宫國都府郡之賢士大夫，一皆文藝之是貴，而莫知孝弟忠信、禮義廉恥之學，而况於窮鄉下邑，愚夫愚婦又安知所以爲學哉？所以飽食煖衣，逸居無教而近於禽獸，以至傷風敗俗、輕生滅倫、賊君棄父，無所不至，而冒犯五刑，誅之不勝其誅，刑之無日而已。豈非古所謂不教而殺，罔民者哉？嗚呼！言至於此，可不痛心！

今欲變通之，惟在重師儒之官，選天下之道德仁義之士以爲學校之師。其教之也，必先德行，而後文藝；廢月書季考之繁，復飲射讀法之制。取之之法，科貢之典，祖宗舊制，雖不可廢；當於科貢之外别設一科，與科貢並行，如漢之賢良方正孝廉。我太祖人才之類不拘成數，務得真才，其賓興之典當重於科貢，果有真才，而位列亦出進士之右。其科貢之中，苟文優而行劣者，必在所黜；行優而文雖劣者，亦在所取。精神意思惟以德行爲主，使天下之人曉然知德行爲重、六藝爲輕。如此，則士皆爭自刮磨砥礪，以趨於仁義道德之域，而居興可行矣。

夫養之有道而民生遂，教之有方而民行興。率此道也以往，而攸久不變，則仁漸義磨，淪膚浹髓，道德可一，風俗可同。刑措不用，而三代之治可幾矣。然非天子公卿講學明理，躬行於上以倡率之，則徒法不能以自行，而卒亦不可致矣。苟不知從事於此，而惟末流是務，則因陋就簡，補弊救偏，雖不無一時歡虞之效，隨世以就功名，終歸於苟焉而已，非王道之大也。

又曰爲人君者體天地好生之心，布先王仁民之政，依人心簡易之理，因祖宗正大之規，象陰陽自然之勢，以天下治天下，斯沛然矣。

均分草蕩議

裂土封疆，王者之作也；均分草蕩，裂土之事也。其事體雖有大小之殊，而於經界受業，則一也。是故均分草蕩必先定經界，經界有定則坐落分明，上有册下給票，上有圖下守業。後雖日久，再無紊亂矣。蓋經界不定，則坐落不明，上下皆無憑據，隨分隨亂，以致爭訟。是致民之訟由於作事謀始不詳，可不慎歟？

一定經界，本場東西長五十餘里，南北闊狹不同，本場五十總，每總丈量一里，每里以方五百四十畝爲區内，除糧田官地等項，共計若干頃畝。本場一千五百餘丁，每丁分該若干頃畝，各隨原産草蕩灰場、住基灶基、糧田墳墓等地，不拘十段二十段，有散坐落某里某區内，給與印信紙票書照，明白着落本總本區頭，立定界墩，明白實受其業。後遇逃亡事故，隨票承業，雖千萬年之久，再無紊亂矣。

卷三

詩文雜著

初謁文成先生〔一〕詩二首

孤陋愚蒙住海濱，依書踐履自家新。誰知日日加新力，不覺腔中渾是春。

聞得坤方布此春，告違艮地乞斯真。歸仁不憚三千里，立志惟希一等人。去取專心循上帝，從違有命任諸君。磋磨第愧無胚樸，請教空空一鄙民。

〔一〕「先生」，全集本、和刻本均作「公」。

和萬鹿園詩〔二〕

人生貴知學，習之惟時時。天命是人心，萬古不易茲。鳶魚昭上下，聖聖本乎斯。安焉率此性，無爲亦無思。我師誨吾儕，曰性即良知。宋代有真儒，《通書》或問之：曷爲天下善？曰惟性者師。先生因讀此和稿而問在座諸友曰：「天下之學無窮，唯何學可以時習之？」内一友江西涂從國者答曰：「唯天命之性可以時習也。」再顧問諸友：「還有可以時習之學乎？」衆皆不應。良久，忽一童子，乃先生甥周莅者答曰：「天下之學雖無窮，亦皆可以時習也。」衆皆愕然。先生問曰：「如以讀書爲學，有時又作文；如學文，有時又學武。如以事親爲學，有時又事君。如以有事爲學，有時又無事。此皆可以時習乎？」童子曰：「天命之性，即天德良知也。如讀書時也依此良知學，作文時也依此良知學，學文學武、事親事君、有事無事，無不依此良知學，乃所謂皆可時習也。」時在座諸友皆有省悟。先生喟然歎曰：「信予者，從國也！始可與言專一矣。啓予者，童子也！始可與言一貫矣。」嗚呼，如童子者，乃所謂不慮而知、不學而能者也。故並録之。

示學者

人心本無事，有事心不樂。有事行無事，多事亦不錯。

〔二〕「詩」，全集本、和刻本均無。

又

能無爲兮無弗爲，能無知兮無弗知。知此道兮誰弗爲？爲此道兮誰復知？

次先师[一]答人問良知

知得良知卻是誰？良知原有不須知。而今只有良知在，没有良知之外知。

天下江山一覽贈友六首覺友人[二]

都道蒼蒼者是天，豈知天衹在身邊。果能會得如斯語，無時無處不是天。詠天[三]

世人不肯居斯下，誰知下裏乾坤大？萬派俱從海下來，天上還包在地下。詠下[四]

真機活潑一春江，變化魚龍自此江。惟有源頭來活水，始知千古不磨江。詠江[五]

[一]「先師」，全集本、和刻本均作「文成」。

[二] 詩題全集本、和刻本均作「咏天下江山一覽贈友」。

[三][四][五] 小注全集本、和刻本均無。

瑞氣騰騰寶韞山，如求珍寶必登山。無心於寶自然得，纔著絲毫便隔山。詠山〔一〕

茫茫何處尋吾一，萬化流形宣著一。得一自然常惺惺，便爲天下人第一。詠一〔二〕

千書萬卷茫茫覽，不如只在一處覽。靈根纔動彩霞飛，太陽一出天地覽。詠覽〔三〕

題淳朴卷

一片青天日，隱然星斗藏。未曾當夜景，何以見文章？

贈友人

看破古今爲，先生志何處？欲與天地參，利名關不住。

送胡尚賓歸省

之子家衡陽，遠來路六千。專心求我學，一住即三年。立志苟不勇，焉能耐歲寒。無犯而無隱，孜孜問學焉。既聞堯舜道，知性即知天；又明孔孟學，繼絕二千年。修身乃立本，枝葉自

〔一〕〔二〕〔三〕小注全集本、和刻本均無。

新鮮。誠能止至善，大成聖學全；至易而至簡，至近至神焉。位育皆由我，怨尤即失焉。如有相信者，敬將此學傳。殷勤再叮囑，莫負别離言。

次先師陽明先生除夕韻〔一〕

此道雖貧樂有餘，還知天地似吾廬。東西南北隨吾往，春夏秋冬任彼除。混沌一元無内外，大明萬世有終初。雲行雨施風雷動，辟闔乾坤振此居。

勉友人處困

若得吾心有主張，便逢顛沛也無傷。寸機能發千鈞弩，一柁堪驅萬斛航。動静云爲皆是則，窮通壽夭只如常。願期學到從容處，肯爲區區利欲忙。

次答友人

入室先須升此堂，聖賢學術豈多方？念頭動處須當謹，舉足之間不可忘。莫因簡易成疏

〔一〕詩題全集本、和刻本均作「除夕次文成韻」。

略，務盡精微入細詳。孝弟家邦真可樂，通乎天下路頭長。

又

若要人間積雪融，須從臘底轉東風。三陽到處聞啼鳥，一氣周流見遠鴻。今日梅花纔吐白，不時杏蕊又舒紅。化工生意無窮盡，雨霽雲收只太空。

和王尋樂韻〔一〕

此樂多言無處尋，原來還在自家心。聖師專以良知教，賢友當爲切己箴。念念不忘爲積善，時時省諟惜分陰。意誠心正身修後，天地參同貫古今。

勉學者

西風乍起季秋時，信信將寒寒至之。天道尚然人好法，猛充仁義莫教遲。

〔一〕「韻」，全集本、和刻本均無。

寄東廓先生

東海灘頭老坎高，俯觀海内往來潮。有能善立潮頭舞，不用葫蘆匪正操。

送友人

數年心事一朝融，着實擔當樂未窮。上賴聖師陶冶力，下承賢友切磋功。悠悠歲月何時了，蕩蕩乾坤到處容。述此情懷期我友，莫將意見泥胸中。

書荷軒卷

胡子遠來學，一見心中樂。樂得遠來朋，以此知多覺。覺得善人多，朝廷政日和。太和感天地，同樂太平歌。胡生荷軒子，荷軒翁造始。構軒荷池上，號稱荷軒耳。周子愛蓮花，以蓮爲君子。若非君子心，焉能同如此？有子善繼志，册葉追思爾。能侍善山師，又師洛村子。二師善教人，使來四千里。印證良知同，使之知所止。欣然歸復師，如斯而已矣。

復初説

治天下有本，身之謂也。本必端。端本，誠其心而已矣；誠心，復其不善之動而已矣。不善之動，妄也。妄，復則無妄矣；無妄，則誠矣；誠，則無事矣。故誠者，聖人之本；聖，誠而已矣。是學至聖人，只復其不善之動而已矣。知不善之動者，良知也；知不善之動而復之，乃所謂致良知以復其初也。

東廓子構成書院，因名曰「復初」，故述之以此。

安定書院講學別言〔一〕

《通書》曰：「曷爲天下善？曰：師。師者，立乎中，善乎同類者也。故師道立則善人多，善人多則朝廷正，而天下治矣。非天下之至善，其孰能與於此哉？」昔宋安定胡先生，泰州人也，有志於學，一鄉崇祀，爲百世師，況天下之至善乎？今豫章瑶湖王先生，予同門友也。學於陽明先生，遵良知、精一之傳，來守是邦，以興起斯文爲己任，構安定書院，召遠近之士居而教之，是

〔一〕　全集本題作「安定書院别言」。和刻本題作「安定書院記」。

一時之盛舉也。

予家居安豐，去此百里許，亦承其召而往學焉。

予謂：道在天地間，實無古今之異，自古惟有志者得聞之。孔子曰：「朝聞道，夕死可矣。」其餘何足言哉？嗟夫，有志之士何代無之？若非明師良友鼓舞於前，誘掖獎勸，抑其過引，其不及以至於中，其不至於半塗而廢，行不著、習不察，流於異端枝葉者鮮矣。

予也，東西南北之人也。今瑤湖先生轉官北上，予亦歸省東行，辱諸友相愛，後會難期，故書此以爲後日之記云。

明哲保身論 贈別瑤湖北上〔一〕

明哲者，良知也；明哲保身者，良知良能也，所謂不慮而知、不學而能者也。人皆有之，聖人與我同也。知保身者，則必愛身如寶。能愛身則不敢不愛人，能愛人則人必愛我，人愛我則吾身保矣。能愛人則不敢惡人，不惡人則人不惡我，人不惡我則吾身保矣。能愛身則必敬身如寶，能敬身則不敢不敬人，能敬人則人必敬我，人敬我則吾身保矣。能敬身則不敢慢人，不慢人

〔一〕「贈別瑤湖北上」，全集本、和刻本均無。

則人不慢我，人不慢我則吾身保矣。

此仁也，萬物一體之道也。以之齊家，則能愛一家矣。能愛一家，則一家者必愛我矣；一家者愛我，則吾身保矣。吾身保，然後能保一家矣。以之治國，則能愛一國矣。能愛一國，則一國者必愛我矣；一國者愛我，則吾身保矣。吾身保，然後能保一國矣。以之平天下，則能愛天下矣。能愛天下，則天下凡有血氣者莫不尊親；莫不尊親，則吾身保矣。吾身保，然後能保天下矣。

此仁也，所謂至誠不息也，一貫之道也〔二〕。人之所以不能者，爲氣稟物欲之偏。氣稟物欲之偏，所以與聖人異也。與聖人異，然後有學也。學之如何？明哲保身而已矣。

知保身而不知愛人，必至於適己自便，利己害人。人將報我，則吾身不能保矣。吾身不能保，又何以保天下國家哉？此自私之輩不知本末一貫者也。

若夫知愛人而不知愛身，必至於烹身割股、舍生殺身，則吾身不能保矣。吾身不能保，又何以保君父哉？此忘本逐末之徒，其本亂而末治者，否矣。

故君子之學，以己度人。己之所欲，則知人之所欲；己之所惡，則知人之所惡。故曰有

〔二〕「也」，底本無，據全集本、和刻本補。

諸己而後求諸人，無諸己而後非諸人，必至於内不失己、外不失人，成己成物而後已。此恕也，所謂致曲也，忠恕之道也。故孔子曰「敬身爲大」，孟子曰「守身爲大」，曾子啓手啓足，皆此意也。

古今之囑臨别者，必曰「保重保重」，謂保身也。有保重之言而不告以保身之道，是與人未忠者也。吾與瑶湖子相别，而告之以此者，非瑶湖子不知此而告之，欲瑶湖子告之於天下後世之相别者也。

是爲别言。

勉仁方書壁示諸生[一]

予幸辱諸友相愛，彼此切磋砥礪，相勉於仁。惟恐其不能遷善改過者，一體相關故也。然而不知用力之方，則有不能攻己過，而惟攻人之過者，故友朋往往日見其疏也。是以愛人之道而反見惡於人，不知反躳自責故也。予將有以諭之。

〔一〕 全集本題作《勉仁方示諸生》。和刻本題作《勉仁方》。

夫仁者愛人，信者信人，此合外内之道也。於此觀之，不愛人，不仁可知矣；不信人，不信可知矣。故愛人者人恒愛之，信人者人恒信之，此感應之道也。於此觀之，人不愛我，非特人之不仁，己之不仁可知矣；人不信我，非特人之不信，己之不信可知矣。

君子爲己之學，自修之不暇，奚暇責人哉？自修而仁矣，自修而信矣，其有不愛我、信我者。是在我者，行之有未深、處之有未洽耳，又何責焉？故君子反求諸其身，上不怨天，下不尤人，以至於顔子之「犯而不校」者，如此之用功也。然則予之用功，其當以顔子自望而望於諸友乎，抑不當以顔子自望而望於諸友乎？

夫仁者，以天地萬物爲一體。一物不獲其所，即己之不獲其所也，務使獲所而後已。是故人人君子，比屋可封，天地位而萬物育。此予之志也。故朋之來也，予日樂之；其未來也，予日望之。此予之心也。

今朋友自遠方而來者，豈徒然哉？必有以也。觀其離父母、別妻子，置家業，不遠千里而來者，其志則大矣，其必有深望於予者也。予敢不盡其心以孤其所望乎？是在我者必有所責任矣。朋之來也，而必欲其成就，是予之本心也。而欲其速成，則不達焉。必也使之明此良知之學，簡易快樂，優遊厭飫，日就月將，自改自化而後已。

故君子之道，以人治人。改而止，其有未改，吾寧止之矣。若夫講説之不明，是己之責也；

引導之不時，亦己之責也。見人有過而不能容，是己之過也；能容其過而不能使之改正，亦己之過也。

欲正物而不先正己者，非大人之學也。故誠者非自成己而已也，所以成物也。成己，仁也；成物，智也。性之德也，合外内之道也，故時措之宜也。是故君子學不厭而教不倦者，如斯而已矣。觀其汲汲皇皇，周流天下，其仁可知矣。文王小心翼翼，視民如傷，望道而未之見，其仁可知矣。堯、舜兢兢業業，允執厥中，以四海困窮爲己責，其仁可知矣。觀夫堯、舜、文王、孔子之學，其同可知矣。其位分雖有上下之殊，然其爲天地立心、爲生民立命，則一也。

顔淵曰：「舜，何人也？予，何人也？有爲者亦若是。」吾儕其勉之乎，吾儕其勉之乎！然則予之用功，其當以堯、舜、文王、孔子自望而望於諸友乎，抑不當以堯、舜、文王、孔子自望而望於諸友乎？噫！我知之矣。而今而後，予當自仁矣，予當自信矣，予當自仁而仁於諸友矣，予當自信而信於諸友矣。然則予敢不自用功而自棄而棄於諸友乎？予知諸友之相愛，肯不自用功而自棄而棄予乎？

故知此勉仁之方者，則必能反求諸其身。能反求諸其身而不至於相親相信者，未之有也。

天理良知説 答甘泉書院諸友〔一〕

或問：「天理、良知之學同乎？」曰：「同。」「有異乎？」曰：「無異也。天理者，天然自有之理也；良知者，不慮而知、不學而能者也。惟其不慮而知、不學而能，所以爲天然自有之理；惟其天然自有之理，所以不慮而知、不學而能也。故孔子曰『知之爲知之，不知爲不知』，是良知也。『入太廟，每事問』，是天理也。惟其『知之爲知之，不知爲不知』，所以『入太廟，每事問』；惟其『入太廟，每事問』，便是『知之爲知之，不知爲不知』。曰致、曰體認，知天理也，否則日用不知矣。」

曰：「以子之言，天理、良知之學同而無疑矣。人又以爲異者，何哉？」曰：「學本無異，以人之所見者，各自以異耳。如一人，有名焉，有字焉。有知其名而不知其字者，則執其名爲是，而以稱字者爲非也；有知其字而不知其名者，則執其字爲是，而以稱名者爲非也。是各以己之所見者爲是，以人之所見者爲非也。既知人矣，又知名矣，又知字矣。是既以己之所見者爲是，又知人之所見者亦爲是也。夫然後洞然無疑矣。」

〔一〕 標題全集本同，和刻本無「答甘泉書院諸友」七字。

答問補遺 計二十節〔一〕

子謂諸生曰：「惟《大學》乃孔門經理萬世的一部完書，吃緊處惟在『止至善』及『格物致知』四字。本旨二千年來未有定論矣，某近理會，卻不用增一字解釋，本義自足。驗之《中庸》、《論》、《孟》、《周易》，洞然吻合。孔子精神命脈具此矣，諸賢就中會得，便知孔子大成學。」

諸生問「止至善之旨」。子曰：「明明德以立體，親民以達用，體用一致。陽明先師辨之悉矣。此堯、舜之道也，更有甚不明？但謂至善爲心之本體，卻與明德無別，恐非本旨。明德即言心之本體矣。三揭『在』字，自唤省得分明，孔子精蘊立極，獨發安身之義正在此。堯、舜執中之傳以至孔子，無非明明德、親民之學，獨未知安身一義，乃未有能止至善者，故孔子悟透此道理，却於明明德、親民中立起一個『極』來，故又説個在『止於至善』。止至善者，安身也；安身者，立天下之大本也。本治而末治，正己而物正也，大人之學也。是故身也者，天地萬物之本也；天地萬物，末也。知身之爲本，是以明明德而親民也。身未安，本不立也。本亂而末治者，否矣；本末亂，治末愈亂也。故《易》曰：『身安而天下國家可保也。』如此而學，如此而爲大人也。不

〔一〕 此部分全集本同，和刻本無。

知安身，則明明德、親民卻不曾立得天下國家的本，故不能主宰天地，斡旋造化。立教如此，故『自生民以來，未有盛於孔子者也』。」諸生問曰：「夫子謂『止至善爲安身』，則亦何所據乎？」子曰：「以經而知安身之爲止至善也。《大學》説個『止至善』，便只在『止至善』上發揮。知止，知安身也，定静安慮得安身而止至善也。物有本末，故物格而後知本也。知本，知之至也。知至，知止也。『自天子以至於庶人，至此謂知之至也』一節，乃是釋『格物致知』之義。身與天下國家，一物也。惟一物，而有本末之謂。格，絜度也。絜度於本末之間，而知本亂而末治者否矣。此格物也，物格知本也。知本，知之至也。故曰『自天子以至於庶人，壹是皆以修身爲本也』。修身，立本也；立本，安身也。後文引《詩》釋『止至善』曰『緡蠻黃鳥，止於丘隅』，知所以安身也。孔子歎曰：『於止知其所以止，可以人而不如鳥乎？』要在知安身也。《易》曰：『君子安其身而後動。』又曰：『利用安身。』又曰：『身安而天下國家可保。』孟子曰：『守，孰爲大？守身爲大。失其身而能事其親者，吾未之聞。』同一旨也。」

諸生問「格」字之義。子曰：「『格』，如格式之格，即後絜矩之謂。吾身是個矩，天下國家是個方。絜矩則知方之不正由矩之不正也，是以只去正矩，卻不在方上求。矩正則方正矣，方正則成格矣，故曰『物格』。吾身對上下前後左右，是物絜矩，是格也。『其本亂而末治者，否矣』一句，便見絜度。『格』字之義，修身立本也。立本，安身也。安身以安家而家齊，安身以安國而國治，安身以安天下而天下平也。故曰：『修己以安人，修己以安百姓。』修其身而天下平。不知安身便去幹天下國家事，是之謂失本也。就此失腳，將或烹身割股，餓死結纓，且執以爲是矣。不知身不能保，又何以保天下國家哉？」

《大學》首言「格物致知」，説破學問大機括，然後下手工夫不差。誠意、正心、修身、齊家、治國、平天下，由此而措之耳。此孔門家法也。

知本，知止也。如是而不求於末，定也；如是而天地萬物不能撓己，靜也；如是而首出庶物，至尊至貴，安也；如是而知幾先見，精義入神，仕止久速，變通趨時，慮也；如是而如「綿蠻黃鳥，止於丘隅」，「色斯舉矣，翔而後集」，無不得所止矣。止至善也。

問：「反己，格物否？」子曰：「物格知至，知本也。誠意、正心、修身，立本也。本末一貫，是故愛人、治人、禮人也，格物也。不親、不治、不答，是謂行有不得於心，然後反己也。格物然後知反己，反己是格物的工夫。反之如何，正己而已矣。反其仁治敬，正己也。其身正而天下歸之，此正己而物正也，然後身安也。」

知明明德而不知親民，遺末也，非萬物一體之德也。知明明德、親民而不知安身，失本也。其本亂而末治者，否矣，亦莫之能親民也。知安身而不知明明德、親民，亦非所謂立本也。

子謂諸生曰：「《大學》謂『齊家在修其身，修身在正其心』，何不言正心在誠其意？惟曰所謂誠其意者。不曰誠意在致其知，而曰『致知在格物』、『物格而後知至』、『知至而後意誠』、『意誠而後心正』。此等處，諸賢曾一理會否也？」對曰：「不知也，請問焉。」

子曰：「此亦是吃緊去處，先儒皆不曾細看。夫所謂平天下在治其國者，言國治了，而天下之儀形在是矣；所謂治國在齊其家者，家齊了，而國之儀形在是矣；所謂齊家在修其身、修身在正其心者，皆然也。至於正心卻不在誠意，誠意不在致知。誠意而後可以正心，知至而後可以誠意。夫戒慎恐懼，誠意也。然心之本體原着不得纖毫意思的，纔着意思便有所恐懼，便是助長，如何謂之正心？是誠意工夫猶未妥貼。必須掃蕩清寧，無意無必，不忘不助，是他真體存存，纔是正心。然則正心固不在誠意內，亦不在誠意外。若要誠意，卻先須知得箇本在吾身，然後不做差了，又不是致知了，便是誠意。須物格知至，而後好去誠意。則誠意固不在致知內，亦不在致知外，故不曰所謂誠意在致其知者、所謂正心在誠其意者。是誠意毋自欺之說，只是實實落落在我身上做工夫，不可便謂毋自欺爲致知，與聖經背〔二〕。不先誠意就去正心，則正心又着空了；不先致知就去誠意，則誠意又做差了；既能誠意，不去正心，則誠意又卻助了。卻不可以誠意爲正心，以致知爲誠意。故須物格而後知至，知至而後有誠意工夫，意誠而後有正心

〔二〕「背」，底本作「皆」，據全集本改。

工夫。所謂正心不在誠意，誠意不在致知者，如此也。悟此《大學》微旨。」

諸生謝曰：「此千載未明之學，幸蒙指示！今日知所以爲學矣。」

子謂朱純甫曰：「學問須知有個把柄，然後用功不差。本末原拆不開，凡於天下事必先知本。如『我不欲人之加諸我』，是安身也，立本也，明德止至善也；『吾亦欲無加諸人』，是所以安人、安天下也，不遺末也，親民止至善也。此孔子學問精緻奥領處。前此未有能知之者，故語賜曰：『非爾所及也。』」

《大學》工夫，惟在誠意。故「誠意章」前後引《詩》，道極詳備。文王緝熙，敬止止仁，止敬止孝，止慈止信，以至没世不忘，止至善也；衛武公學問自修，恂慄威儀，以至民不能忘，止至善也。□□皆做到至善。以下闕八字所謂盛德，至善者也。孔子合下便要止至善，便是欛柄在手。以下闕五十七字

程宗錫問：「此之謂『自謙』，訓作『自慊』，何如？」子曰：「此正承物格知至説來。既知吾身是個本，只是毋自欺，真真實實在自己身上用工夫，如惡惡臭，如好好色。略無纖毫假借、自是自滿之心，是謂自謙，即《中庸》敦厚以崇禮也。謙者無不慊，慊者未必能謙也，然工夫只在慎獨而已。故『不怨天不尤人』，『下學而上達』，『知我者其天乎』；如此而慎獨，則心寬體胖，身安也。」

子謂周季翰曰：「止於仁，止於敬，止於孝，止於慈，止於信。若不先曉得個安身，則止於孝，烹身割股有之矣；止於敬者，餓死結纓有之矣。必得孔子説破此機括，始有下落，纔能内不失己，外不失人。故《大學》先引『緡蠻』詩在前，然後引『文王』詩，做誠意工夫纔得完全無滲漏。」

子謂徐子直曰：「何謂至善？」曰：「至善即性善。」曰：「性即道乎？」曰：「然。」曰：「道與身，便尊身，與道何異？」曰：「一也。」曰：「今子之身能尊乎？否歟？」子直避席，請問曰〔一〕：「何哉夫子之所謂尊身也？」子曰：「身與道原是一件，至尊者此道，至尊者此身。尊身不尊道，不謂之尊身；尊道不尊身，不謂之尊道。須道尊身尊，纔是至善。故曰：『天下有道，以道殉身；天下無道，以身殉道。必不以道殉乎人。』使有王者作，必來取法，致敬盡禮，學焉而後臣之，然後言聽計從，不勞而王。如或不可，則去。仕止久速，精義入神，見機而作，不俟終日。避世避地，避言避色，如神龍變化，莫之能測。《易》曰：『匪我求童蒙，童蒙求我。』又曰：『求而往，明也。』動静不失其時，其道光明，見險而能知止矣哉。』〔二〕曰：『君子之守身，修其身而

〔一〕「曰」，底本作「焉曰」，據全集本改。
〔二〕「又」，底本作「或」，據全集本改。

天下平。若以道從人，妾婦之道也。』己不能尊信，又豈能使彼尊信哉？及君有過，却從而諫；或不聽，便至於辱且危。故孔子曰：『清斯濯纓，濁斯濯足。』自取之也。」子直拜而謝曰：「樾甚慚於夫子之教！」

《中庸》先言慎獨，中和説盡性學問，然後言大本，致中和，教人以出處進退之大義也。惟皇上帝，降中於民；本無不同，鳶飛魚躍。此中也。譬之江淮河漢，此水也；萬紫千紅，此春也。保合此中，無思也，無爲也，無意必，無固我，無將迎，無内外也。何邪思？何妄念？惟百姓日用而不知。故曰：「君子存之，庶民去之。」學也者，學以修此中也。戒慎恐懼，未嘗致絲毫之力，乃爲修之之道。故曰合着本體是工夫，做得工夫是本體。先知中的本體，然後好修的工夫。

王子敬問莊敬持養工夫，子曰：「道一而已矣。中也、良知也、性也，一也。識得此理，則見見成成，自自在在。即此不失便是莊敬，即此常存便是持養。真體不須防險。不識此理，莊敬未免着意，纔着意便是私心。」

劉君錫問：「常恐失却本體，即是戒慎恐懼否？」子曰：「且道他失到那裏去。」

子謂子敬曰：「近日工夫何如？」對曰：「善念動則充〔一〕之，惡念動則去之。」曰：「善念不

〔一〕「充」，底本作「克」，據全集本改。

動，惡念不動，又如何？」不能對。子曰：「此卻是中，卻是性，戒慎恐懼此而已矣。是謂顧諟天之明命。立則見其參於前，在輿則見其倚於衡。常是此中，則善念動自知，惡念動自知；善念自充〔一〕，惡念自去。如此慎獨，便可知立大本。知立大本，然後內不失己，外不失人，更無滲漏。使人人皆如此用功，便是致中和，便是位天地、育萬物事業。」

子謂諸生曰：「程子云：『善固性也，惡亦不可不謂之性〔二〕。清固水也，濁亦不可不謂之水〔三〕。』此語未瑩，恐誤後學。孟子只説性善。蓋善，固性也；惡，非性也，氣質也。變其氣質，則性善矣。清，固水也；濁，非水也，泥沙也。去其泥沙則水清矣。故言學不言氣質，以學能變化氣質也，故曰明得盡，渣滓便渾化。張子云：『形而後有氣質之性。善反之，則天地之性存焉。氣質之性，君子有弗性者焉。』此語亦要善看，謂氣質雜性，故曰氣質之性。」

董子某問：「先生嘗曰『出必爲帝者師，處必爲天下萬世師』。疑先生好爲人師，何如？」先生曰：「子未學《禮》乎？」董子曰：「亦嘗學之矣。」先生曰：「子未知學爲人師之道乎？」董子曰：「願終教之。」先生曰：「《禮》不云乎『學也者，學爲人師也』？學不足以爲人師，皆苟道也。

〔一〕「充」，底本作「克」，據全集本改。
〔二〕「性」，底本作「非性」，據全集本改。
〔三〕「水」，底本作「非水」，據全集本改。

故必修身爲本，然後師道立，而善人多矣。如身在一家，必修身立本以爲一家之法，是爲一家之師矣；身在一國，必修身立本以爲一國之法，是爲一國之師矣；身在天下，必修身立本以爲天下之法，是爲天下之師矣。故出必爲帝者師，言必尊信吾修身立本之學，足以起人君之敬信，來王者之取法。夫然後道可傳，亦可行矣，庶幾乎己立後自配之於天地萬物，而非牽以相從者也。斯出，不遺本矣。處必爲天下萬世師，言必與吾人講明修身立本之學，使爲法於天下，可傳於後世。夫然後立必俱立，達必俱達，庶幾乎修身見世而非獨善其身者也。斯處也，不遺末矣。孔、孟之學正如此。故其出也，以道殉身而不以身殉道；其處也，學不厭而教不倦。本末一貫，夫是謂明德親民、止至善矣。」

王守庵先生像贊〔一〕

於惟我考，像可得而見，神不可得而傳。考軀之修兮，遜周文聖之七寸；考年之永兮，登周武聖之壽元。考德之隱以綿兮，非語言之所可悉；考志之寄以垂兮，端竢乎述之者之爲可法爲可傳。

仲男艮百叩贊。

〔一〕　全集本、和刻本無此篇，據底本卷首録。

卷四

年譜

先生諱艮，字汝止，隸揚之泰州安豐場人今屬東臺縣。其先伯壽，自姑蘇徙居，生國祥，國祥生仲仁，爲場百夫長，生文貴；文貴生公美、僖〔一〕；公美生處士紀芳玒，別號守庵，古樸坦夷，里中稱爲長者。〔二〕母〔三〕湯氏仁孝，佐夫治閫，甚有法度，訓誨諸子，至今凜然。

先生身長九尺，隆顙修臞，骨巉貌古，有肉珠在掌，左一右二，如分陰陽，時時起伏不息，若與氣機相爲升降者，人咸異之。

先生嘗於宅之後圃築室，僅方丈，時宴息其中，悉心究學，自號心齋。創冠服蒲輪等制，行

〔一〕「僖」，全集本、和刻本均同，前疑奪「公」字。

〔二〕和刻本《年譜》：「先生名艮，字汝止，號心齋，揚州府泰州安豐場人。按王氏族譜，係唐僖宗時兵部尚書璧，謚大獻之後。其隸泰之始祖爲伯壽公，至先生凡七世。考玒，字紀芳，號守庵，古樸坦夷，鄉黨稱長者云。」

〔三〕「母」，全集本作「母孺人」。

於世。其後四方學者稱心齋先生云。

存日，撫按劉節、吴悌交薦於朝。

後，門人徐樾、張峰、董燧、聶静私謚文哲，又謚文貞先生。韓世能、蕭景訓、田大年、張位、沈一貫、王士桂交請從祀孔廟，待謚於朝。

明憲宗純皇帝成化十九年癸卯，先生生是年六月十六日巳時〔二〕也。手有肉珠，左一右二。後身長七尺，隆顙修臞，骨巉貌古。〔三〕

孝宗弘治二年己酉，先生七歲。

受書鄉塾，信口談説，若或啓之，塾師無能難者。

〔二〕「巳時」，全集本、和刻本作「丑時」。

〔三〕「手有肉珠，左一右二。後身長七尺，隆顙修臞，骨巉貌古」，底本、全集本均無，據和刻本補。

六年癸丑，先生十一歲。

貧不能學，辭塾師，就理家政。〔一〕

九年丙辰，先生十四歲。

母孺人湯氏卒。居喪，哭泣甚哀〔二〕。

十四年辛酉，先生十九歲。

奉守庵公命商遊四方，先生以山東闕里所在，徑趨山東。〔三〕

客山東。

十五年壬戌，先生二十歲。

親迎孺人吴氏。

〔一〕全集本同。和刻本作「貧乏束脩資，出塾，順家事」。

〔二〕「哭泣甚哀」，全集本同。和刻本作「居喪戚甚」。

〔三〕全集本同。和刻本作「奉守庵公命商游四方，客山東」。

十六年癸亥，先生廿一歲。

經理財用。始事時〔一〕人多異之，及〔二〕其措置得宜，人莫不能及〔三〕。自是家道日裕，遂推其餘以及鄰里鄉黨。〔四〕

十八年乙丑，先生廿三歲。

客山東。

先生有疾，從醫家受倒倉法。既愈，乃究心醫道。〔五〕

武宗二年丁卯，先生廿五歲。

客山東，過闕里，謁孔聖及顔、曾、思、孟諸廟，瞻拜感激，歎曰：「夫子亦人也，我亦人也！」〔六〕

〔一〕「始事時」，底本無，據全集本補。

〔二〕「之及」，底本奪，據全集本補。

〔三〕「人莫不能及」，全集本作「人復以爲不能及」。

〔四〕和刻本作「家居，措理財用，不襲常見，而家日裕。每推其餘於鄰里鄉黨，初多異之，尋皆以爲不能及」。

〔五〕和刻本作「客山東，有疾，受醫家法，愈，因究心焉」。

〔六〕「夫子亦人也，我亦人也」，底本、全集本無，據和刻本補。

奮然有任道[一]之志。歸則日誦《孝經》、《論語》、《大學》，置其書袖中，逢人質義。

冬十二月丁酉，子衣生。

三年戊辰，先生廿六歲。

冬十一月，守庵公以户役早起赴官家，方急取冷水盥面。會先生見之，深以不得服勞爲痛，遂請以身代役。自是於温凊定省之儀，行之益謹。

四年己巳，先生廿七歲。

默坐體道，有所未悟則閉關静思[二]。夜以繼日，寒暑無間，務期於有得。自是有必爲聖賢之志。

[一]「任道」，全集本同，和刻本作「尚友」。

[二]和刻本作「道有所未悟，則默坐静思」。

六年辛未，先生廿九歲。

先生一夕夢天墜壓身，萬人奔號求救。先生獨奮臂托天而起，見日月列宿失序，又手自整布如故。萬人歡舞拜謝。醒則汗溢如雨，頓覺心體洞徹，萬物一體，宇宙在我之念益真切不容已。自此行住語默皆在覺中。

題記壁間。

先生夢後書「正德六年間，居仁三月半」於座右。時三月望夕，即先生悟入之始。〔二〕

冬十一月壬申，子襞生。

七年壬申，先生三十歲。

築斗室於居後。

暇則閉户坐息其間〔三〕，讀書考古，鳴琴雅歌。

〔二〕「時三月望夕，即先生悟入之始」，全集本同，和刻本無。

〔三〕「其間」，全集本同，和刻本無。。

九年甲戌，先生三十二歲。

先生講説經書，多發明自得，不泥傳注。或執傳注辨難者，即爲解説明白。族長某知先生有志天下，每以難事試之，立爲辨析。及各場官民遇難處事，皆就質於先生，先生爲之經畫，不爽毫髮。〔一〕

十年乙亥，先生三十三歲。

家益繁庶。先生總理嚴密，門庭肅然。子弟於賓客，不整容不敢見。〔二〕

十一年丙子，先生三十四歲。

是年，諸弟並畢婚，諸婦妝奩有厚薄者，門内譁然〔三〕。先生一日奉親坐堂上，焚香座前，召諸昆弟誡曰：「家人離，起於財物不均。」令各出所有置庭中，錯綜歸之。家衆貼然。

〔一〕此條全集本同。和刻本作「説經不泥傳注，多以自得發明之，聞者亦悦服，無可辯。宗族及各場官民遇難處事，每就質於先生，立爲剖決，不爽毫釐。」

〔二〕此條全集本同。和刻本作「家口日繁，先生督理嚴密。客來，子弟不整容不敢見。」

〔三〕「門内譁然」，全集本同，和刻本作「有以爲言者」。

十二年丁丑，先生三十五歲。

撤神佛像，祀祖先。里俗家廟多祀神佛像，先生告於守庵公曰：「庶人宜奉祖先。」守庵公感悟，遂祭告而焚之。因按文公《家禮》，置四代神主祀焉。守庵公性復喜獵，間張網溪上取雁，日獲十餘。先生幾諷之，公焚其網，縱雁飛去。適守庵公患痔，痛劇，先生彷徨侍側，見血腫，以口吮之。守庵公瞿然曰：「兒何至此？」痔尋瘥。人以爲孝感所致。〔二〕遂作《孝弟箴》。略云：事親從兄，本有其則。孝弟爲心，其理自識。愛之敬之，務致其極。愛之深者，和顔悦色；敬之篤者，怡怡侍側。父兄所爲，不可不識；父兄所命，不可不擇。〔三〕

十四年己卯，先生三十七歲。

江西宸濠亂時，武宗南巡，駐蹕維揚，所過騷動，遣嬖幸佛太監、神總兵沿海視獵場，至富安場。校尉及先生門，索鷹犬急。守庵公懼，詣先生曰：「兒勸我毁神佛，今神佛禍作，奈何？」先生曰：「大人無恐。天之所佑者，善也。又何禍爲？」明日，策馬偕校尉執贄往見神佛，以安守

〔二〕「撤神佛像……人以爲孝感所致」，全集本同，和刻本作：「里俗祀神佛像，先生告於守庵公曰：『庶人直奉祖先。』公因祭告而焚之，按文公《家禮》，置四代神主祀焉。云喜獵，間網雁溪上，先生諷諫公，公爲焚其網。」

〔三〕「略云……不可不擇」，底本作「文列前卷」，和刻本作「詳後」，據全集本改。

庵公。佛曰：「鷹犬安在？」先生曰：「里中失獵久矣，何問鷹犬？」佛曰：「今朝廷取鷹犬，能禁弗與耶？」先生曰：「鷹犬，禽獸也，天地間至賤者。而至尊至貴，孰與吾人？君子不以養人者害人。今以其至賤而貽害於至尊至貴者，豈人情乎？」佛聽其言，色動，乃令先生往來趨步而熟視之，顧謂神曰：「疇昔之夜所夢異人，非耶？」延先生坐，與語甚歡。抵暮，先生以父恐辭歸，佛喜曰：「君，孝子也！」厚饋以遺，約旦日早來會。及旦，先生往，佛復喜曰：「君，信人也！」遂與俱獵。時師行凍餒，有司供俸不能給，軍士有道死者，人情洶洶。先生以善言語佛：「宜勸主上早旋蹕，以安天下。遲回海上，主上必致疑脱乘輿。一旦卒然臨之，何以備驅逐？」佛爲感動，罷獵。因強先生謁上，可得柄用。先生委曲決辭以歸。歐陽南野德〔一〕聞而歎曰：「立談之頃，化及中貴，予不及心齋遠矣！」

制冠服。

一日喟然歎曰：「孟軻有言『言堯之言，行堯之行，而不服堯之服，可乎？』」於是按《禮經》制五常冠、深衣、絛絰、笏板，行則規圓矩方，坐則焚香默識。書其門曰：「此道貫伏羲、神農、黄

〔一〕「德」，全集本、和刻本無。

帝、堯、舜、禹、湯、文、武、周公、孔子，不以老幼貴賤賢愚，有志願學者，傳之。」〔一〕

夏五月，子禔生。

十五年庚辰，先生三十八歲。

時，陽明王公講良知之學於豫章，四方學者如雲集。先是塾師黄文剛，吉安人也，聽先生説《論語》首章，曰：「我節鎮陽明公所論類若是。」先生訝曰：「有是哉？方今大夫士汩没於舉業，沉酣於聲利，皆然也。信有斯人，論學如我乎？不可不往見之。吾俯就其可否，而無以學術誤天下。」即買舟以俟。入告守庵公，公難之，長跪榻前，至夜分，繼母唐孺人亦力言於公，乃許之行。得令即起拜登舟，舟中方就枕，遂夢與陽明公拜亭下，覺曰：「此神交也。」舟次大江，會江寇掠舟中，先生揖寇，聽取其所有。寇見先生言動，乃舍去。抵鄱陽，阻風，舟移日不得行，先生禱之，輒風起。既入豫章城，服所制冠服，觀者環繞市道。

執「海濱生」刺以通門者，門者不對，因賦詩爲請。詩曰：「孤陋愚蒙住海濱，依書踐履自家新。誰知日日加新方，不覺腔中渾是春。」「聞得坤方布此春，告違艮地乞斯真。歸仁不憚三千

〔一〕 全集本同。和刻本無此段。

里，立志惟希一等人。去取專心循上帝，從違有命任諸君。蹉磨第愧無胚朴，請教空空一鄙民。」

陽明公聞之，延入，拜亭下，見公與左右人宛如夢中狀。先生曰：「昨來時夢拜先生於此亭。」公曰：「真人無夢。」先生曰：「孔子何由夢見周公？」公曰：「此是他真處。」先生覺心動。相與究竟疑義，應答如響，聲徹門外，遂縱言及天下事。公曰：「君子思不出其位。」先生曰：「某草莽匹夫，而堯、舜君民之心未嘗一日忘。」公曰：「舜居深山，與鹿豕木石遊居，終身忻然，樂而忘天下。」先生曰：「當時有堯在上。」公然其言，先生亦心服公。稍稍隅坐。講及致良知，先生歎曰：「簡易直截，予所不及！」乃下拜而師事之。辭出就館舍，繹思所聞，間有不合，遂自悔曰：「吾輕易矣！」明日復入見公，亦曰：「某昨輕易拜矣，請與再論。」先生復上坐。公喜曰：「善！有疑便疑，可信便信，不爲苟從。予所甚樂也！」乃又反復論難，曲盡端委，先生心大服，竟下拜執弟子禮。公謂門人曰：「吾擒宸濠，一無所動，今卻爲斯人動！」

居七日，告歸省。公曰：「孟軻寄寡母居鄒，遊學於魯，七年而學成。今歸何亟也？」先生曰：「父命在，不敢後期。」

先生既行，公語門人曰：「此真學聖人者，疑即疑，信即信，一毫不苟。諸君莫及也！」門人曰：「異服者與？」曰：「彼，法服也。舍斯人，吾將誰友？」先生初名銀，公乃易之，名艮，字汝止。

歸七日，先生復欲往豫章，守庵公以阻風遇盜途中，已兩見之，難其行。先生曰：「爲善必吉，誠可動天。某此行自有神護。」族長老亦設故以難先生，曰：「汝言誠可動天，今天日方晴，汝能禱雨以證，汝父必許，豫章可往也。」先生即齋心焚香，以情告天。出過鹽倉，見鹽使曰：「急收藏，無緩，午當大雨。」停午，果雲起，雨下如注。族長老異焉，守庵公亦忻然許之，遂如豫章。

過金陵，至太學前聚諸友講論。時六館之士具在。先生曰：「吾爲諸君發六經大旨。夫六經者，吾心之注腳也。心即道，道明則經不必用，經明則傳復何益？經、傳，印證吾心而已矣。」六館之士皆悦服。大司成汪咸齋聞先生言，延入質問，見所服古冠服，疑其爲異，乃問先生曰：「古言無所乖戾，其義何如？」先生曰：「公何以不問我無所偏倚，卻問無所乖戾？有無所偏倚，方做得無所乖戾。」出，汪公心敬而憚之。

世宗嘉靖元年壬午，先生四十歲。

時陽明公以外艱家居，四方學者日聚其門，道院僧房至不能容。於是，先生爲構書院，調度館穀以居。而鼓舞開導，多委曲其間。然猶以未能遍及天下。一日，入告陽明公曰：「千載絶學，天啓吾師倡之，可使天下有不及聞此學乎？」因問孔子當時周流天下車制何如？陽明公笑而不答。既辭歸，制一蒲輪，標題其上曰：「天下一個，萬物一體。入山林求會隱逸，過市井啓發愚蒙。遵聖道天地弗違，致良知鬼神莫測。欲同天下人爲善，無此招摇做不通。知我者，其唯此行乎？罪我者，其惟此行乎？」

作《鰍鱔賦》，文列前卷。

沿途聚講，直抵京師。會山東盜起，德州集兵守關，不得渡。先生托以善兵法，見州守。守曰：「兵貴勇，某儒生，奈怯何？」先生曰：「某有譬語，請爲公陳之。家嘗畜雞母，其所畏者鳶也。一日，引其雛之野，鳶忽至，輒奮翼相鬥，蓋不復知鳶之可畏。其故何也？憂雛之心切耳。公，民之父母；州之民，皆赤子也。倘不忍赤子之迫於盜，何患無勇？將見奮翼相鬥者，愈於雞母也。」州守聽其言，悟，益嚴於爲備。遣人護先生渡河，復先於其所往。

比至都下，先夕有老叟夢黄龍無首，行雨至崇文門〔二〕，變爲人立。晨起，先生適至。時陽明公論學與朱文公異，誦習文公者頗抵牾之。而先生復講論勤懇，冠服車輪悉古制

〔二〕「門」，底本誤作「明」，據全集本、和刻本改。

度，人情大異。會南野諸公在都下，勸先生歸，陽明公亦移書守庵公遣人速先生。〔一〕

先生還會稽，見陽明公。公以先生意氣太高、行事太奇，欲稍抑之，乃及門三日不得見。一日，陽明公送客出，先生長跪曰：「某知過矣！」陽明公不顧。先生隨入，至庭事，復厲聲曰：「仲尼不爲已甚！」於是陽明公揖先生起。時同志在側，亦莫不歎先生勇於改過。

二年癸未，先生四十一歲。

春初，〔二〕往會稽，侍陽明公朝夕〔三〕。

夏四月，貸粟賑濟。

淮揚大饑。先生故所遊、真州王商人居積富，雅敬重先生。於是，先生從真州貸其米二千

〔一〕此條和刻本作：「文成遭父喪家居，先生往會稽，曰：『千載絶學，天啓吾師倡之，可使天下有不及聞乎？』辭歸，作《鰍鱔賦》，詳後。製蒲輪車，遊京師。會山東盜起，關有守兵。至德州，不得渡。見州守，守問曰：『兵貴勇，某儒生，奈怯何？』曰：『有譬語，請爲公陳之。家嘗畜雞母，其所畏者鳶也。一日，引其雛之野，鳶忽至，輒奮翼相鬥，不復知鳶之可畏，其故何也？憂雛之心切耳。公，民之父母；州之民，皆赤子也，倘不忍赤子之迫於盜，何患無勇？將見奮翼相鬥愈於雞母也。』守善其言，嚴爲備，遣人護先生渡河。留京師一月，返。」

〔二〕全集本、和刻本無「初」字。

〔三〕「侍陽明公朝夕」，全集本同，和刻本無。

石歸，請官家出丁册給賑。時有饑甚不能移者，則作粥糜食之。既謁巡撫□公，請賑，因以其所賑饑民狀對。撫公疑其言，先生曰：「賑册在場官所，可稽。」乃羈先生於空廨中，令人偵先生出入所並與往來言者。時廨中有就羈有司三二人，先生坐其中，惟與三二人講究理學，暇則彈琴自娱，絶無一言及外事，亦無一人往來。偵者以實告撫公。會所取賑册至，撫公覽之，大悔曰：「幾失君矣！」已乃大喜，曰：「君，布衣乃爾，何言有司？」明日就先生，問讀何書，曰：「讀《大學》。」「更讀何書？」曰：「《中庸》。」又曰：「外此復何書？」曰：「尚多一部《中庸》耳。」曰：「何謂也？」曰：「誠意、正心、修身、齊家、治國、平天下，道理已備於《大學》。」撫公悟，大發賑行。將樹牌坊表揚先生，先生固謝之。

秋大疫，先生又日煮藥飲，廣爲調濟，全活者甚衆。

三年甲申，先生四十二歲。

在會稽。

是年春，四方學者聚會稽日衆，請陽明公築書院城中以居同志。多指百姓日用以發明良知之學，大意謂：「百姓日用條理處即是聖人條理處，聖人知便不失，百姓不知便會失。」同志惕然

有省。未幾，陽明公謝諸生不見，獨先生侍左右，或有諭諸生，則令先生傳授。〔二〕

會守庵公壽日，先生告歸上壽，陽明公不聽，命蔡世新繪呂仙圖、王琥撰文具上，因金克厚持往壽守庵公，並作歌以招之。於是，守庵公至會稽，與陽明公相會。

冬十二月方歸。

春正月，子補生。

四年乙酉，先生四十三歲。

春正月往會稽。先生奉守庵公如會稽，並諸子侄以從。

會廣德。時鄒東廓守益以內翰謫判廣德，建復初書院，大會同志，聘先生與講席。作《復初說》，文列後卷。東廓子書院成，因名曰復初，刻先生說於其中。

秋七月，會孝豐。郭中州治時尹孝豐，聘先生開講，刻詩學宮，以示諸生。

冬十二月，歸省。

〔二〕此條全集本同，和刻本作：「春正月，子補生。往會稽，請築書院以居四方學者。文成每令先生傳諭焉。守庵公壽期，文成命蔡世新繪呂仙圖、王琥撰文，因金克厚賫泰介壽，且作歌以招之。冬十二月，先生歸省。」

五年丙戌，先生四十四歲。

秋八月，會講安定書院。時，王瑶湖臣守泰州，會諸生安定書院，禮先生主教事。作《安定集講説》。文列後卷。

冬十月，作《明哲保身論》。文列前〔一〕卷。時同志在宦途，或以諫死，或謫逐遠方，先生以爲身且不保，何能爲天地萬物主？因瑶湖北上，作此贈之。

是年泰州林春、王棟、張淳、李珠、陳芑數十人來學，先生揭《大傳》、《論語》首章於壁間，發易簡之旨。

作《樂學歌》。文列前〔二〕卷。

六年丁亥，先生四十五歲。

至金陵，會湛甘泉若水、吕涇野柟、鄒東廓、歐南野聚講新泉書院。

作《天理良知説》。時甘泉湛公有揭「隨處體認天理」六字以教學者，意與陽明稍異，先生乃作是説，文列前〔三〕卷。

〔一〕〔二〕〔三〕「前」，底本作「後」，據萬曆本改。

是年揚州王俊、本州宗部朱杌、朱恕、殷三聘來學。

秋九月，在會稽，送陽明公節制兩廣。

冬十一月歸省。

□月，子雍〔二〕生。

七年戊子，先生四十六歲。

在會稽，集同門講於書院。先生言「百姓日用是道」，初聞多不信。先生指僮僕之往來，視聽持行，泛應動作處，不假安排，俱自順帝之則，至無而有，至近而神，惟其不悟，所以愈求愈遠，愈作愈難。謂之有志於學則可，謂之聞道則未也。賢智之過與仁智之見，俱是妄。一時學者有省。

招俞文德書，列後卷。時廣信永豐俞文德入山習静，作書招之。俞得書，即出山受學。

冬十一月，陽明公訃聞。先生迎喪桐廬，約同志經理其家。

〔二〕據《明儒王東堧、東隅、東日、天真四先生殘稿·附録·明儒王東隅先生傳》，雍，一名褣，字宗化，號漁海。幼敏慧，過目成誦，十歲能屬文。甫成童，克任家學。撰《周易箋注》六卷，其書久佚。生嘉靖六年十一月，年十八卒。臨卒，自題小像云：「此處是我形影子，留與家人作哀傷。一十八年原寄住，清風明月是吾藏。」《嘉慶揚州府志》及《隆慶東臺縣志》稱王裕，誤。

冬十一月，江西貴溪徐樾、張士賢來學。

八年己丑，先生四十七歲。

冬十一月往會稽，會葬陽明王公。大會同志，聚講於書院，訂盟以歸。

冬十二月，撫臺劉公梅谷節疏薦。

《答太守任公書》，文俱列前〔一〕卷。

九年庚寅，先生四十八歲。

在金陵。會鄒東廓、歐南野、萬鹿園表、石玉溪簡聚講雞鳴寺。

夏五月，如會稽，爲陽明王公子正億議禮部侍郎黄公久庵綰之女爲婚。復至金陵。

十年辛卯，先生四十九歲。

是年四方從遊日衆，相與發揮百姓日用之學甚悉。

〔一〕「前」，底本作「後」，據萬曆本改。

冬十一月，徐樾復來學。先生一夕步月下，指星文與語，樾應對間若恐失所持循，先生厲聲曰：「天地不交否？」又一夕，出遊至小渠邊，先生躍過，顧謂樾曰：「汝亦放輕快些！」樾持益謹，若遺一物。既，樾歎曰：「從前孤負此翁，爲樾費卻許多精神。」

十一年壬辰，先生五十歲。

是年道州周良相，涇縣吴標、王汝貞，南昌程尹、程俸，先後來學。初，汝貞持學太嚴，先生覺之，曰：「學不是累人的。」因指旁斫木匠示之，曰：「彼卻不曾用功，然亦何嘗廢事？」

夏五月，如會稽，經理陽明公家。携正億赴金陵托黄久庵公，遂大會金陵。

十二年癸巳，先生五十一歲。

在金陵。南野公嘗講致良知，先生戲之曰：「某近講良知致。」南野延先生連榻數宵，以日用見在指點良知。自是甚相契。黄洛村弘綱常講「不欺」，先生曰：「兄欺多矣。」洛村愕然請示，先生曰：「方對食時，客及門，辭不在，非欺乎？」洛村謝過，先生笑曰：「兄又欺矣。」洛村未達，先生曰：「通變而宜，此豈爲欺乎？」在座皆有省。

是歲，縉雲丁惟寧來學。

十三年甲午，先生五十二歲。

在金陵。復携正億北上托久庵公，至徐州還。

夏五月。修撰林東峰大欽、給諫沈石山訪先生，會講泰州，復會金山。時江都令王卓峰惟賢同登金山。東峰乘興直躋山頂，卓峰追弗及，氣喘，先生携手緩步，氣定而復行，東峰竟先登。先生曰：「子察否？」東峰曰：「何察？」先生曰：「同行氣喘弗顧，非仁也。無何？」東峰跣足坐地，先生曰：「隸從失瞻，非禮也。」東峰斂容以謝。

是歲東鄉吴怡偕數友來學。時在學同志有燕安氣，先生不直言其過，托聞陽明公事，語諸友曰：「先師昔與諸友在一寺中，有太守見過，張席行酒，酒罷，先師歎曰：『諸君不用功，麻木可懼。』諸友竟不自知，跪請，先師曰：『第問汝止。』」諸友乃轉問先生，曰：「太守行酒時皆燕坐不起，果皆麻木。」時燕安者，慚悚若無所措。先生教人，大率在言外，令人自覺自化。

十四年乙未，先生五十三歲。

請賑濟。

是歲，復大饑，族家子至除夕多不舉火。先生命伯子衣以所食粟賑之。因以勸鄉之富者。會御史徐芝南九皋按部，先生請曰：「某有一念惻隱之心，是將充之乎？遏之乎？」芝南曰：

「充之。」先生曰：「某固不忍民饑，願充之以請賑於公。計公亦不忍民饑，充之以及民，何如？」於是芝南慨然發賑，造門謝先生。

有東臺盧氏月溪澄者，其先世曾捐粟千五百石賑饑，蒙先朝旌揚。是歲，感先生言，出豆麥一千石施賑，因以其子榮請見，先生嘉其世濟陰德，允淮海積善之家，遂以孫女許配焉。

十五年丙申，先生五十四歲。

春正月，撫州樂安董燧自金臺來學，留三月。一日，燧瞑目趺坐，先生臨其旁不覺。先生撫其背曰：「青天白日，何自作鬼魅？」燧醒起，豁然。

吉永豐聶静亦自金臺來學。

夏五月，會王龍溪畿於[一]金山，訪唐荆川順之於武進。道出京口，静令丹徒，率在門下士侍。先生借宿金山寺中，因語静曰：「欲止至善，非明格物之學不可。蓋物有本末，遺本失我，遺末失人，欲止至善難矣。」異日，先生遊招隱寺，隸卒前導，先生謝去，謂同遊曰：「兹遊與物同樂，使人識官從避去，吾誰與樂也？」既先生如金陵，偕燧數十輩會龍溪邸舍，因論羲皇、三代、

[一]「於」，底本、全集本無，據和刻本補。

五伯事，同遊未有以對。復遊靈谷寺，與同遊列坐寺門歌詠，先生曰：「此羲皇景象也。」已而，龍溪至，同遊序立候迎。先生曰：「此三代景象也。」已而，隸卒較騎價爭擾寺門外，先生曰：「此非五伯景象乎？羲皇、三代、五伯，亦隨吾心之所感應而已，豈必觀諸往古。」

秋八月，御史洪公垣構東淘精舍。洪覺山訪先生，與論簡易之道。覺山曰：「仁者先難而後獲斯，其旨何也？」先生曰：「此是對樊遲語，若對顏淵，便謂『一日克己復禮，天下歸仁』。卻何等簡易！」於是覺山請訂《鄉約》，令有司行之，鄉俗爲之一變。爲構東淘精舍數十楹，以居來學。

婺源董高，丹徒朱錫，南昌喻人俊、喻人傑、羅楫，先後來學。

時先生因在學諸友氣未相下，乃作《勉仁方》。

冬十二月，考守庵公卒。守庵公年九十三。先届八袠，適遇恩例授高年冠服。先生侍養周旋，曲當公意。每暇日，輒令瞽者彈説古今興廢事以怡朝夕，公亦竟月喜聽無倦。至寒夜，則伏枕側寢，未嘗少間。公嘗語人曰：「吾有子克孝，獲延歲月。」至此一日，無疾而卒。先生擗踊哀號，不食者三日，毁瘠幾不支。戒子弟執喪禮甚嚴。明日，州守率僚友遣祭，四方同志者弔唁無虚日。葬公時，天大寒，先生冒寒築塋埒，由是搆寒疾。

先兩月前五更時，公覺枕上有日光覆左眼，屢拂不去。及曙，以語先生，先生曰：「日，君象也，大人將沐恩乎？」遂刻時日記之。殆公卒日，會州守奉詔以公年逾九十，齒德並隆，具冠服粟帛詣門致優禮。公尚未殮，先生乃拜受冠服，以告公靈，而粟帛一無所受。稽頒詔之日，與日光照目之辰相符。

十六年丁酉，先生五十五歲。

是年先生玩《大學》，因悟格物之旨，曰：其本亂而末治者，否矣。乃歎曰：「聖人以道濟天下，是至尊者道也。人能弘道，是至尊者身也。道尊則身尊，身尊則道尊。故輕於出，則身屈而道不尊，豈能以濟天下？自天子以至於庶人，壹是皆以修身爲本。其本亂而末治者，否矣。故曰安其身而後動，身安而天下國家可保。其身正則天下歸之，大人者，正己而物正者也。此謂知本，此謂知之至也。是爲物格而後知至。故出處進退、辭受取與，一切應用，失身失道，皆謂不知本而欲求末治者，未之有也。其於天下國家何哉？故反己自修，皆是立本工夫。離卻反己，謂之失本；離卻天下國家，謂之遺末，亦非所謂知本。本末原是一物。」是以有「出爲天下師，處爲萬世師」云。

時有不諒先生者，謂先生自立門户。先生聞而歎曰：「某於先師受罔極恩，學術所係，敢不究心以報？」

冬十一月，御史吴疏山悌疏薦。

是年春，吴疏山按淮揚，造先生廬；冬，復會先生於泰州，疏薦先生於朝。疏列後卷。

是年春，復林子仁書。書列前卷。

十七年戊戌，先生五十六歲。

再答林子仁書。揚州守劉愛山托子仁欲召見先生，書復子仁，辭謝之。書列前〔二〕卷。

先生從精舍還，遇雨取屐，門人爭取以進。異日，先生如精舍，吴從本問曰：「昨取屐時有小子可使，何先生自取也？」先生曰：「昔文王伐崇，至黄竹墟，革鞋繫解，顧左右皆賢，莫可使，因自結之。昨自取屐，亦以諸友皆賢也。」復笑曰：「言教不如身教之易從也。」

先生有疾，諸友侍榻前。先生顧諸友歌，諸友未達。先生問：「若輩在外，歌乎？」又未達。先生乃自歌，諸友相與和歌，聲徹内外。

御史陳公讓按維揚，訪先生，至泰州，病目不得行，作歌呈先生，曰「海濱有高儒，人品伊傅四」云云。先生讀之，笑謂門人曰：「伊、傅之事我不能，伊、傅之學我不由。」門人問曰：「何謂

〔二〕「前」，底本作「後」，據萬曆本改。

也？」先生曰：「伊、傅得君可謂奇遇，如其不遇，終身獨善而已。孔子則不然也。」

時安豐場灶産不均，貧者多失業，奏請攤平，幾十年不決。會運佐王公、州守陳公共理其事，乃造先生謀。先生竭心經畫，三公喜得策，一均之而事定，民至今樂業。

泰和張峰、會昌胡大薇、歙縣程弘忠、天津陳應選、丹徒陳佐先後來學。

十八年己亥，先生五十七歲。

時先生多病，四方就學日益衆，先生據榻講論，不少厭倦。

徐子直書至問疾，先生作書答之，書列前卷。

冬十一月，吉水羅念庵洪先造先生廬，林子仁率同郡諸生、黎洛溪率邑諸生並集先生堂上。先生以病不能出，念庵就榻旁述近時悔恨處，且求教益。先生不答，但論立大本處，以爲能立此身便能位天地育萬物，病痛自將消融。且曰：「此學是愚夫愚婦能知能行者。聖人之道不過欲人皆知皆行，即是位天地育萬物。把柄不知此，縱説得真，卻不過一節之善。」明日復見，因論正己物正，先生曰：「此是吾人歸宿處。凡見人惡，只是己未盡善。若己盡善，自當轉易。以此見己一身不是小，一正百正，一了百了。此之謂通天下之故。聖人以此修己，以安百姓，而天下平。得此道者，孔子而已。」念庵謂東城曰：「余兩日聞心齋公言，雖未能盡領，至正己正物處，卻令人灑然有鼓舞處。」是夕欲別去，先生留之，復與論仁之於父子一段，曰：「瞽瞍未化，舜是一樣命；瞽瞍既化，舜是一樣命。可見性能易命也。」

作《大成歌》，寄贈念庵。歌列前卷。

十九年庚子，先生五十八歲。

冬十二月八日子時，卒。

先生卧室内，夜有光燭地，信宿始散。衆以爲祥，先生曰：「吾將逝乎！」

先生病將革，猶集門人就榻前，力疾傾論。門人出，諸子泣請後事，先生顧仲子襞曰：「汝知學，吾復何憂？」諸子復大泣。先生顧諸季曰：「汝有兄知此學，吾何慮汝曹？惟爾曹善事之。人生苦患離索，雖時序友朋於精舍相與切磋，自有長益。」無一語及他事。神氣凝定，遂瞑。乃殮，容色猶瑩然不改。爲是月八日丑時。

門人董高、王汝貞、朱錫、李珠、羅楫、朱恕輩治喪，四方吊者畢集。

鄒東廓、王龍溪率同志爲位哭於金陵，門人聶静、董燧率同志哭於京師。

逾月，葬先生於場之東，附守庵公墓，從遺命也。四方會葬者數百人。董高、王汝貞、張峰、羅楫輩經理葬事。

雲南布政使司、江西貴溪徐公波石樾撰《門人私謚議》

嗚呼！歲當甲辰，樾將有雲南之官，夫子函丈生塵積二十四甲子矣。初，樾聞師訃，有東廓鄒子、龍溪王子爲位哭於金陵，門下汪子朴與弟相爲位哭於祁門，黄子文明與董子燧、聶子静、王子紹爲位哭於京師，周子良相爲位哭於道州，而董子高、盧子皞輩數百人爲治任，哭向失聲，靡不痛道將墜地，斯文喪天。夫人心之不死耶，仰亦二三子之沐罔極之恩耶？緬思夫子蓋棺近冷，必壞之骸骨不可復活；惟念遺澤猶新，不朽之精神時披拂焉。樂安董子、永豐聶子繼屬樾曰：「知夫子之深孰如吾子？非吾子孰能圖夫子不朽哉？」樾受而拜曰：「吾夫子之學關於繼往開來，游夏不能置一語；吾夫子之品間生二十餘年，樾何人，能圖不朽哉？」將爲之銘，慮片語不居其要；爲之傳，恐繁衍不悉其真。由是十年閣筆，風月傳神，山斗在望。晤二子曰：「予三人非阿私所好，爲夫子私謚，可乎？」二子曰：「不然，夫子已銘之傳之矣，安用續貂爲？」樾曰：「否。狀不足，則銘；銘不足，則傳。樾將求其足也，舍謚奚往焉？」二子曰：「不然。古者生無爵，死無謚。我明官至二品皆得請於朝，謂賞罰不足勸懲，借謚榮辱身後。庸知謚請着溢美浮實，則不如無謚。吾夫子不仕，敢犯今之濫以誣隱德哉？」樾曰：「然。夫惟諸者不真，則吾私謚益慎。曩者黔婁、展禽不聞以妻而私其夫，淵明、伯淳不聞以友而過其情？」三子黜然談舌，曰：「噫！若是乎謚法之在講院，不在太常也！試揚夫子萬一可乎！」三子按諸謚法，曰：道德博聞曰「文」；夫子注腳六經，身承道統，非文乎？明炳幾先曰「哲」；夫子學止至善，利用安身，非哲乎？請私謚「文哲先生」。樾作而言曰：「是可不朽夫子矣，殆有進焉。按謚法，節介堅白曰『貞』；夫子道師萬世，立本尊身，非貞乎？請私謚『文貞先生』。」三子互肯首曰：「予三人非私所好也，敢曰謚法之在講院，不在太常也耶！請以俟之太史氏焉。」

嘉靖庚戌遺稿。

後欽謚文貞。

南京刑部郎中、江西安樂董兆時燧撰《年譜後序》

嘉靖丙申春，燧與聶子子安同受業於先生之門，今歲四十年矣。不四五年，先生即捐世，又適三十年。後數年，子安補儀曹；又數年，燧亦備員南北部。咸欲編《先生年譜》鋟梓以傳，顧考訂未備，於時勢亦有弗逮。

壬戌秋，先生之子宗順、宗飭、宗元携先生《行實》至金陵，並同門吴從本、王惟一輩相繼以至，始得按先生《行實》草創爲《譜》，大書其綱，小書其目，直書其素履，詳書始之所悟入與其學業之大成、出處之大致。

時同門者遂欲梓於金陵，燧念玉藴而山輝，珠藏而澤媚，至寶在天地間，秘之愈久，精光愈射來世也。矧四方同志之士於先生嘉言善行得於覩記者遍滿於内，而是《譜》所載萬有一之或遺，非所以愛先生而傳之違矣。

癸亥之夏，燧亦解組西歸，復携其稿過子安，共參訂之。己巳春，而仲子宗順亦以《譜》事來會於永豐，乃又與素慕先生者程子振之、劉子茂時相校讐焉。參伍不遺，詳略具備。燧與子安遂並其語録而俱梓以傳。

嗚呼！先生之素履，《年譜》可傳，而其學問之大，非《譜》所能盡也。先生之學，《語録》可傳，而其精神之□，非《語録》可盡也。今觀其譜，讀其録，亦庶幾乎先生之大概矣。

燧也不類，願學未能，仰負師門多矣。然天下後世善相馬始九方皋之後，豈復無伯樂者乎？不於其形而得其良於牝牡驪黄之外，斯其爲知馬矣。然則後之知先生者，其徒以《譜》與《録》歟？其不徇於《譜》與《録》歟？

隆慶三年己巳，歲孟秋既望，門人樂安董燧兆時甫頓首書。

卷五

譜餘〔一〕

世宗嘉靖十九年庚子冬十二月，揚州府太府朱公雙橋懷幹奠文：

嗟夫！孔子殁而大道乖，周、程喪而微言晦。幸賴陽明夫子倡絶學於東南，海内英賢翕然知所振奮。先生起布衣，以道自任，師事陽明。剛毅之資，淵泉之學。道足以謀王，不求其禄；德足以輔世，不求其名。勉仁之教尤惓惓於後學，良知之學獨得其真傳。且江淮閩廣之賢聞先生之風而鱗集者，殆數百人。雖三尺童子，皆知有心齋先生。若林子子仁、徐子子直，是則行誼表著，得先生之傳者也。陽明之學大行於天下，先生之教亦遠矣。若先生者，真陽明之冉、閔而濂、洛之遺傳也。

懷幹昔也待罪海陵，舊親教範，和風慶雲，油然不忍去矣。兹叨守郡，愚昧無能，正賴先生

〔一〕《譜餘》部分全集本、和刻本無。

啓我良心，惠兹黎庶也。至，則先生其已矣！海内考德問業者失其宗，質政論事者失其主。摧心喪氣，恨不能復見先生之面而聞其教者，猶赤子之失慈母也。

嗚乎！世之學道者多矣，孰有信道之篤如先生者哉？世之知師者多矣，孰有如自得師如先生之於陽明者哉？世之以道淑人者多矣，孰有鼓舞之速如群弟子興起於先生之教者哉？世之以道終身者多矣，孰有如先生之既殁而感人之真切如是者哉？又孰有能繼先生之統而傳之無窮者哉？

嗚乎！先生之年不及六十，先生之道在百世。聞先生之風而興起焉者，又未必無其人也。仰止高山，景行在望。拂袂西風，不勝哽咽。

如皋縣大尹西蜀黎公樂溪堯勳奠文：

仰惟先生崛起海濱，不由指授，默契真心。真心惟何？是曰良知。良知之至，不加毫釐。豈不易簡？易簡即師。先生得師，道在於兹。陽明鳴其玄，先生趨其趨。振末學之卑陋，障狂瀾而東之。慨然以師道爲己任，漠然好爵之不足縻，故一時海内豪傑，不遠千里以追隨。

念昔己亥之冬，聞念庵之在會，暨東城之往從。時有雙橋戾止，巽峰攸同，余乃率皋庠多士，亦蹌蹌萃止安豐。先生力疾據榻雍雍，隨叩隨應，有若洪鐘。遠稽堯、舜、周、孔，下及《大學》、《中庸》；明精一執中之旨，示中和位育之功。口若懸河以東注，貌若喬嶽之孤松。載命鄉郎歌浩浩之章，歌韻其鏘鏘，先生互答，聲振林塘。群公多士，剪燭共聽，羅坐榻傍，恍乎若暮春童冠之歸詠，嗒乎若程夫子弄吟濂溪之鄉。時群公之既別，予於先生亦微有所商量。意講解之過多，恐元氣之内傷。先生亦不以余言爲迂，余於先生亦信其憂深而説詳。自是一别，遂成參商！書翰雖殷，請謁未遑。及余北上，先生遂亡。比余歸來，則先生之玉已藏。

悲哲人之既萎，嗟斯文之見殃。謹遣兩生，用告茫茫。嗚乎傷哉！

辭章日熾，正學孰開？使孔子而尚在，夫豈無「天喪予」之哀？然先生往矣，而道豈隨之往哉？庭前令子，門下英才，興《詩》立禮，成德達材。精神命脈遍於九垓，是雖乘大化以歸盡，而實垂不朽於將來。

縣尹陶公悦、李公弘奠文：

元氣之在天地間，發育萬物，周流不息。篤生聖人，繼天立極。是故堯、舜、周、孔，本同一原。子輿私淑，仁義七篇。秦漢以來，斯道索然。有宋哲人，挺生濂洛；無欲太公，真機活潑。天啓皇明，豪傑輩生；卓哉真傳，嶺南越中。先生之出，真元會合；適應昌期，吾道有托。始過闕里，謂聖可師。既見陽明，受授良知。載道而還，沛乎真樂。孔孟正宗，天民先學。先生教人，樂學相因，直指本體，千聖同心。魚躍鳶飛，脱去見聞；太和元氣，存之斯存。嗚乎！淵泉溥博，廣大無垠。

悦等生而異地，未及摳趨於先生之門。頃以待罪逐居海濱，密邇先生之鄉，縱觀滄海之深，雖及門之士猶或未盡得其仿佛，矧鄙陋之人又何以知其運用之神？方與同志者日事討論其餘緒，妄欲泝流而窮先生之源。

二十年辛丑春正月祭酒鄒公東廓守益、憲副王公璣、郎中王公龍溪奠文：

嗚乎！子貌昂藏，忠信是依。孝弟之行，穆穆熙熙。賙窮矜愚，化行於鄉。人亦有言，薰德而良。俯世寥寥，尚友之志；謂顔可學，矯矯遐企。

繄昔夫子，倡道於洪；子也法服，徒步以從。曰既有聞，自任彌力。靈根是求，大本斯立。夫子返越，子復與俱。携家負糗，卒歲□離。號召同人，以廣善類。子不云乎，太陽從地？哲人云亡，斯文未喪。子有強力，毅然擔當。萃我同盟，保孤恤嫠。嗟嗟師門，子爲白眉；子善攝生，謂能永年。胡爲遘疾，奄爾化遷？嗚乎傷哉！

凡入聖之資，龍馬海鶴之性，闔闢經綸之才，篤實剛明之行，名潛布衣而風動縉紳，跡避海濱而望隆遠近。粵堂堂其山立，嗟古道之弗競。衆方眥其揮霍，孰云諒其自任。

益等辱交於子幾二十年，相視莫逆，永矢弗諼。曠千古以遐覽，驅高誼於黄軒；方大道以並馳，慘中途而失援。嗚乎傷哉！子有大志，孰與就之？子有遠業，孰與究之？出入爲師，孰云韙之？上下無常，孰云試之？豈氣化之適然，將與時而偕極？既逝者其如斯，晝夜通於一息。

禮部尚書歐陽公南野德奠文：

嗚乎！自先師倡道，多士景馳。中行不得，狂狷徒思。兄海濱崛起，天挺瓌奇。千里之夜航，叩龍門而攝齊。毅然任重，餘力靡遺。道之云遠，邁往不辭。師嘗謂「吾黨今乃得狂者」，而與之《逍遥歌》。竟哲人既萎，聲應氣求者跂踵延頸，望廬爲歸，莫不虚往實還，喜溢顔眉，猶之旅人瑣瑣，忽即次而懷資。

兄迪德自身，率作有機；樂云尋孔，志必慕伊。所以使民不倦，與民咸宜者，蓋出乎聲色之外，而今不可復追矣。嗚乎哀哉！

憶昔豫章，客館接榻；連帷都門，執别携手；挈衣相期，謂何兄心我知？我官白下，兄家近畿。瞻望伊邇，合併有時。誨我切切，眷我依依。既而兄有倚廬之戚，我奉先櫬而西。謂自此以還，林卧山棲，且遲兄於匡麓，或從兄於海湄。兄駕可往，我舟可維。遽幽明兮永隔，將天道兮余欺。嗚乎哀哉！

道之不明，學者各是所習，異路各歧，躬行無實，談説紛披。慨頭顱之將老，悟曩昔之既非，方且會友輔仁，畢力於斯。神完氣守，其殆庶幾所望於兄者，如舟舵師，如沉疴之藥醫。一朝溘忽，嗟余特此其從誰？誠摧裂悲愴，不覺涕泗之交頤也。悵駒隙之飛驥，感薤露之易晞，競寸晷於尺璧，儻朝聞其及兹，惟屋漏之孔嚴，信神覿而鬼窺。靈爽不寐，尚相我於冥冥也與！

給事中黄公直奠文：

嗚呼！惟吾友心齋，資稟素剛，任道之勇，高夫莫當。世居安豐，晦跡舟航。讀書自悟，不假句章。聞我先師，講道南邦，千里來見，老萊衣裳。先師曰吁，厥服惟臧；衣食男女，吾道之常。何必服此？立異匪祥。兄曰不然，日侍親旁，服乃自古，豈某之狂？先師開譬，反覆救匡。兄自超説，群疑乃亡。

時偕不肖，周旋講堂。南野立齋，辯難不忘。有過面折，友誼克彰。三月而旋，兄亦南翔。壬午北上，再渡錢塘，師教佩領，樂言備嘗。兄時在越，蹤跡潛藏。既聞兄歸，欲見無方。癸未之春，會試舉場。兄忽北來，駕車傍徨。隨處講學，男女奔忙。至於都下，見者倉皇。事蹟顯著，驚動廟廊。同志曰吁，此豈可長！再三勸諭，下車解裝，共寓京邸，浩歌如常。我輩登科，兄樂未央。別去數月，受職於漳。同志忽散，離索自傷。

於時災旱，民罹於殃。兄乃不忍，爰率富商；出粟賑濟，念切一腔。事豈敢專？逮白都堂；彼曰咨爾，惻隱結腸。志必有爲，道非可當。郡守承之，禮待有章。

兄歸奮勵，道義自將。內行日充，外名日章。遠近後學，景仰趨蹌。隱隱卓立，師門之光。孔氏閔、冉，河汾董、常；良知之學，賴兄益昌。

離索既久，舊業愈荒。奔走宦途，宿志亡羊。聞兄自樹，惶愧莫當；中夜靜思，道岸渺茫。平生自許，地維天綱。三才之責，一身主張；歲晚無成，流汗成漿。幾欲就正，淮水汪洋。發棹未能，閉門退藏。

憶昔壬辰，服闕即祥；促裝赴部，泛舟浙江；瑶湖拉會，白塔僧房。兄亦與飲，笑吐衷腸；謂我多言，獲罪君王。語默隨時，吐茹柔剛。德言在耳，余豈敢忘？

時維先師，遺孤聰郎；兄與瑶湖，保孤念長。挾聰南行，迺去故鄉；宗伯婦翁，卵翼是將。余亦往越，小舟夜行。晨抵會稽，邦侯迴翔。我齋蔡君，亦會於航。保孤之舉，蓋曰否臧。余謂瑶湖，計豈謬狂？保孤大義，合自主張。往拜師墓，宿草已荒；哀哭不盡，涕淚沾裳。自此一別，兩地杳茫。惟兄聞望，如珪如璋。吾道之寄，舍兄孰當？

門下疏山，按節於揚；慕兄道德，有疏薦揚。宇宙元氣，邦家禎祥。康齋白沙，異世相望。

疏山來歸，謁我山莊。問兄起居，曰惟安康；問兄容貌，曰已老蒼。知兄染病，兩臂患僵。告我亹亹，如見羹牆。望兄多壽，道脈無疆；期兄有用，福我家邦。

云何一疾，來音不祥。吾道益孤，善類凋傷。耿耿不眠，含淚朗朗。

春二月給事中戚公賢、員外劉公魁、尚書孫公應魁、郎中錢公德洪、主事韓公柱、郎中尹公一仁、祭酒敖公銑、都御史張公元□、郎中陳公大綸、廉使胡公堯時、郎中張公緒、副使陳公邦修、郎中裘公衍、御史蕭公祥耀、郎中徐公珊、僉事歐陽公瑜、通判周公子恭、主事黃公弘綱奠文：

良知之明，萬古一日。濂洛既遠，此意幾熄。惟我陽明，獨指其的。

吾黨信疑，或未協一。惟我心齋，克踐其跡。志果而確，功專而密。求志安豐，匪徒隱逸。勉仁樂道，偲偲切切。卓爾心齋，海濱豪傑；同志依歸，斯文羽翼。

嗚呼已矣，無窮之戚！天喪斯文，哲人斂跡。

臨風一奠，寫此衷意。

浙江副使洪都王公瑤湖臣奠文：

斯道晦塞，餘五百年；至吾先師，復究厥原。君昔庚辰，謁師江藩。扁舟江滸，信宿言旋；一琴自隨，望之如仙。

癸未之春，予試春官。君時乘輿，亦北其轅。琅琅高論，起懦廉頑。偕寓連床，忘寐以歡。君既南歸，予官貴土。師曰樂哉，義聚仁輔。

公廬我詣，時亦枉顧。真見實際，頻親晤語。惟時泰郡，多士聿興。謬予問學，莫知其盲；予曰惟君，宜主斯盟。師時越居，靡君或違。歸省旬月，輒予促之。先師鍾愛，在君奚疑？

比予官浙，哲人云萎。見君之來，良慰我思。君來不數，我亦荒遁。豐采雖隔，獲嗣音問。

自君抱病，不殄我愠。靜默之規，既予嘉允。曾未幾何，奄爾殂殞。嗚呼哀哉！

君居東海，四方景從。龜山慈湖，繼序攸同。惟君少年，則古自好。既謁師門，盡棄其舊；易簡欛柄，一朝在手。究君之學，闔闢宇宙；究君之業，伯仲伊周。不假之年，數也何尤？嗚乎心齋，今也則亡！

保身之論，愛我孰踰？翰跡在篋，攬之增籲。

哭不臨棺，葬不拂輀。緘辭寓奠，泣涕漣如。

詹事府贊善吉安羅公念庵洪先奠文：

孔孟既歿，聖道若線。庶幾中行，狂與狷焉。諸子之後，孰匪聖訓？以質爲學，就其附近；莫或裁之，源遠益分。淆言罔折，哀哉斯文。

千載之後，一元載啓。有覺其修，有若王子。惟子默悟，不由見聞。心輕百世，氣奪千軍。陽明是師，良知相授。潤以自得，擴以大受。四方之士，雲集景從。戶屨常滿，河飲皆充。

而我何知，不量進取。尚志問業，嘗辱獎與。維歲己亥，始獲摳趨。子方卧疾，據榻見余；勉仁之方，明哲之論；頃囊見遺，錙銖分寸。大成作歌，復以贈處。自顧瓦缶，莫和鐘呂。默成一語，冀入虛聽。幸子首肯，諒我不佞。曾幾何時，訃音遼來。往者不作，今民之哀。

孰能執德，百折不挫？孰能原性，洞識真我？拘方守轍，眩文飾義。一經爐錘，如醉酣寐。探子之志，豈是遽休？不徙不改，聖人是憂。天若假年，日進曷已！嗚乎奈何，遂至於此！

心亦惟危，道不易談。善學柳下，莫若魯男。子尚無忘，啓佑來學；咸自反求，如子之覺。□俾愚鄙，亦獲瞻依。大道爲公，匪我□□。

兵部郎中劉公一中、僉憲曾公□□、漢府同王公宗尹奠文：

孔孟既遠，道喪言湮。百家衆技，蛙噪蟬鳴。迨乎濂洛，始嗣其傳。定性寡欲，道我真源。有握其樞，象山陸子；直見本心，世或詆訾。自時厥後，士流異端。天下貿貿，易聽改觀；熙朝累洽，慶協休徵。

應時名世，先師陽明。陷危歷險，精思心悟；直揭良知，開物成務。以溯江海，以源洙泗；以考三王，以俟百世。維世學者，蒸蒸如雲；或牽文義，終愧本根。先生於時，有懷惻惻。帝啓聰靈，神凝淵默。始謁江西，若信若疑；忽然大覺，雲霧俱披。不學匪樂，不樂匪學。胸次悠然，塵滓灑脱。既戒既勤，夜以繼日；常覺常明，不止不息。光風霽月，飛鳶躍魚。沛乎莫禦，綽乎有餘。

先師捐館，築室稽山；慨然身任，主我宗壇。貽爾海澨，彬彬鄒魯。華扁金緘，開聾抉瞽。有教無隱，本末兼該；因病授藥，成德達材。士風丕應，循循正路。先師門牆，焕然丹雘。遄陳薦剡，聿來幣聘。渭水桐江，安常處分。不吊昊天，國無典刑。如可贖兮，人百其身。夫人之身，愧不聞道；允矣先生，深探道妙。

夫士之生，患不得師；孰畀先生，而遽奪之。嗚乎先生，振古豪傑，不惠不夷，光輝篤實。中等承教，假官仙邦。方資巨冶，忍歎空梁。

絮酒一芻，哀哀新廟。匪慟同門，實傷吾道。

春三月、江西瑞昌王宗室既曰榣遣祭文：

孔孟既歿，聖學不傳。漢以訓詁磨濯，唐以詩賦鑽研。濂洛之青藜既出，洙泗之宿火再燃。我太祖高皇帝重光日月，□□□□。緝熙敬止，神聖相傳。山川聿秀，人物多賢。陽明翁契良知之妙，心齋翁會格物之全。莫可上下，蓋相後先。親炙每懷靡及，私淑亦幸有緣。天胡不湣，使哲人之竟萎也，曷爲而壽衣鉢以永年。嗚乎！木摧太華，珠沉虞淵。吾道孤矣，我心慘然！

青芻一束，聊布寸虔。心翁有靈，夢寐永瞻。

翰林院編修内江文肅趙公大洲貞吉撰墓銘：

明興八葉之世，越中王先生論學名世，從遊若泰州王子稱最著。王子名艮，字汝止，少先生十一歲。先生歿，王子論學如先生，故學者亦稱王先生。

先生泰州安豐場人。其先伯壽自姑蘇徙居，生國祥，爲場百夫長，生仲仁。仲仁生文貴，文貴生公美。公美生處士紀芳，配湯氏，成化十九年六月十六日生先生於安豐里。先生生有珠在手，左一右二，隆顙修臞。

安豐俗負鹽，無宿學者。先生逮粗識《論語》、《孝經》章句，即邈焉希如古聖賢人，信口談解。如或啓之，孰師無敢難者。

異日，天甚寒，至親所，親方急蹵，盥冷水，乃痛哭曰：「某爲人子，令親天寒盥冷水而不知也，尚得爲人乎？」自此遂出代親役，入掃舍捧席。晡二老，晨省夜問，如古禮惟謹，時年二十矣。

先生孝出天成，久益行純心明，性悟無礙。謝役秉禮爲儒者，以經徵悟、以悟釋經，行即悟處，悟即行處。如此有年，人未之識也。

嘗一夕夢天墜壓身，萬人奔號求救。先生身托天起，見日月列宿失序，手自整布如故。萬人歡舞拜謝。醒則汗溢如雨，頓覺心量洞明，天地萬物一體。自此行住語默皆在覺中。題其座曰「正德六年間，居仁三月半」。即先生悟入之始，已能如此。

是時越中王先生自龍場謫歸，與學者盛論孔門求仁、知行合一，泥者方讐爭之。至十四年，王先生巡撫江西，又極論良知自性，本體内足。大江之南，學者翕然信從。而先生顧奉親鶉居，皆未及聞也。有黄塾師者，江西人也，聞先生論，詫曰：「此絶類王巡撫公之談學問也。」先生喜曰：「有是哉？雖然，王公論良知，某談格物。如其同也，是天以王公與天下後世也；如其異也，是天以某與王公也。」其自信如此。

即日往造江西，蓋越兩月，而先生再詣豫章城，卒稱王公先覺者，退就弟子。間出《格物論》，王先生曰：「待君他日自明之。」久之，從王先生居越，歎曰：「風之未遠也，是某之罪也！」辭還家，駕一小蒲輪車，二僕自隨，北行。所至化導人，聳人聽觀，無慮百千，皆飽義感動。未至都下，先一夕，有老叟夢黄龍無首行雨，至崇文門變爲人立。晨起往候，而先生適應之。先生風格既高古，所爲卓犖如此。同志相顧愕，共匿其車，勸止之。先生留一月，竟諧衆心而返。然先生意終遠矣。

越五年戊子，王先生卒於師，先生迎哭於桐廬，經紀其家而還。開門授徒，遠近皆至。先生骨剛氣和，性靈澄澈，音咳顧盼，使人意消。即學者意誠稍疏漏，不敢正以視。先生引接人無問隸僕，皆令有省。雖顯貴至捍戾不悦者，聞先生言，皆對衆悔謝不及。往往見人眉睫，即知其心，别及他事，以破本疑。機應響疾，精藴畢露，廓披聖途，使人速進。蓋先生之學，以悟性爲宗，以格物爲要，以孝弟爲實，以太虚爲宅，以古今爲旦暮，以明學啓後爲重任，以九二見龍爲正位，以孔氏爲家法，可謂契聖歸真，生知之亞者也。

獨不喜者述，或酧應之作皆令門人、兒子把筆，口占授之，能道其意所欲言而止。晚作《格物要旨》、《勉仁方》諸篇，或百世不可易也，卒配越中爲二王云。

或謂先生何不仕，曰：「『吾無往而不與二三子』，是某之仕也。」或謂先生爲隱，曰：「『吾無往而不與二三子』，某何敢隱也？」兩救海濱之荒，活千萬人。御史垣構舍居其徒，吴御史悌抗疏薦之，不報。

嘉靖庚子十二月八日，卒於正寢。配吴氏，生五子衣、襞、褆、補、褣。以是月二十九日葬於場東。

先生門人貴溪徐子直氏、道州周季翰氏謂余之嚮往甚勤，先生之念余亦切，義當銘其墓中之石。辭不獲，遂彊銘曰：

越中良知，淮南格物，如車兩輪，實貫一轂。後有作者，來登此車。無以未覺，而空著書。

二十一年壬寅春二月，鹽臺南昌胡公象岡植崇祀先生於揚之精舍堂。冬十月，立先生傳於《揚州府志》：

王艮，字汝止，安豐場人。少未學問，年近三十，誦《論語》、《孝經》，忽悟聖賢可學。聞陽明王公守仁倡道洪都，買舟兼程趨謁。服古制冠服，公訝之，艮曰：「此服堯之服也。」辯難屢日，始師事焉。盡得良知之説，遂制輕車詣京師，沿途講學人士群聚聽之，多所感發。後歸，時時如陽明門質正新得。好誘引同志，至不遑寢食。四方薦紳道揚者多造其廬，與論學。總漕劉公節、巡鹽吴公悌皆將薦疏聞。侍御史洪公垣爲構書屋以居來學之士。自號心齋，其徒稱爲心齋先生。著有《勉仁》等作。

二十三年甲辰春二月，督學、蘄陽馮公午山天馭置精舍，祠祭田，定祀典。

二十七年戊申秋八月，鹽臺胡公督學南畿，祀先生於州之鄉賢祠。

三十九年庚申冬十月，督學、海寧吴公初泉動學租修精舍祠，題聯云：學由心悟，教本躬行。

四十年辛酉秋九月，鹽臺山西張公繼源九公纂修《鹽法志》，載先生《人物傳》。

四十二年癸亥春三月，撫臺豐城李公克齋燧修先生塋域。

四十三年甲子春正月，督學、麻城耿公天臺定向獨尊先生，特祀吴陵書院，撰春秋祭文：崛起海隅，慨然環宇。體仁達道，格物定矩。師立善多，可出可處。孔孟同心，心齋夫子。

四十四年乙丑秋九月，撫臺毛公介川愷、督學耿公贈先生扁，云：「在田人龍。」

熹宗莊皇帝元年丁卯夏五月，耿公以學事按泰州，詣先生奠文：

惟天下至誠，爲能經綸天下之大經者，立天下之大本者，知天下之化育也。夫焉有所倚，肫肫其仁也。仁也者，淵淵其淵也，浩浩其天也。苟不固聰明聖知達天德者，其孰能知之？嗚乎！默而識之，學而不厭，誨人不倦，此謂知本，此謂知之至也。大哉孔子，斯其至矣。志孔子之所志，學孔子之所學，於惟先生其先得我心之同然也耶。質之而不疑，俟之而不惑，斯之謂與！仰止兹山，用伸虔告。先生有靈，尚啓我後人也哉。

三年己巳冬十月，南京太常卿永豐郭公汝霖撰先生精舍記：

淮揚泰州安豐場，心齋王先生里閈在焉。

先生早有志於學。自陽明公倡道東南，先生往師之，聞良知之説，即自信其心欲大同於天下。隨寓爲人，談吐不倦，一時朝野名賢無不願交先生。

巡撫梅國劉公節、巡按疏山吴公悌首騰薦章。

迄陽明公殁，門人各以其説爲教，先生亦開門授徒，而四方學者多趨先生。舍隘，不足以容。柱史覺山洪公垣乃爲先生築東淘精舍居之，凡若干楹，前爲門，中爲廳，後爲勉仁堂，東西號房若干間。先生常兹講誦，闇闇乎有濂洛遺風。

歲庚子，先生棄世。明年，巡鹽象岡胡公植肖先生像舍中，而總督介川毛公愷顏其上，曰「在田人龍」。督學午山馮公天馭又爲置祭田、定祀典，有司歲時躬奠。第去州治稍遠未便，象岡公來視學時，因諸生請祀鄉賢，而精舍之祭，以場官主之。

嘉靖乙丑，督學楚侗耿公定向按揚時，謂：「先生海内儒宗，不止一方之賢。」遂特建吴陵書院專祀先生，而東淘精舍仍舊焉。

余嘗寤寐先生之爲人。宦金陵時，吴君疏山爲余言其概。今先生仲子宗順君來，乃得盡其詳。而精舍之建置尚未有紀，宗順君屬筆於余。

余惟聖門之學，惟在求仁。仁者以天地萬物爲一體。非意之也，得之天命之本。然而自私自利之徒恒二之，於是天地萬物隔閡而不流通。聖人者以天地萬物視吾身，而以吾身視天地萬物，呼吸動静，疾痛癢疴，無不相與往來。若乃隨機應感，則膺曆數者以之君天下，膺左右者以之相天下，膺先覺者以之師天下。聖人無意也，隨在而行。其一體之心，而兢業保任，皇皇惟恐，是心之或間耳。此千古相傳學脈也。

先生之學，其有見於是乎？先生謂孔子爲萬世帝王師，而惓惓師天下自任。先生之意豈易云乎哉？至其以安身爲大機，以知本爲大要，以自反自責爲實務，以自樂自學爲成功，而萬物依己、天下歸仁，則其極致也。先生之學，豈易云乎哉！

嗚乎！居其鄉必思其人，後之過精舍者可以知諸公崇重先生之心；觀諸公崇重之心，可以知先生一體之心。是心也，無古無今，無存無亡。然則是精舍之大者，謂與天壤不敝可也。

補遺

海陵陳芑撰並祀胡安定先生祠祭文：

粵自孔孟既殁，道學失傳。漢儒以訓詁爲能，得一董仲舒發憤正心，而不能力任斯文以弘其道；唐人以詞章相尚，得一王文中河汾講學，而未免容心著述以淆其真。幸而有宋開基，五星奎聚。先生適應期而生，居泰山以藏修，則明體以爲適用之本；仕蘇湖而教授，則身先以爲多士之倡。厥後濂洛諸公大闡大振，皆由先生開其源而濬道之耳。先生之功顧不偉歟？而不知者猶或指當時經義、治事之科條，以儘先生之學術而於試；伊川以顔子所好何學之精藴又湮没而不彰者，迄於今四百有餘祀矣。

兹緣我□□師心齋，崛起海濱，□明孔孟不傳之緒。而傳之者皆知以樂學爲宗，以反身爲要，於是仰先生之學者□繆述於兩齋之設科，而誦先生之功者視昔爲有加焉。是先生之作，殆先得我師之同然於數百載之前，我師之生實有以擴先生未發之藴於數百載之後，非所謂異世而同神者耶？

泰之前輩嘗建先生之祠，春秋報祀，亦云知所重矣。然而傾圮不葺，簡褻非宜。頃因督學、御史耿公議，新立我師之祠於泰山，與先生並居，以見道統相承之意。於是遷先生之主於東講堂，而以西堂奉祀我師。一時群心鼓動，各欲展誠。乃鹽院朱公、兵憲姜公暨州大夫及同志、鄉官、庠士、布衣人等各捐財物，合得百有餘金，遂將兩祠撤新葢造，焕然可觀。

今擇本月十二日奉安神位，畢集四方多友，共秉齋誠，潔牲祭告，賴先生在天之靈默相斯道，底於有成，則先生繼往開來之願亦畢矣。

謹告。

雲南布政使貴溪徐樾撰《别傳》：

天下之生也久矣，惟天之命，於穆不已。而在人曰性，率性曰道，修道曰教。堯、舜、孔、孟先後傳授繼守，以君師天下者也。而古今賴以有覺，日用共由之以自得，其本心達道行而彝倫敘，所謂親親長長而天下平，稱有道之世。三代以上，聖人在位，以此爲治者也；孔、孟以來，以此爲教者也。於穆不息之體，賴是以運。而天有顯道，昭昭乎宇宙之間，故聖人盡心，而曰「爲天地立心」；聖人至命，而曰「爲生民立命」；著察於彝倫庶物、常行之間，依乎中庸，而曰「爲萬世開太平」。是則性者，天命之本然，惟聖人者正己而物正，安其身而天下國家可保也。是謂率性之謂道，而純於天命無間然者也。未能真知天命之故也，則異於堯、舜、文王、孔子之學矣。故孟軻氏曰：「始條理者，智之事也。智譬則巧也。」又曰：「能與人規矩，不能使人巧。」伯夷、伊、惠之所深造，可以語聖矣，而不可以喻巧者，猶有議於斯焉者也。」

樾固叨承師訓，仰稽三代以來諸儒勤苦懇惻，於道固皆有所見，亦皆有所至，於孟軻氏大成之義□罕聞焉，而無以自開於天命之性，是以其功或倍而無由得其門而入也。是故有授受之義焉，故曰若某則見而知之，若某則聞而知之，其不得與聞於斯焉者，固古今通患也。豈惟三代既降而已哉！是道也，大明於孔子矣。其語性也曰天命，其語中也曰喜怒哀樂未發，是之謂無有乎天人、内外、物我之間者也，故曰「天地位焉，萬物育焉」。

三代既還，學術漫散。王通氏曰「無知無識」，濂溪氏曰「一者無欲」，明道氏曰「大公順應」，乃三代以來儒者深造而自得者也。今三大儒之言行固昭昭可考也，而於孔、孟之學，信之篤而樂之深而得其集大成也者，豈可以俟後聖而無疑乎哉？

粵稽格致之旨，聖賢之要功也。注疏以來，儒者索之字義之表以求明吾盡性之學，非其義也。於是乎有心外之義矣，有在物□理矣，而天命之性益隱，訓詁支離之説日盛，而孔、孟之學荒矣。體物不遺、萬物備我，漸托之空言也。嗚乎！非我大明之朝應五百年循循之理，挺生先師陽明夫子，深造斯道，上契孔、孟之傳，何以自悟曰「致知者，致良知也」？良知之説明，而學者始知反本之學。心外無事無理，而盡心知性以知天致知焉，盡之矣。而今而後，仁義禮智始非由外鑠者也。

迨我先師心齋夫子，生於海濱，高明剛大，自幼心事如青天白日，愛人利物。既冠，商於山東，特謁孔廟，即歎曰：「夫子亦人也，我亦人也！」歸即奮然懷尚友之志，旦夕寐寐，耿耿不能自已，日用起居若與道合者。心每閑静，得有樂地。年二十時，家務悉理於守庵翁。翁勤儉，寒暑不倦；師竊傷，而欲代不可得。翁赴役詣官舍，事急，盥手持冰。師適見之，愧泣汗下。默坐小室，潛思古人孝養，求所謂温凊定省者而行之。雞鳴，盥櫛，詣寢所問安。大孺人不悦，跪伏以俟。至天明，翁覺，止之，曰：「兒何爲是也？」昏，視席温暖，安寢始退。旦夕夔夔於侍奉之常，日有得焉，而歡忻翼愉之意有潑潑焉忽然而充滿者，幾於日月時常未喻於樂，則生矣之旨既覺，復執以爲有而求之，愈困於時，亦未知其動念則非天行也，乃番然脱落前念，惟敦孝敬，又期而美中暢外，復自得焉，作《孝悌箴》。每讀書，反身驗之躬行，若啓若翼，親切自得。

年二十八，悟盡心知性之學，精思力行，至忘寢食。一夜夢天墜壓，萬姓驚號，奮身以手支天而起，見日月星辰殞亂次第，整頓如初。民相歡呼拜謝。覺則汗淋沾席，起坐頓覺萬物一體，視宇宙内一人一物不得其所，惻然思有以救之。與物無間，而前者渾然不二於日用者，今則自得而自喻也。因題其壁曰：「正德六年間，居仁三月半。」乃毅然以先覺爲己任，而不忍斯人之無知也。榜其門曰：「此道貫伏羲、神農、黄帝、堯、舜、禹、湯、文、武、周公、孔子，不以老幼貴賤賢愚，有志願學者傳之。」衆大人笑之，而師自任益力。歷稽古訓，驗諸身心，自得脗合無二。其或有不合者，仰而思之，夜以繼日，得之則躍然如忘。

每講學，開明人心，侃侃辨惑起迷，務令人自得而後已。家庭、鄉里之間皆愛慕其至誠，而樂與之親，言行無不信悦。

守翁常患痔，久卧藥不起。請視，因吮之。翁覺，惻然曰：「兒爲此，吾何忍？」固止之，痔亦尋瘥，人歎其孝感。凡翁有不豫者，必以禮曲諭之，跪以隨之，繼之以泣，必釋而後止。翁天性本質厚，日益寡過。

土俗家祀佛，翁因之。師請曰：「庶人祀先，分也。」據《禮》陳諭，翁始感而竟焚之，崇其先享祀焉。

師居常規矩準繩，倜兮琴兮。謂：「行堯之行，言堯之言，而不服堯之服，亦苟焉也。」按《禮》制古冠服。自一念隱微以至話言，一出於正，而望之者儼然起敬畏焉。

告翁以啓行期，翁曰：「江河險長，將安之。」固請，繼以泣告，曰：「學術之誤天下，豈細故哉？兒爲學十年，求友不可得，無與言者。今幸遇其人，可無一會乎？」翁許之。夜即趨舟，懼翁意尚難焉。卧舟中夢夫子相見於亭中，覺，喜曰：「精神先交矣！」

溯□越湖，七日而至。服深衣、五常冠，垂紳執笏以求見，守門者難之，賦二詩以爲請。方坐高堂，夫子曰：「道人也，來之。」師入，即守立於中門，舉笏向之，不即入。夫子趨，延之於禮賓亭，如夢焉，乃以告之。夫子曰：「真人無夢。」師曰：「孔子何以夢見周公也？」夫子曰：「此正是他真處。我十年前亦知子來。」相與究明，無不響答，聲徹於大門之外，伺者駭聽焉。遂言及天下事，夫子曰：「君子思不出其位。」師曰：「某草莽匹夫，而堯、舜其君民之心未能一日而忘。」夫子曰：「舜耕歷山，忻然樂而忘天下。」師曰：「當時有堯在上。」夫子曰：「足見所學。」出，夫子謂弟子曰：「吾擒取寧濠一無所動，今深爲斯人動。」明日入見，論格致，執論特久，乃喜曰：「先生之論，一貫者也。」即起拜以弟子禮。師之三日而告歸，夫子曰：「何爲爾亟也？」曰：「事親從兄，無非實學。何必遠遊乎？」曰：「孟軻氏寡母居鄒，遊學於魯，七年而學成。我力量不如子，學問路頭，我見先知之。」師曰：「然。有聞命也，弗敢爽。逾月且至矣。」夫子嘗語門人曰：「吾今得見真學聖人者！諸賢其知之乎？」門人曰：「服異服者與？」曰：「彼法服也。吾將安友。」

師歸七日，復往豫章。之金陵，□太學前，諸士環觀，人各問難。師曰：「多□□□五經備在，敬告以『五經總義』，可乎？」聽者悦服。大司成汪閑齋聞師言，延入質問。相見，器其貌古而冠服不時，乃問師曰：「古言無所乖戾，其意如何？」師曰：「不問無所偏倚，而問無所乖戾？

有無所偏倚，方做得無所乖戾。」出，閑齋心敬而憚服焉。

仲子襞曰：我父平生學問，《年譜》固已詳之，即無傳焉可也！然波石徐公爲高第弟子，於父之學得之最深。所爲《别傳》，蓋因《年譜》未就，欲有所發明耳，惜未終篇，而大難遽作，故即其殘而録之，將以表其心也。覽者其毋異焉。

萬曆四年丙子四月望日，祠成，承憲副程公、州尊蕭公奉户部尚書耿公議，定春秋丁祭。

兵憲盱眙馮應京撰《薦辟考》：

王艮，泰州人。性朴茂才。受《論語》、《孝經》，不甚解。及長，一日有感於事親之際，忽大覺悟於前所讀書，若或啓之者，鋭然以聖賢爲必可至，乃始論交於天下士，證疑於孔氏書。久之，所得日邃。

其孝友忠信孚於鄉黨宗族。教人隨材開導，四方學者群至其門。好學之志，老而彌篤。嘗著論曰：「大人者，正己而物正者也。故立吾身以爲天下國家之本，則位育有不襲時位者。危其身於天地萬物者，謂之失本；潔其身於天地萬物者，謂之遺末。」有以伊、傅稱者，艮曰：「伊、傅之事我不能，伊、傅之學我不由。」云云又曰「曾點童冠舞雩之樂」，云云又曰「有心於輕功名富貴」。云云有問仲由、端木賜、顔淵侍孔子論學。云云《樂學歌》曰「人心本自樂」。云云附陶、樵二傳見前耿傳。云云□□體道淑人有如此。

天臺耿定向曰：「嗚乎，□□□心齋先生爲木鐸也與哉！」

巡撫劉節□□□□陽。吴悌薦於朝。

嘉靖中，與艮並薦者□□文徵明生員葉幼學儒士，徵明以書學名家。生平跡不入公府，聲色絲毫不染。有友人欲試之，會飲酒酣，出妓侑觴，即拂衣起。與幼學皆稱卓行，俱授翰林待詔。

先是建文中亦有一王艮，首江西解額，舉禮部，廷試第二，授修撰。聞靖難兵起，憂憤不食；及兵渡淮，閉門涕泣，訣妻子，服毒死。建文帝哀其忠，遣官諭祭。百餘年間，名有偶符，而理學、忠節俱不愧於世云。

詩

禦史陳讓《簡心齋大老》：

海濱有高儒，人品伊、傅匹。實踐率性初，明覺非智識。語及經綸間，萬象隨形色。閉户五十秋，沙頭看潮汐。逝者信如斯，天下不與易。曾讀《勉仁方》，憫世如嬰赤。廓之何際涯，俟之何所惑。仰止私得師，高山限咫尺。寄語定貞盟，天將□微側。

玉芝山人《挽心齋先生》：

碧霞池畔聽鳴韶，善寫遺音公獨豪。滄海不妨麟鳳遠，青山殊覺斗星高。乾坤定處誰鈞軸？世業輕來只羽毛。下拜再瞻遺像肅，清風猶自滿山袍。

方潁《哀挽一律》：

長河淡淡德星沉，風落汪洋海自深。壇上一從停化雨，琴中三合有遺音。令終不昧盈虛理，見道誰如今古心？獨向平原歌此調，滿腔明月照簪纓。

冒節《哭心齋夫子》：

東海篤生豪傑士，一時冠冕半交遊。瞻依孔、孟爲心印，收拾乾坤入擔頭。禮樂在躬猶自遜，治平有術竟難酬。久期畢業門牆下，梁木先摧只淚流。

韓□《挽心齋伯翁》五言一律：

先生今已矣，吾道竟何歸？學闡先天秘，行端後覺依。六經還羽翼，一貫更精微。海內謳歌處，無窮山斗思。

吉水劉天健《謁心齋老先生祠》：

絶學倡當代，人稱有二王。能來天下善，不獨海邊長。豪傑推千古，風流播四方。平生山斗念，遺像儼空堂。

門牆朱氏子，而亦是吾師。道喪悲千載，文明慶斯時。至言倡簡易，俗學破支離。幸有遺編在，猶能慰所思。

濠上沈思聘《謁吴陵像祠》：

吾身原自重，萬物總一肩。任重道遠者，豈宜貿貿然？所以遺賢學，致知在所先。不先知所往，胡能求至焉？心齋王夫子，洙泗得心傳。明哲保身論，揭日月中天。物我籬藩徹，靈臺芥蔕捐。昏昏暴棄子，覩此無汗顔？愧予生也晚，蚤未能執鞭。兹適吴陵道，齋宿拜祠前。德容儼如生，遺訓重簡編。三復即面命，私淑效前賢。

宛陵施弘猷《謁安豐祠》：

東海聖人出，此心同此理。先生實應之，益信言有旨。格物學爲師，修身天下紀。反求立達兼，萬古還一體。尼父如有作，斯言不易矣。往聖從此承，後死荷佑啓。盱江衍長派，新都拓深址。我因窺一斑，誰能忘自始？籲嗟聖言遠，樂學亡實指。相率事防檢，失彼還守此。形貌豈不肖，糟粕違神理。何當決江河，耳目都一洗。我來謁先生，匪直瞻拜耳，微言搜遺編，皞旰濯江汜。雷雨忽東來，先生如未死。一鰌天上飛，群鱓出泥滓。

楚陽吴雙《謁東淘祠》：

真儒欽海内，廟貌柏森森。參透古今理，闢開天地心。遺編垂世久，化雨潤人深。仿佛春風坐，黴然抱膝吟。

廣陵吴光先《過安豐里》：

淵源□〔一〕脈來洙泗，千載人文海上開。箴揭勉仁成樂學，功從格物育英材。見龍家舍今猶在，鳴□羽儀正未衰。私淑遠人勤景仰，承前啓後屬誰哉？

郎中欂李嶽元聲《過廣陵懷古》：

〔一〕「□」，底本奪一字。

落拓江山幾度憂，廣陵重泛又驚秋。隋堤魏輩成何事？贏得心齋號泰州。

尚寶司卿、剡溪周汝登《聖學宗傳・詠古》：

生來博地一凡夫，寶藏親開萬用敷。滿界何人能證得？擔囊直自到洪都。

山陰張全之《謁海陵祠像》：

修軀古貌掌心珠，入座驚人氣可呼。俎豆已參廊廟儀，兒孫猶是聖賢徒。蒼茫遠樹江淮色，散落寒星牛女區。感激頹風誰振起？高山空仰謾嗟籲。

泰州司訓、光州張大有《春丁分祀有感》：

城隅仙院儼衣裳，薰沐來登先哲堂。惟仰清修玉遜潔，更瞻理學日爭光。名賢望重鳳雛侶，樂學歌聲琴可方。竹素遺今饒燦爛，崔巍廟貌萬古香。

續譜餘〔一〕

萬曆四年丙子夏四月，淮揚兵憲孝感程公少浦學博建祠州西，特祀先生祠成奠文：

仰維先生崛起海濱，懿行天挺，妙悟性成，慨末學之影響，探洙泗之遺真，良知獨悟，精義入神，致知格物，樂學勉仁，誠儒者之先覺，聖代之偉人！聞風斗仰，遠邇儀刑。學博等叨役兹土，觀感益深。挹芬芳於東海，爰建祠於西城，用配往哲，興起後人。卜兹吉日，遷主妥靈，敢潔儀醴，恭薦明馨。先生如在，神其鑒臨。

夏五月，蕭州尊抑堂景訓贈聯句於樂學堂中：

學問有本，直造聖人之微；俎豆無窮，足徵君子之澤。

學到樂處方是學，知須至時始爲知。

秋九月，撫臺海鹽王公敬所宗沐、南昌吴公自湖桂芳相繼蠲贖金置崇儒祠祭田，永不擾有

〔一〕「續譜餘」部分和刻本、全集本無，底本、萬曆本收録。

司之費。

七年己卯夏四月，中極殿大學士昭陽李公石麓春芳撰《崇儒祠記》：

心齋先生崛起海濱，毅然以希聖爲學。少閱老萊子舞斑故事，即衣斑斕，日戲父母側，父母訝而止之，曰：「古人如此！」不止也。言笑不苟出，必規圓矩方，跬步不亂。

聞文成王公講學洪都，不遠數千里攝笈往謁之。衣斑直入，坐上坐縱談，移晷不屈。及出，公語門弟子曰：「此載道器也。」明日又見，復縱論，始屈，出更野衣拜公，執弟子禮，始授以致良知之學。時公門下多四方知名之士，如文莊歐陽公德、大司成鄒公守益輩咸集，與之講究切劘者。歲餘始歸，而盡以所聞告知鄉里後學，於是東海始彬彬多知學之士矣。

予初不知學，嘉靖壬辰，海陵銓郎林君春始導予謁文簡湛公、文莊歐公而論學。後數年，於留都始晤先生於徐氏東園。時，文成、文簡二公門人各持師説以來勝，予質之先生。先生曰：「豈有異哉？天理者，良知也；隨處體認天理者，致良知也。」後偕太守袁君株、大尹朱君軏、審理宗君部造先生廬，請益月餘。見鄉中人若農若賈，暮必群來論學。時聞遜坐者，先生曰：「坐，坐。勿過遜廢時。」嗟乎！非實有諸己，烏能誨人如此吃緊耶？

予惟天下之治忽繫人心，人心之邪正繫學術。學術不明、人心不正，欲望天下治安，難矣！

故學之不講，孔子恒以爲憂。當其時，問學洙泗之濱者，踵相接也。然孔子雖憂學之不講，尤恥躬之不逮，教人以文行忠信，於謹言慎行三致意焉。至於性與天道，子貢猶歎其不可得聞，況其下者乎？

先生之學始於篤行，終於心悟，非徒滋口説者。雖選所著述如《樂學歌》、《大成學歌》諸作，天趣灑然，悉出胸中所自得。至評論夷齊三仁、武王伐紂等事，皆精微至論，罔有蹈襲，足垂千古君臣之鑒。嗟乎！若先生者，豈非一代之大儒哉？

先生修軀古貌，兩掌心肉珠微起，左一右二，有握乾把坤之象。天之生德，夫豈偶然？俎豆於其鄉，誠非過也。

中丞耿公定向督學南畿，時欲專祠先生，不果。迺抵書海防程憲副學博，建祠州中祀先生，俾後學有所觀感而興起。且以屬鄉中丞淩公儒經紀其事，太守王君陳策、員外郎黄君鸎協贊之。肇工萬曆乙亥十一月，丙子二月工成。祠宇凡三楹，門垣整飭，足垂永久。巡撫、大中丞王公宗沐、吴公桂芳爲置祭田二十畝，屬先生仲子襞管業，以其租供祀事，有餘以給四方來學者。襞篤實高明，克世其學。

予嘗辱先生之教，因爲紀其事而繫以詩。詩曰：

孔、孟正學，曰致良知；闡自東越，淮南紹之。匪曰口耳，躬行不怠。凡我後生，敬承勿壞。

秋八月，都察院右僉都御史海淩淩公海樓儒撰先生祠堂記：

孔、孟之學，堯、舜、禹、湯、文、武相傳心法之精。其興廢繫治道隆替至要矣。漢唐影響支離，不絶如綫。宋室伊洛間師友淵源，得窺堂奧。明興，經術論士，本衰華盛。是故繪章句妙悟難，狗口耳實躋難，去道遠矣。即學士大夫、專門名家，談之終身，猶毫釐千里。

矧海濱無傳，未嘗學問，迺能超然默契，確然允蹈，直與孔、孟曠千載而流光也。嗚呼難哉！吾鄉心齋王先生，本農家子，生長灶間，年三十纔可識字。一旦見《論語》、《孟子》，伏而讀之，恍然曰：「是孔、孟之學耶？何舊説與吾相馳也？」時時出新得與塾師商之，遂勇於荷擔，慨然如孟軻氏願學孔子。隨言隨悟、隨悟隨躋，由是義理日融，踐履日篤。

迺遊南贛，謁陽明王公，辯難所謂良知之學。始不拜，後執弟子禮。因悟萬物一體，仁人之心，一夫不向於善，過在我也，思以其道易之。制輕車往京師，冀風動四方，啓其聾聵。道路觀者，輒開誠誨之諄諄，每曰：「爲臣宜忠，爲子宜孝。」如呼寐者使之醒，聞者罔不泫然涕下。既歸，益去矜持，就渾化，灑然日新。嘗自謂「居仁三月半」，庶幾顔氏子。夫學難於妙悟、實躋，若先生蓋兼之矣。

海内士大夫慕先生，日輻輳造廬請焉。先生各因問指點，字字句句皆吐自胸中，不事虚寂説。一時神氣，令人毛骨悚然，去故即新不遑暇，其開發所得，則虚往實歸，譬之飲江河者，人人充其量也。《語》曰「默而識之」、「學而不厭，誨人不倦」，先生有焉。

先生不喜文詞。所謂《樂學歌》、《大成歌》與《勉仁方》，具載《語録》。雖先生所心得不盡是，要亦發之一人，可垂之千古者。

予嘗評諸里中曰：「好善，人心之靈也，古與今一也。儒不學，何能窺見心齋先生？第自先生觀之，其爲善也，欲人之爲善也。斯一念，如水之必寒、火之必熱，天下後世且無疑，況里閈耶？然則鄉先生歿而可祀於里者，非先生而誰也？」

當先生存時，撫院梅谷劉公節、按院疏山吴公悌，交疏以薦於朝，部寢不報。迨先生之歿，學院午山馮公天馭、象岡胡公植、初泉吴公遵，先後追崇敕祠其鄉，遣場官行如有司禮。

然泰山之祀，德意自學院楚侗耿公定向舉之，旋議中罷。夫用舍行藏惟命與時，無論已，獨一祀事且不終，先生之不遇蓋如此。

嘗慨之世有徒以口耳章句獵一第、博一官，跡其平日在朝在鄉無毛髮豎立，苟其人稍在許可，或布衣子孫顯貴，歿後皆得占籍鄉賢。有司者不問其賢不肖，春秋俎豆，罔敢墜失。視先生越俗之識、亞聖之資，妙悟實躋，有功孔、孟，奚啻什伯與千萬也！迺懿典舉矣，卒以忌者之説罷之，何心哉？

萬曆四年，憲副小蒲程公學博來兵備海上，修舉廢墜，推楚侗公雅意，特建祠州之西。其知州蕭景訓氏祗承惟謹，凡兩月工竣，扁其祠曰「崇儒」。屬祀事於州大夫，主時獻享；屬祠宇於王氏子孫，主時修葺。於以風示鄉人。撫臺敬所王公宗沐、自湖吴公桂芳相繼移文申重，復贖金置祭田使不費有司，□無紛張。蓋至是天迺定矣。

嗟乎！豈人心之良終不可泯，先生之學久而益信也歟？邇來俗變風移，海内多不論學，而里閈中亦漸淩遲。獨先生之子東厓襞能意氣不摧，世其家學，時聚同志講明祠中，人心稍稍復振厲。異時標轉轍換，安知不有聞風興起，大能闡明孔、孟之學如先生者出乎！是祠也，固斯學之餼羊，何可少也！

予固因小蒲公乞言垂石，爲述先生宜祀不宜廢，爲後來者告焉。

十三年乙酉春正月，詹事府右春坊右諭德韓公敬堂世能、工部都水司郎中蕭公景訓題請先生從祀孔廟，奉旨：「該部議。」文列卷後。

十四年丙戌秋八月，鹽臺河東陳公歧岡遇文修崇儒祠。

十五年丁亥冬十月，州尊仁化譚公見吾默扁云：「真儒正脈。」

十八年庚寅七月，鹽運司分理泰州事嵊郡周公海門汝登修舍祠。

十九年辛卯春三月，撫臺安福周公山泉寀修先生崇儻祠扁云：「默契心宗。」

冬十月，州尊金浦游公振巖春霖贈扁云：「道脈真悟。」

二十年壬辰夏四月，禮部儀制司郎中海陵陳公蘭臺應芳奠文：

先生崛起海濱，一從問學，即透性真。得師而事，遂爲文成夫子之高第弟子。而講學明道，一時仰止者，謂爲東海先覺之天民。流風未遠，遺訓若新。芳也夙塵私淑，兹者歸里，偕二三同志期定會以輔仁，將紹明先生之學，奉爲依歸，以對越先生之神。特申虔告，仰翼陶鈞，伏爲鑒之。

秋八月，泰州學訓房郡李公桂軒香置先生祭器祭文：

先使天植其英，海濱精處，邁跡自身，人孰不知其統一聖真耶？其剛毅之資、沖和之氣、靈睿之性、默成之行，奚待予言而後知其備哉？獨計學術所在，有幾微毫髮之辨者，而先生能發之。吾儒之體與佛老判若黑白兩端，彼竄而入，而遂爲吾道混。先生則曰：「有吾儒之體，便有吾儒之用，佛老之用則自是佛老之體。」體用分而正邪辨，先生何衛道之嚴也！載籍極博，學者猶考信於《六經》，先生則曰：「經明，不用傳；道明，不用經。《六經》、《四書》，印證吾心。」夫舉經書而歸之道，舉道而歸之心。先生何會道之約也！出處不同時，隱見不同道。先生既以講學諒唐虞之君臣，又以孔子之不厭不倦即位育之功業，先生其出處、隱見一致者歟？君臣之分等於天地，一經委質，終身不改。先生始議武王不與三仁同易位之舉，繼議武王不立微子安臣節之誼。先生其扶天綱地維於不墜者歟？凡此之類，不可枚舉。是皆發聖心之所未發，而大有功於聖道者也。自非心涵千聖之精，見決萬古之疑者，曷克臻此？然則謂先生志孔之志以聞孔之道，非耶？不然，先生何以見顔、孟之未融，周、程之匪時哉？是宜其振道化於當年，而教後世於無窮也已。香忝訓泰，仰止景行，絜酒生芻，用展微忱，庶來格來獻。

冬十月，撰先生真容贊。見前。

二十二年甲午秋九月，户部尚書耿公撰先生傳文：

先生姓王氏，名艮，字汝止，泰州安豐場人。世隱約未顯。

先生生有異質，隆額修矑。少食貧，父曰紀芳，服户役於公。一日，天甚寒，方急驁，盥冷水。先生至，親所覩之，痛哭曰：「爲人子，令親寒盥冷水而不知也，尚得爲人乎？」自是出代親役，里巷人乎其忠信。

家漸以給，尋同里人商販東魯間，經孔林，先生入謁夫子廟，低徊久之，慨然奮曰：「此亦人耳，胡萬世師之，稱聖邪？」歸，取《論語》、《孝經》誦習，至「顔淵問仁」章，詢之塾師，知顔子爲孔門高第弟子，曰：「此孔門作聖功，非徒令人口耳也。」爲笏，書「四勿」語，昕夕手持而躬踐之。

里俗故好奉佛，先生准古秉禮，思以易之，令墮佛像，崇儒教。武廟南巡，一日，中貴矯上旨索鷹犬於里，横甚，里人惶惑，追咎爲慢佛故。先生曰：「毋怖，吾自當之！」躬往謁中貴，中貴爲先生言論豐儀所感格，嚴戢其下，更與先生交歡，擬薦於上尊顯之。先生婉謝辭避焉。

久之，行純心明，以經證悟、以悟釋經，慨世學迷蔽於章句，思國學爲天下首善地，往以所學諭司成。司成使學徒問所治經，先生荅曰：「治總經也。」司成進與語，奇之曰：「此非吾所能與也，須遇越王先生始能成之。」

一夕，夢天墜壓身，萬人奔號求救，先生身托天起，見日月列宿失次，手自整布如故，萬人歡舞拜謝。醒則汗溢如雨，頓覺心量洞明，天地萬物一體。自此行住語默皆在覺中，因題其座曰「正德六年間，居仁三月半」。此先生悟入之始也。

是時，文成王先生自龍場謫歸，與學者論孔門求仁、知行合一，泥者方讐爭之。十四年，文成鎮撫虔，又極論良知自性，本體内足，大江之南學者翕然從信。而先生顧奉親鶉居，未及聞也。有黄塾師者，虔中人也，聞先生論，詫曰：「此類吾撫臺王公之談。」先生喜曰：「有是哉？

雖然，王公論『良知』，某談『格物』。如其同，是天以王公與天下後世也；如其異，是天以某與王公也。」即日之虔。至則以詩爲贄，踞然由中甬據上座，往復辯論者累日，卒會於心，始師事焉。

久之，歎曰：「風之未遠，道何由明？」製輕車詣京師，所至講説，人士聚聽，多感動。先是，都下有老叟夢黄龍無首，行雨至崇文門，化爲人立。晨起往候，而先生適至，應之。著書千餘言，諄諄申孝弟，擬伏闕上，然先生風格既高古，所爲又卓犖如是，朝士多相顧愕，貽勸止之。先生留一月，竟諧衆心而返，還見文成。文成思裁之，不見。先生跪伏庭下，痛自省悔，久之乃見。

嘉靖初，文成復起制兩廣，先生陳格物旨，文成曰：「待君他日自明之。」越戊子，文成卒於師，先生迎哭於桐廬，經紀其家而還。開門授徒，遠邇皆至。

先生骨剛氣和，性靈澄徹，音咳盼顧，使人意消。即學者意識稍疏漏，不敢正以視。往往見人眉睫即知其心，别及他事以破本疑。機應響疾，精蘊畢露。嘗舉《魯論》就正，語悟吕仲本；發《大學》「止至善」旨於鄒謙之；晚作《大成學歌》進羅達夫，又作《勉仁方》以勵同志。深乎深乎，可繹思也！

先生自少年不事文義，鮮所著述。乃其深造自得，所謂《六經》皆注腳矣。

徐方伯子直承其學，傳趙文肅、羅大參；惟德承其學，傳宫洗楊貞復。它如敫司成、張中丞尊信其學者，未可殫述。

五子皆令志學，不事舉子業。仲子襞尤能述其學，余徒白下李士龍、楊道南、吴伯恒、焦弱侯俱與莫逆。余因得私淑云。

總漕劉公節、鹽法吴公悌皆特疏薦聞。侍御洪公垣構舍居其徒。趙文肅疏用真儒，意在先生也。卒格不報。

嗚呼！天篤生先生，儻亦第使爲木鐸邪？先生誘進後學，非獨纓綉詩書士，灸而速肖，欽風興起，下逮蕘豎陶工，一聞謦咳，若澡雪其胸臆，而牖發其天機。

於時，里有樵者，朱姓名恕，日樵采易麥糈，擇精者供母，而裹其糲秕爲糗以樵。一日過先生門，負牆竊聽，有味於中。自是每往則必詣門側聽，饑則取所裹糗向都養所乞餘飲和食，食已，樵如初。疲則弛所負擔，趺坐以息，逾時仰天浩歌，聲若金石，適然自得也。先生門徒或覵其然，轉相驚異。有宗姓者心憐之，一日出數十金招而款語，曰：「稔子雅志，顧若貧而勞生若此，願奉此爲子生理計，免樵作苦，且令吾得旦夕相從商切，幸甚。」朱手其金，俛而思，徐大恚曰：「子非愛我！吾兹目此，此衷經營念憧憧起矣，是子將此斷送我一生也！」力却之。後學使胡植氏數招見之，匿不見。學使故假往役誼，下檄督之急，乃勉用齊民禮，服短衣徒跣以往。學使令人扶之，入而加服焉，乃得一見云。

其後又有陶者韓樂吾氏，名貞，居蓬屋三間，陶甓爲生。常假貸於人爲甓，甓坯爲雨壞，負不能償，並其蓬屋失之。居破窑中，聞樵者朱氏風，從之學。朱歿，卒業於先生仲子。漸習識字，粗涉文史，嘗自詠曰：「三間茅屋歸新主，一片煙霞是故人。」簞瓢屢空，衣若懸鶉，晏如也。

年逾三紀尚鰥，仲子倡義屬門徒醵錢助之婚。婦初歸日，笥餘一二裙布，盡分給所親，與之約曰：「吾志希梁鴻。吾不鴻若，亦而夫；而不孟光若，亦非吾妻也。」買莆日爲程令織鹽囊，易糈以給朝夕。婦朝夕作饘，已肅共之，如賓焉。

後聆先生學有得，毅然以倡道化俗爲任。無問工賈傭隸，咸從之遊，隨機因質誘誨之，顧化而善良者以千數。每秋穫畢，群弟子班荆趺坐，論學數日，興盡則拏舟偕之，賡歌互詠，如別村聚所，與講如前。逾數日又移舟如所欲往，蓋徧所知交居村乃還。翱翔清江，扁舟汎汎，下上歌聲洋洋，與棹音欸乃相應和。覩聞者欣賞，若群仙嬉遊於瀛閬間也。

有縣令某聞而嘉賞之，遺米二石、白金一鍰，受米而還其金，致書謝，略曰：「儂，寠人也。承明府授粲，拜領一石，瓶貯以給數月饗飧，餘一石分給親友以廣明府惠。金惠過渥，非寠人所堪承也。」令問政，對曰：「儂，寠人，無能輔左右。第凡與儂居者幸無訟牒煩公府，此儂所以報明府也。」令檢案牘稽之，果然，益敬禮焉。

李元宰時休沐在里，數招見之，不往，且奏記盡規。李公益重其人。予典學南畿，時寓書屬余嘉獎，以廣勵士風，予因致禮加幣，且執禮喻之，令其必受，渠乃受之，買牲祭王先生祠，分胙於其同門。

後予巡校泰州，謁先生祠，渠來謝，與之坐。余偶觸境示諸生性無加損處，因述故相某取高第，位極人臣矣，一旦以細淺不得意，且熱中失常云。渠在傍不覺狂發，拊膺歎曰：「安能如儂識此些子意耶？」予莞爾曰：「世故有大行不加者，有不加即不損；窮居而意氣，有加亦損也。」其師王仲子謂曰：「韓生識之。大有、窮居，一視焉可也。」渠重頷，云嘗與諸名公卿會論學問，有譚及別務者輒大恚曰：「光陰有幾？乃爲此閑泛語。」或稱引經書相辯論，則又大恚曰：「舍卻當下不理會，乃搬弄此陳言，此豈學究講肄耶？」諸名公感爲悚息。識者謂其氣沖牛斗，胸次怡怡，號曰樂吾不虛云。

耿定向氏曰：我明自姚江倡學，後世以學自任者不尠，獨先生之學傳浸廣且遠。何哉？蓋學爲本諸身，可徵諸庶民，乃可法天下、傳後世也。先生爲學，其發志初，根本於誠孝。總其學旨，以悟性爲宗，以孝弟爲實，以九二見龍爲家舍，得孔氏家法矣。其旨歸以格物知本爲要，以遷善改過、反躬責己爲勉仁。廓披聖途，至易至簡，固超然妙悟，不滯形器，而亦確然修證，不墮元虛，巋然孔氏正脈。其師表公卿，下逮樵豎陶工，有以也。或者疑先生「出則爲帝者師，處則爲天下萬世師」語，懼爲狂誕者口實，然乎？曰：否。先生實自篤信其道如此。若曰執此輔仁，親親長長，天下平治，大經大法具是，所謂「有王者起，必來取法」；執此善世，庸言庸行，愚夫愚婦可與知能，所謂「聖人復起，不能易者」云耳。非謂學者必務自尊大如此也。先生嘗謂：「立其身以爲天下國家之本，則位育有不襲時位者。」其所以語立身者甚詳，而所以自立者蓋甚嚴。夷考其生平，無棄言，無越履；巨節細行，咸可以昭日月，通神明。語曰：「苟不至德，至道不凝。」先生之德至矣！世迹一二末學之狂逞而病先生學，是懲噎而廢食也。先生之學乃民生日用之飲食，可廢乎哉？洪惟皇祖龍蟠淮甸，重造乾坤，廓清寰宇。維時佐命元功遘雲龍風虎之會者，多江北淮南産也。傳八葉而先生挺生於泰，泰固淮甸委也。孟子嘗謂：「五百年王者興，其間必有名世。」又推堯、舜、湯、武之相承，咸有見知聞知者。然則先生之生，鍾靈應運，非偶也。先生作歌曰：「常得斯人繼斯道，大明萬世還多多。」斯道晦明，故與世運相隆替。願世共明先生之學，不爲異説簧鼓，我明亶其無疆惟休哉。

余爲是述先生履，作傳表而章之，以諗諸同好云。

冬十二月，南京吏部右侍郎衡都曾公植齋朝節奠文：

學有正緒，肇開唐虞。晦明明晦，義存《詩》、《書》。爰逮孔氏，天縱弗試；不厭不倦，立則萬世。六經删述，孟氏紹明。濂溪以來，豈曰無人？緊獨先生，崛興淮海；魂靈自悟，幽通□

解。大義數十，遺教炳然。知者世稀，正學賴傳。節生晚質愚，猶幸私淑垂三十年。醒以餘鐸來遊南國，密邇宫牆，啓予歆予，歆此潔芳。

二十三年乙未春正月，署泰州事、刑部郎中登州陸公鳴皋埜奠文：

於乎！克念作聖，道心惟微。人異禽獸[一]，□□幾稀。恒嗟主翁，思向物移。一當物交，引而去之；孑然立者，血肉軀爲。埜幼讀父書，危豈愛身。拜官雲署，實緣名淪。已罔修永，何以治人？沉綿疾瘧，歧路波旬；夢中醒唤，良知持循。欽惟先覺，不令此泯。莊敬持養，仁自諄諄。斯未能信，四十無聞。瞻祠再拜，氣轉鴻鈞。謝得忞體，七尺忍汩，既往莫追。乙未正月，青天白日，私淑余師。盛德炳若，流風在兹。裕孫繩武，輔仁可資。詣奠安豐，欹然泣下。遺像儼然，況親炙者？泰山增高，滄海廣瀉。百歲來今，其和或寡。愧匪文翁，士何爾雅？魯有仲尼，鄉多游夏。於昭靈□，扁□云□。東爽降鑒，爵罕□□，東[二]海大儒。

[一]「禽獸」，底本漫漶，據萬曆本補。
[二]「東」，底本奪，據萬曆本補。

夏四月，撰先生《樂學跋》：

先廣平君慮埜頑愚，嘗語甘泉「二業合一」訓，四十年始全讀。嗚呼！何聞之晚也？其云：爲德業者固讀聖賢書，習舉業者亦讀聖賢書。良知良能，人知同有，存心以立。我斯讀書，作文之大者。故不易業而可以進於聖賢之道者，舉業是也；不易志而可以大助於舉業者，聖學是也。陽明往復諸書，異辭合旨。海陵心齋王先生，學陽明者也。崛起布衣，恍然樂學，其於舉子業深有裨，故曰：「不患妨功，惟患奪志；識得此心，以莊敬持養之，終身立命，更有何事？」而樂、學，一也。一簞勿受，即萬鍾何加？小官不卑，即三公弗易。丹心可照，正氣長歌。韋編欲絶，五十學《易》。學在我，樂真我爾。心齋先生《語録》、《年譜》自傳於世，兹歌與儒先互發明。幸官兹土，拜瞻景德。私淑欽風嘉與，學者樂之，亦成己成物之大端。謹跋。

秋七月，泰州學訓蜀峨眉彭公肖崖梅奠文：

梅，西蜀人也。童稚時誦《樂學歌》，竟莫知所自。及分教泰州，春丁分祭王先生，祭畢覽碑誌，始知先生顛末。先生崛起海濱，□□始知向學，手持《論語》，逢人質問，即以「道明何用經，經明何用傳」了此大意，頓悟宗源。觀「正德六年間，居仁三月半」，則先生之穎悟玄解，聰明天授，迥超上乘矣。渠家所謂頂門一開，萬緣澄徹者，非耶？先生以孔、孟爲標準，以六經爲證印，以良知爲公案，以孝友爲根本，以躬行爲實踐，以修身見於世爲功業。故其言曰：「伊、傅之事我不能，伊、傅之學我不爲。」以伊、傅無明道教人之意也。惓惓倡明道學，汲引善類。總之，則以天地萬物爲一體，致良知之外無餘術。當時薰其德而善良者，陶人不止樂吾韓貞，樵人不止樂齋朱恕。一時士大夫航海而造先生之廬者，任其往來，啓迪不倦，何異乎孔先師設教杏壇，群弟子四方畢至也哉？先生既没，教化益彰。憲臺移檄建立祠宇，春秋特祀用報。厥施至今，崇信而表揚之者，歷歷不已。則先生之澤，豈止於五世而斬乎？夫以縉紳先生策名天府，身死名滅者皆然。間或功施一方，享一時之祀事者有之。先生布衣，榮名盛世，專祀血食，與國同休。視夫取青紫博名高，死同腐草者，奚啻雲泥也耶？誠無位而貴、無爵而尊，儼然孔、孟之家法，猗與休哉，行將與俎豆爭輝也已！先生長孫之垣者，會饌於庠，篤夫婦之倫，誓不續娶，可謂繩其祖武，有光於衣鉢也者。先生有靈，其默佑之。

冬十二月，泰州學正任邱王公尚齋立志奠文：

心齋夫子，海涯崛起。不階指授，與道爲體；神解玄詣，歸真契聖。悟性覺迷，千里響應。乾象手序，人紀恢張；夢符天授，兆啓明昌。躬先孝弟，陳常渤澥；愍恤請災，植僵蘇憊。洞廓聖途，披靡榛蕪；見龍正位，宅是太虚。孔、孟同心，勉仁樂學。秘泄千古，天民先覺。淮南格物，越中致知；異軌同趨，胥百世師。譬彼上乘，兩輪貫轂；從祀後先，不蔡可卜。志也夙懷嚮往，景仰前修。區分南北，縮地亡繇；愧茲濫竽，來遊錦里。勿煩介紹，瞻跽祠宇。家有遺胤，博帶逢衣；世業三傳，風韻猶伊。耿光如存，芳蹤可躡。乃顯乃承，對數懿烈。遊門觀海，不虛此生。俎豆馨香，昭格寵靈。

二十四年丙申春二月，淮揚兵憲長山曲公帶河遷喬奠文：

天地晦明，惟關一道；道脈斷續，惟係一心。慨自末學，影響孰探？先聖遺真，濂溪而後，賴有文成。疇能師事，獨我先生。淮海邁跡，天挺性靈。箴先孝弟，學重勉仁。以經證悟，以悟釋經。《樂學》著作，《大成》振音。整失序之天文，犁然如故；喚聾瞶之耳目，爽然一新。揭良知而明炳日月，倡格物而見徹古今。山斗氣象，飛躍胸襟，豈直追蹤往哲，且亦□□後生。洵也天民先覺，展矣昭代偉人。喬生當晚學，未由趨庭；來役茲土，斂承若親。悼芳軌兮既遠，欣私淑兮有人。茲薄陬芻絜，用攄悃忱。薰蒿來格，默藉陶鈞。

秋八月，私淑門人唐珊率門下同志奠文：

唐、虞中道，孔、孟仁心；良知東越，格物海濱。千古一脈，元氣流行。大哉先師，造物鍾靈；一私不着，萬善叢生。闡述前聖，啓佑後人。道握其樞，德極其至。匪玄匪虛，至簡至易；即事是知，即知是事。振鐸警愚，定期爲會；推重躬修，敦崇孝弟。切切偲偲，勉仁導義。弟和兄歌，子紹父志；聚樂一堂，寒暑不置。嗚呼！先師之門，四方之歸。居室出言，千里應之。矧生茲土，敢出範圍？珊也晚學鄙夫，不獲仰步趨於親炙，而拜瞻遺像猶得儼對。越於在茲，敢偕二三同志聚祠下，將紹明先師之學以奉爲依歸。三爵佈告，伏惟鑒之。

二〔一〕十五年丁酉春二月，浮梁學訓海陵劉公西郭清題句於樂學堂中：

崛起海陵，接孔、孟師模之正脈；潛心理窟，等唐、虞事業於□□。

夏五月，淮安推府河東曹公真予于汴奠文：

於惟先生崛起海濱，剛果真切，必爲聖人，竟纘斯文。卓哉先覺！不揣愚蒙，謬懷聖學，風靡習積，乍開乍昏。趨蹌祠下，仰止芳芬。虔具牲醴，再拜陳辭。於惟先生，牖之翼之。

〔一〕「二」，底本奪，據萬曆本補。

秋九月，州尊浮梁張公樂衢驥奠文：

今世學士，靡匪以聖人爲宗。聖人憂學不講，以故講學之名昉於尼山，而延於億禩，所從來遠矣。顧聖人不又曰恥躬之不逮乎？夫講者，講也；躬行者，所以講也。於人爲實心，於天地間爲實理，於天下萬世爲實驗。斯誼澌滅，文成公繼濂洛而倡明良知之學，實身體之。淮之南有覺者崛起，曰心齋先生。先生初固亭子也，一旦伏讀鄒魯二書，而超乘格物之旨，因往事文成而遂志焉。匪以資譚説，而日論辨之，而心證之，而躬蹈之。居恒以孝友爲根本，以造就爲事業。訓嚴四勿，春滿一腔。樂學有歌，攄真趣也；大成有詠，識正諦也；勉仁有方，天理有説，胥教誨而指真詮也。鑿鑿躬行，第曰講之云乎哉？余伏卒業先生家乘，而識先生躬行之學。其感格有不可誣者無論，四方縉紳學士千里雲從，孔庭三千不啻焉；即造次一語，化及中貴，化及不逞甚者。天風應禱，霖雨隨祝，此胡可口説冀哉？誠之不可揜也如此。夫噫嘻，先生逝矣，至今俎豆宫牆，無滅闕里。又何令人久而益信若斯也？余生也晚，夙慕先生躬行之學，展拜祠下，撫先生後人而布二爵焉。《詩》有之「高山仰止，景行行止」，今日之謂與？至於稱述之備、總理之周，前人已悉具矣，又奚余之贅焉？

冬十月，吉水鄒公南皋元標讚語：

或問鄒子曰：「泰州崛起田間，不事《詩》、《書》。一布衣，何得聞斯道卓爾？」予曰：「惟不事《詩》、《書》，一布衣，此所以得聞斯道也。蓋事《詩》、《書》者，理義見聞纏縛胸中。有大人告之以心性之學，彼曰予既已知之矣。以泰州之天靈皎皎，既無聞見之桎梏，又以新建明師證之，宜其爲天下師也！竊嘗論新建有泰州，猶金溪有慈湖，其兩人發揮師傳亦似不殊。斯道不孤，德必有鄰。予於兹益信。」或曰：「泰州主樂，末世有猖狂自恣以爲樂體，奈何？」予曰：「此非泰州之過，學者之流弊也。夫流弊，何代無之？終不可以流弊而疑其學也。」

二十八年庚子春三月，揚州府大府楊公昆源洵、推府徐公躍玉鑾、泰州知州張公樂衢驥，捐俸肖先生遺像。

夏五月，揚州推府徐公躍玉鑾撰先生傳於府志：

王心齋先生者，初名銀，逮事陽明先生，爲更名艮，字汝止。其先姑蘇人，祖伯壽者徙居海陵，遂世爲海陵人。

所居里爲安豐場，俗煮海爲生，不事儒。先生生而潁異，隆準廣顙，長九尺。自弱歲頗從塾師受《大學》章句，而家窶甚，弗能竟學也。弱冠，先生父紀芳使治商，往來齊、魯間。已，又業醫，然皆弗竟。

嘗從過闕里，觀孔子廟及諸大儒從祀，瞻注久之，太息曰：「是聖人者，可學而至耶！」同輩咸愕貽所言。乃歸取《孝經》、《大學》、《論語》日誦讀，置書袖中，逢人質問疑義，有所得必見之行。

父役官府，晨起以冷水盥，先生痛自責，以人子不能服役而使父自苦也，遂請代父役。而晨昏定省，禮益虔。自是人稍知先生能事親孝矣。

居久之，忽有所悟，若洞明於宇宙萬物一體之故，動靜語默俱在覺中。先生益自信，乃製古深衣服，冠五常冠，條經縚笏，所至與人講論道學，榜其門曰：「此道貫伏羲、堯、舜以來，不以貴賤賢愚，惟有志者傳之。」鄉人始而駭，漸而信，久而浸與俱化焉。

正德中，内官佛以上命捕鷹畋獵，過海上，所至騷動。先生躬詣其庭，諭以理義，佛矍然起敬，約共獵，則與偕獵，因勸以請上旋蹕，毋馳騁，以安天下。内官卒感悟徙去，無擾害里中。蓋至誠感人如此。

是時，王陽明先生守仁鎮豫章，以道學爲海内宗。先生從塾師黄文剛聞其語，詫曰：「海内士大夫亦有明聖人之道如某者乎？吾不可以不往證。」乃辭二親往謁王。持「海濱生」刺，踞上坐，與語良知及堯、舜君民事業，大悦服，願爲弟子。已，稍疑，則又即上坐，反覆論難數日乃竟，執弟子禮焉。陽明先生語人曰：「吾持萬衆擒宸濠，未嘗動心；今日爲此生心動矣。」

然先生益自任。乃辭陽明先生去，製招摇車，將遍遊天下，遂至京師。都人士聚觀如堵，顧以先生言多獨解，與傳注異，且冠服車輪悉古製，咸目攝之。會陽明先生亦以書促還會稽。乃復遊吴越間，依陽明講業。自是亦斂圭角就夷坦，因百姓日用以發明良知之旨，而究極於身修而天下平。其言簡易徑截，不爲枝葉。學者有所疑難，見先生多不問而解。自大儒鄒公守益、湛公若水、吕公柟、歐公南野，咸尊重先生如陽明先生也。

陽明先生卒於官，先生迎喪桐廬，營其家。

先生年五十餘，學益深造。門人董燧、徐樾等與四方諸來學者日衆。而巡撫劉公節、御史吴公悌，俱疏薦先生。而御史陳公讓按維揚，訪先生，以事阻，乃作詩呈先生，稱「海濱伊傅」云。亡何，先生寢病，夜有光燭地達旦，先生語門人曰：「吾將逝乎！」然猶力疾與門人論學不懈。諸子泣請後事，先生顧仲子襞曰：「汝知學，吾何憂！」又回顧諸子曰：「而兄知此學，吾又何憂！」無一語及他事。遂卒，年五十有八。門人爲治喪，四方會葬者數百人。督學胡公植祀先生於鄉賢，而麻城耿公定向復專祠先生於吴陵書院，有司以春秋祭祀焉。

先生崛起海濱，以先覺覺民爲己任。致良知之學，陽明先生爲宗，先生爲輔，乃一洗俗學支離之陋。天之未喪斯文，其在兹乎？

學士大夫得先生指點開悟者甚衆。其示俞純夫云：「只心有所向便是欲，有所見便是妄。既無所向，又無所見，便是無極而太極。良知一點，至簡至易，不用安排思索。聖神所以經綸變化者，本諸此也。」示徐子直云：「良知即性，性焉安焉之謂聖[二]，知而復焉執焉之謂賢。惟百姓日用而不知，故曰以先知覺後知。一知一覺，無餘藴矣。」示林子仁云：「物有本末，是吾身爲天地萬物之本也。能立天下之大本，然後能知天地之化育。」示羅念庵云：「此學是愚夫愚婦能知能行者，聖人不過欲人皆知皆行，即是位育。不知此，縱説得不真，不過一節之善。」示門人云：「危其身於天地萬物者謂之失本，潔其身於天地萬物者謂之遺末。」又云：「顔子有不善未嘗不知，常知故也；知之未嘗復行，常行故也。」又云：「君子不以養人者害人，不以養身者害身，不以養心者害心。」問異端，曰：「聖人之道，無異於百姓日用。異此者，謂之異端。」問節義，曰：「危邦不入，亂邦不居。道尊而身不辱，其知幾乎？然則何以云成仁取義？曰：處變之權也。」又示門人云：「日用間毫釐不察，便入於功利而不自知。蓋功利陷溺人心久矣，須見得自己真樂，直與天地萬物爲一體，然後能宰萬物而主經綸，所謂樂則天，天則神。」蓋誨人真切如此，其詳在先生《年譜》及《語録》中，不具載。

[二]「聖」，底本作「性」，據卷三《與徐子直》其一改。

先生築斗室於所居後，坐息其間，號心齋，學者因稱爲心齋先生云。

徐子鑾曰：余觀心齋先生，其未遇文成時，師心自悟，見其大者，殆孔子所謂「狂」歟？晚於致良知之學，精微而易簡，守約而施博，抑何超然獨詣也！從文成學者幾半海内，惟先生絶離蹊徑。蓋先生生長海隅，無紛華世味之染，又少不爲俗學，無言語文字之障，其得天全矣。舊志傳先生甚略，余故述其行事語略，庶學者有所仰止，爲列傳焉。

夏六月，推府徐公鑾撰像成奠文：

猗歟！先生崛起海隅，師心獨悟，宇宙爲徒。晚遇文成，見道益卓。廣大精微，展也先覺。經綸未究，哲人竟萎，遺文景行，百代可師。廟貌有嚴，德容可睟。入堂升室，勖我同志。猗歟休哉。

張鳴遠題：魯鄒正脉，濂洛真傳。〔二〕

夏六月，泰州儒學學訓古范寇公惺予掄、漆園張公鶴皋鳴遠、龍舒劉公衡澤洛益奠文：

濂洛之後，賴有文成。文成師事，獨有先生。孔、孟之道得濂、洛常存，濂、洛之學得先生常

〔二〕底本無，據萬曆本補。

明。直接洙、泗，軼超洛、伊。文成以來，一人而已。褕等晚學，叨訓多士，得拜遺容，敢不正人心，明正學，以承先生之業。先生其牖之翼之。

二十九年辛丑冬十一月，翰林院太史曾公植齋朝節以《先生傳》考館課，庶吉士王公聚洲元翰撰文：

越中陽明先生以良知之學倡道東南，呼醒世夢，諸學者翕然宗之，如衆流之赴壑而群鳥之歸鳳矣。於時有龍溪先生、心齋先生，號二王，其最著云。

心齋先生名艮，字汝止，揚之泰州人也。四世祖仲仁生文貴，文貴生公美，公美生紀芳，紀芳生先生於安豐里。生而有異徵，肉珠在手，左一右二，隆顙修臞，而聰警殊常兒。

里俗多負鹽，故先生年二十餘未知學問。近三十誦《論語》、《孝經》，忽悟曰：「此入道之的也。」於是慨然以古聖賢爲可學而至矣。一日至親所，見親以急鶩盥冷水，乃痛哭曰：「某爲人子，使親盥冷水而不知，尚得爲人子乎？」遂竭力代親役，而朝夕省定，一如古禮惟謹。

先生孝出天性，而行持益力。久之，心地豁然開朗，獨契《大學》「格物」宗旨，謂：「格物者，格物有本末之物也。物有本末，而身爲之本，則當以天地萬物依乎己，而不以己依乎天地萬物，所謂知之至也。」此真足訂千古之訛，而補宋儒之所不及者也。自此學有欛柄，獨修獨證，至語默動靜皆在覺中，嘗題其座曰：「正德六年間，居仁三月半。」蓋躬行實踐之悟與口耳聞見之悟，淺深不可同年而語矣。

是時，王先生巡撫江西，極論良知自性本體内足，並「知行合一」之旨。先生方奉親家居，皆不及聞。有黄塾師者聞先生論，詫曰：「此極類陽明先生之談學也。」先生喜曰：「有是哉？雖然，王公論『良知』，某論『格物』。如其同也，是天以王公與天下後世也；如其異也，是天以某與王公也。」即日買舟兼程趨造江西。至則服古冠服，止於門，欲王先生親迓乃肯前左足。王先生睹其衣冠，訝之，對曰：「此服堯之服也。」遂以所得辨難屢日，卒稱王公先覺者，退就弟子列，盡得其致良知之説。間出《格物論》，質之，王先生曰：「待君他日自明之耳。」一日辭王先生還家，製輕車詣京師，沿途講學，人士群聚聽之，多虚往實歸，以故競匿之，勸而止之。先生留一月，竟諧衆心而返越。

五年戊子，王先生卒於師，先生迎哭於桐廬，經紀其家，還，歎曰：「先生之身既没，追之不可得也。先生之心在，不可得而傳之乎？」於是開門授徒，遠近皆至，益闡明王先生之學。

每示學者《明哲保身論》，若曰：「明哲者，良知也；明哲保身者，良知良能也。知保身則必愛身，知愛身則必愛人，吾身保矣；不然，身且不能保矣，又何以保天下國家哉？」先生從「物有本末」透入「保身」，政重本之實際也。吁！此聖脈也。一友疑之，問以「節義」，先生曰：「危邦不入，亂邦不居，道尊而身不辱，其知幾乎？」曰：「然則孔、孟何以『成仁取義』？」答曰：「此應變之權，非教人家法也。」其貴保身，蓋如此。

先生往往見人眉睫即知其心，其引接人，無論隸僕，皆令有省。

或問以「中」，曰：「此童僕之往來者，即中也。」又曰：「聖人經世只是家常事。」機應響答，精蘊畢露，廓披聖途，使人速進。

至於出處大節，凜然不苟，嘗曰：「吾出則爲帝者師。當量而後入，不可入而後量。□前此諸儒忽於此道，至於入而後量，是以取辱者多矣，可不鑒哉？」其自重能如此。

又曰：「聖賢用世，步步皆有成算，毫髮不差。」又曰：「聖人之學不費些子氣力，故有心於輕功名富貴，其流弊必至於無父無君；有心於重功名富貴，其流弊必至於弑父與君。」妙論薰心，名言破的，多發前人所未發也。

先生風格高古，氣魄閎大，而音咳聆顧使人意消。雖顯貴至捍戾不悅者，聞先生皆對衆悔謝不及。

内江趙文肅撰《志》曰：先生之學「以悟性爲宗，以格物爲要，以孝弟爲實，以明學啓後爲重任，以九二見龍爲正位，以孔氏爲家法，可謂契聖歸真，「生知之[一]亞」。噫！文肅知言矣。

[一]「生知之」，底本作「□□□」，據趙貞吉所撰《墓志銘》補。

先生平生不喜著述，酬應諸作皆令門人、兒子把筆口占授之，道所欲言而止。晚作《格物旨》、《勉仁方》、《樂學歌》諸篇行一世，雖聖人復起不易其言也。

紀夢者乃謂先生自夢天墜壓身，手托日月，整理星辰如故。而人謂先生夢者黄龍無首，行雨至崇文門立變爲人，晨起候而先生適至云云。噫！吾觀先生龍德而隱者也。肩天地古今道脈，□之明身，如日月復明而星辰復燦。此固日用中之布帛菽粟也，又何必神其説以爲先生重哉？

先生今往矣，四方縉紳過揚者想其遺風，多造其廬與其子孫論學焉。

時總漕劉公節、鹽法吴公悌皆抗疏薦之，不報。侍御洪公垣構書屋居來學之士。號心齋，其徒遂稱爲心齋先生。

生子五，衣、襞、禔、補、褣。

以嘉靖庚子十二月八日卒於正寢。

三十二年甲辰春三月，雲南□□□□□□周公海門汝登題聯句於樂學堂前：

取友隆師，大家都爲何事？須密密綿綿向隱微處參求。閑忙不昧，自然有時透徹。

盡心知性，這個不是空談，務真真切切在應感上磨練。心境一如，到此乃足承當。

三十三年乙巳春三月，新安私叔弟子陳履祥聯維揚合郡大會，率在門同志吴光先、撒玄嶽、陳良楝〔二〕、方天民、陳魁類、吴士賢、胡木、吴廷彦、王弘器、□□□、陳夢駒、王元鼎奠文：於惟夫子，崛起海濱。承脈良知，統一聖真。哲人既往，山斗嶙峋。兹予小子，吁江傳心。淵源有自，繼述徽音。遠謁庭下，遺旨欽承；宗裾不謬，啓佑有成。攝異歸同，孔學大明。兢兢皇皇，夫子攸歆。

冬十二月，江北按臺繁陽黄公雲蛟吉士親謁先生祠致祭。

三十四年丙午春二月，整飭維揚憲副武林張公雲臺鳴鶚親謁先生祠，扁云「性學真傳」。

冬十月，南京操江都察院右副都御史楚黄耿公叔臺定力移檄修葺先生祠宇，重刊譜録。

冬十一月，耿陞南京兵部右侍郎，奉恩蔭子，修崇儒祠，未竣。後操院嘉樂丁公改亭賓以前

〔二〕「楝」，底本漫漶，據萬曆本補。

院官銀不敷，蠲贖重刊譜録。

三十五年丁未秋九月，督學武林楊公淇園廷筠親謁先生祠，扁云「先覺堂」。

冬十月，私叔弟子陳履祥題聯句於樂學堂：

匹夫百世師，學樂樂學，濟濟朋來，都是時習君子。片言千聖法，格物物格，蒸蒸義聚，同然止善大人。

冬十二月，海陵私淑弟子顧夢騏題聯句於崇儒祠：

樂學重光，往學開來學，世世被春温至教。崇儒再振，後儒繼先儒，人人欣道同永流芳。

衛先聖真傳，道彌高而祀彌久；廣後人學脈，身愈遠而教愈尊。

三十六年戊申春正月，翰林院修撰秣陵焦公弱侯竑贈精舍扁，云「名世儒宗」。

春二月，鹽運司分理泰州事華陽尹公南臺希孔蠲俸量修精舍祠。

三十七年己酉夏六月，鹽臺夏邑彭公世螺端吾親謁先生崇儒祠致祭，扁云「崛起真儒」。即月下旬，彭公東巡，駐節安豐場，複謁先生精舍祠，諭士民講學爲善，增光先哲。目擊祠宇倒塌，議及修理。

秋七月，鹽運司分理泰州事泰和郭公颺虞隆平䂓俸量修精舍祠。

三十八年庚戌春三月，鹽臺彭公䂓贖重修精舍祠，建勉仁堂，改東西舊號房爲報德堂、朋來館。

秋七月，四代孫王元鼎題聯句於精舍祠勉仁堂：

貫古貫今，只此子勉仁念頭，奮乎百世之上者興百世豪傑之想。包天包地，惟這段樂學真精，應於千里之外者動千里仰止之思。

秋八月，泰州學訓私淑弟子和州郝公桐浦繼可會講崇儒祠，致祭。

冬十月，私淑弟子清江陳魁類奠文：

仰惟先生崛起海濱，透悟真宗，家法以尼山孔氏，正位以九二見龍。匹夫百世師，明德親民交；止於至善，兩言千古法。樂學格物，悉合於大中。獨計學術微有可辨者，而先生能發之，則曰：「有吾儒之體，便有吾儒之用。」是徵衛道之嚴，而不與異端泥同。又曰：「經明，不用傳；道明，不用經。」足徵會道之約，而無渣滓之未融。又以講學諒唐虞之君臣、孔子不厭不倦即位育之事功，吾無行而不與二三子即某之仕，足徵出處隱顯，一致於時中。此皆發聖心之未發，而爲生知之俊雄。

先生家嗣名衣，遺有一聯「友直友諒友多聞，勿正勿忘勿助長」，誠心尚友，允執厥中。仲子名襞，隨親出入，贊化愚蒙。嫡孫之垣，室失有後，義不重婚；當貢不仕，藉言目矇；志於道德，遠紹儒宗。曾孫元鼎，葺祠修譜，絶述厥功；潛心理學，大振家風。實由先生之德大，以致後裔之事隆。

先生高弟顔子山農，深造自得，復傳羅子明德；明德承其學，傳貞復楊宫洗、弱侯焦漪園、九龍陳光庭。三公尊信明德，建祠崇祀金陵之東，得與楊子道南、吴子伯恒、李子士龍會學羅、耿二師祠中。門徒千數，麟轃雲從，大明斯道，如日天中，溯源皆由海陵發蹤。

萬曆乙巳，光庭陳子同吴光先至泰，類與胡木得接隨侍，拜謁先生，結會祠下，闡揚格物正宗。人各傾聽，有味於衷。行將明先生之大道，淑後世於無窮。第類等愚蒙，敢不求仁，自責反躬？雖樂樂三十餘秋，奈胸次尚未空空。

再申虔告，仰翼□□。

冬十一月，私淑弟子海陵吴士賢對聯：

帝治統天，在下位獨惺真我；陶鎔俊傑，□元德誠懋矣。

聖言垂世，迄當年專尚躬行；鼓舞愚蒙，向化功尤偉哉。

補遺〔一〕

嘉靖二十一年壬寅夏五月，安豐場鹽課司大使賈公錦、副使葉公璉奠文：

嗚乎！公今往矣；而今德實行昭於斯世者，實未嘗往也。

嘗聞公也以道克爲貴，以身安爲富，以心學爲多士倡。視履考祥，其旋元吉，不爵禄而崇高者歟？故海内英豪，聞其風以景從者益衆。曲造人材，亹亹罔倦，蓋有得乎循循善誘之意也。

〔一〕和刻本、全集本無《補遺》。

嗚乎！天下善類之得於甄陶者，孰不欲其壽斯道之傳也？胡何天不假年，遽爾殞殁！噫！非公之不幸，實斯道之不幸也！

自予至場，而先生□□□。仰其風而慕其行，而□□目擊□休，是何遭逢之不偶也？然仰慕之餘，猶使人惕然深省，而况於親炙之者乎？乃從而歌之曰：雲山蒼蒼，江水泱泱；先生之風，山高水長！

萬曆十一年癸未塑東淘像文：

東海之濱，篤生吾夫子。天挺人豪，其殆鍾山嶽之秀、河海之靈者乎？不待文王而興者。法眼洪都，抗督府之賓席，琅琅出論；蒲輪畿輔，動縉紳之駭訴，款款披懷。負震盪乾坤之氣，有掀動宇宙之風，夫豈偶然也哉？竊仰吾夫子實爲天地立心，實爲生民立命，爲往聖繼絶學，爲萬世開太平者也。孰不以夫子不與臺輔之登庸，庇生民而沐雍熙之化？孰知吾夫子乃任木鐸之周流，群諸弟而成造就之功？慨逍遥之微歌，遽拽杖而觀化。夫子賓天，蓋四十四年於今矣。廟貌尊崇，春秋俎豆，亦且四十三年於今。幸切瞻依，高山仰止。今夏適毓吾蔡公以左遷來吾兩淮署泰州分司事，拜夫子於祠下，謂夫子倡明正學，一代儒宗。慨遺像之未設，顧爲缺典，出俸金，命場司速爲募工修塑。兹既告成，生等覩儀容之儼然，清輝凜凜；宛聲欬之如聞，傾心戀戀。敬陳蘋藻之奠，以慶盛典之遭逢。伏惟尊靈默佑生等頓開靈□，究極心傳，衍夫子之道脈。億萬斯年，永沾化雨。不勝忻躍，祈禱之至！

仲男王襞等奠文：

府君蒙國家俎豆之享，殆四十四年於今矣。男等恭奉香火，罔敢或懈，日唯兢兢，懼不足以仰繼夫子之光。而儀形在上，謹服膺詩禮之庭訓。在上名公，屢崇典禮。今夏蔡公臨祠展禮，求遺像修塑，昭示德輝，以隆瞻仰。慶今告成，謹潔牲脯三爵伸虔。麟翔鳳舞，耀庇後昆。億萬斯年，永享多福。

萬曆二十六年戊戌秋八月，後學於越李公大蘭槃奠文：

嗟呼！先生之學，隨地隨時皆可以立成己成物之實功。不祿而富，不爵而榮；雖薦辟屢及，未嘗一日忘堯、舜君民之志，而度己度人、度時度勢，知天下莫有傅岩卜相、渭水卜師之遇，恐其一出而如前宋程伊川氏之摧狙，徒受文墨儇薄子之戲逼淩轢，而志不得行也。寧終身布素，高卧於海濱隴畝之中。

我嘗想其動心四勿，禱雨從師，改淫祠，慕古禮，化内豎於片言，賑年凶於運掌；靈臺造化，妙用不窮，闡道淑人，令全泰知有孔、孟之宗。自及門東城林公以來，英賢濟濟，超然爲維揚冠冕者，皆先生振作之流風。斯正實問實學，時時有補，處處皆宜。先生之道蓋未嘗不行也，則亦不□佩金紫而食萬鍾矣。

檠於先生，讀其文如見其人，自幼有心慕焉。昔庚寅之歲，特訪遺蹤，乃有先生嗣孫之垣，及青襟之士，降心揖志，儼然問學而相從，亦若檠之企仰先生，而渴欲瞻覿其儀容也。

檠於先生，數十年來，神乎精契，恍一堂一室之躬逢。獨自恨志同先生堯、舜君民之志，學同先生孔、孟授受之學，而內輕信己，外輕信世，遂謂天地間事無不可爲，乘機遘會，不幸而偶叨一科，又不幸而偶叨一第，大步直前，不虞險阸，曾未試其毫芒，而智計腸腑皆出時下。彼方談笑藏刀，我且不知其爲刀而傾情與之談笑；彼方燕會設阱，我且不知其爲阱，而開誠與之燕會。故知我者□一塵不染，百折不回訓練，胸富甲兵摧□，心存撫字。而嫉之者曰矯而干譽也；愛之者曰節操風裁並茂，文章政事兼優，一心軫念民艱，千方求拯差累；而害之者曰迂而無當也。諸若此類，不勝枚舉。前者方揚，後者隨掊。揚者十一，掊者十九，摧狙萬狀，讒言罔極。我本乙也，而庇甲之汙者指之爲乙，何顧天理？我本丁也，而嫁丙之禍者移之於丁。何恤人言蚊虻，利嘴交唖叢喧，亂一時之皂白，混萬世之真僞，擠排掩抑，竟蒙非己之垢，承不情之毁，辱及父母之遺體。縱自信生平可不愧於神聽，公是公非久當自定，如陰雲之去仍見清空。而方今吠影吠聲，孰能遽白我之丹衷？此槃所以愈服先生之早見而終不肯輕出，以犯炻心讒舌之鋒也；惜乎槃之輕信輕出，而一蹶至此，不能豫學先生之早見耳！

撫今追昔，有懷沖沖。自茲伊始，方願一洗，退從吾好；隨其日用，成己成物。一如先生當年之措注講學開來，使後生小子相從切磋者，以其所學出輔聖主行堯、舜、孔、孟之道，則亦我之報效天恩也。而又何嘗不親見於我躬，是乃槃之所以矜式先生，上證千萬世之既往，下證千萬世之將來，諒此心此理之同也。

先生無言矣。精靈未泯，幸有以默啓不肖而進之大道哉。

萬曆三十九年辛亥夏，維揚兵憲熊公思誠尚文祀先生於維揚書院。後熊公轉陞尚寶司卿，復捐幣置崇儒祠祭田，書扁云「孔孟正宗」。

四十年壬子秋，工部郎中岳公石帆元聲致祭。

四十一年癸丑冬，本府同知蔡公少陽如苹捐俸協刻《全集》，親書《樂學歌》刊屏風上。

四十二年甲寅夏，尚寶司卿周公海門贈扁，云「東海聖人」。

光州郡守尤公大治謹刊先生《要語》一帙以示光士大夫，分立本、用中、學樂、證學、願學、學《易》六款，凡若干章。

四十三年乙卯夏，鹽臺謝公中吉正蒙捐資修祠，贈扁云「一代醇儒」。

少詹事黄公道周贈聯，云：「東南間氣鍾天目，鄒、魯宗傳屬海陵。」

四十四年丙辰

春正月，泰州儒學學訓、光州張公贈崇儒祠扁，云：「尼山嫡派。」

秋七月，泰州儒學署學正事、舉人、豫章徐公百雍焌轉升四川新寧令，置崇儒祠祭器，扁云：「淮南夫子。」奠文：「嗟呼！聖祖神伏，教遠言湮。奇衺者溺於見解，窾渺者束於訓詁。疇如先生，契聖歸真，由商而儒，時時了悟，自少至老，事事真修。時習朋來，將等孔孟而步趨之，

寧直淮南一人已哉？一俎豆，豈足爲先生重耶？惟先生而俎豆，爲之生色矣。」〔二〕

宗孫王之垣撰《東淘精舍小引》：

兩淮泰州安豐場，別號東淘，吾先子桑梓在焉。去泰百有餘里。

武廟改元，先子倡明此學，謁文成公而師之，信從者衆。鹽法洪公垣峻之，構書院三楹，居四方來學之士，扁云「東淘精舍」。

先子逝後，督學胡公植廬山改書院爲精舍祠，置祭田，春秋特祭。

今上癸未，分司蔡公毓吾肖先子像於祠中；其左右配享，則後周公海門氏之特典也。續置園田八畝，供配享祀事，給券末云：「如有豪強侵奪，執此呈理。若子孫擅自賣廢，追奪還官。」噫嘻，深哉！周公給券之意乎。豈徒令士豪局心爾也？

守是祠者尚思祖宗倡學之心，當道作興之意，奮然振拔，卓然植立，期爲孔之汲、曾之西，庶無忝爾祖，而上人嘉惠後學者永垂不朽矣。

垣不肖，何足爲家人法？第蚤夜以思，有深憂，亦有深懼。敬陳圖末，以致相勉之意。

〔二〕底本奪，據萬曆本補。

祁門私淑門人陳履祥撰《崇儒祠小引》：

萬曆丙子，兵憲程公小浦體中丞耿公天臺之德意，建先生祠於州城之西，凡三楹，門垣整飭，正堂扁云「樂學堂」，發孔、孟、顔之心訣也；大門扁云「崇儒祠」，遵萬古之正脈也。厥旨微哉！

泰和蕭氏景訓盡心經劃，貽謀久遠，申呈云：「本州捐金建祠，既隆一方之盛舉，得人承祀，攸關後代之禮文。任用既宜於慎始，供需當要於有終。勘得本祠爲儒者之居，非緇衣黄髮之流可以濫守。徭編有一定之數，其加增編派之類難以速行，況王氏子弟素稱謹厚，以全嗣而付之，其愛惜也必至。兼本州民田今多典賣，得數畝而耕之，其取給也有餘，合無置附郭田，並以其祠托王氏。」則先生廟食之需可安享萬年，而當道作興之義亦永保無斁矣。遂買祠後僧人園田六畝，南山寺西民人園田十畝，給券付長孫王之垣，收租供祭。傳至曾孫王元鼎，世守焉。

南兵部右堂耿公叔臺、操院丁公改亭，相繼修葺。誠斯文之光也。祥謁先生祠而私淑之，躬逢盛舉，不勝忻躍。猗歟休哉！先生乃振古英豪，故足紹孔、孟正傳，而當道作興羽翼，則延洙、泗之一脈，寧有既也哉。敬志之，以垂不朽。

卷六〔一〕

疏傳合編

南京禮部郎中曾鳳儀舜徵撰《合編序》

自放勳、重華以執中相授受，而孔門衍之爲大人之學，以模楷百世，意深遠矣。漢雜之以訓詁而脈絡不貫，唐飾之以注疏而實履闕，如貿貿焉不知學之謂何。有宋鉅儒始從《戴記》中表而出之，以爲「六經」嚆矢。而晦庵所訓「格物」必欲衆物之表裏精粗無不到，則近於逐末；近儒所訓「格物」，或以爲識仁，或以爲去欲，則近於歸本。唯心齋先生直以「格物者，即格物有本末之物」，「『自天子以至於庶人』數語即『格物傳』」，而挺然以修身立天下之大本。嘗語門弟子曰：「大人者，以天地萬物依己，不以己依天地萬物。」又曰：「出則必爲帝者師，處則必爲天下萬世

〔一〕 此卷内容和刻本、全集本無。

師。」此其志必欲明明德於天下，而其學必以止至善爲明德親民之本。蓋深明乎《大學》之道者。故以證之孔子，則「修己以安百姓」、「居其所而衆星共之」，率此道也；以證之孟子，則「君子之守，修其身而天下平，其身正而天下歸之」，亦此道也。天下國家之本在身審矣，而胡知本者之希耶？不明乎至善故也。明善則格知天命，造化自我而出，本不於吾身而誰本哉？故知止知本，無兩知也；止善執中，無二學也。自宋以來垂五百年，而《大學》本旨始煥然大明於世！則先生之功，不可泯也。

世儒能羽翼聖經，有功於後學者，例得從祀文廟，謂其精神血脈足相聚一堂，周旋左右而無愧也。

國朝從祀者四人，乃白沙、陽明洞契道體，人以爲明道、象山之匹。先生固陽明高第弟子，而時時稱引白沙，相與警策。繼白沙、陽明而議從祀者，當以先生爲最。此亦天下之公與也。故當路諸君子謂宜祀者、謂宜謚者，疏凡十餘上。至館課爲先生傳者，復十餘篇，均之可爲議從祀張本。

先生曾孫元鼎慮其散逸，不可復稽，遂備録之以付諸梓。謂儀頗知先生學，願一言弁於首。儀非能知先生。近從何子某赴海安之約，入先生之里，見先生之遺風，則聞先生丈夫子四人皆知學，而東厓最著。東厓則焦澹園、韓樂吾所師事者。其門人在布衣以篤行稱者，不可勝數。而徐波石、林東城，其錚錚者也。再傳而孫，守其學不廢；復傳而曾孫，守其學不廢。蓋以孝弟爲學，以樂學爲宗，庶幾乎不知手之舞之、足之蹈之，以是能久而不廢。吾不知晚近從祀諸賢能有是遺風否也？入則孝、出則弟，守先王之道以待後之學者，孟氏以爲功。今以四世守矣，其功何如？尚冀觀風者采焉。

嗣是，吾鄉黄岡時甫韋君以孝義當官，不愧清白，復廣其傳以公宇内，真無忝於民之父母也。惟楚有材，豈欺我哉？

萬曆庚申孟夏之吉，賜進士第、奉訓大夫、南京禮部精膳清吏司郎中、南嶽山長曾鳳儀舜徵父拜手書於邗江舟次。

荆州府歸州知州歷陽張尚儒撰《合編序》

昔者澹園焦師之誨不肖儒也，常亟稱心齋先生之學。而仲子東厓之世其學，載在《年譜》、《語録》諸集，可考而知也。爲之服膺久矣。

先生裔孫元鼎氏與儒同遊焦師之門，兹復得所爲《疏傳類編》而讀之。蓋孝子慈孫之用心，苟有關於祖父者，雖片言隻字，無不重爲拱璧，故必搜而聚之也。

夫先生起自布衣，没有年所，諸薦紳君子或伸於奏疏，達之彤庭，或勒於編摩，藏之石室，若有不能一日忘者。總之，表章不遺餘力，真見先生之學易簡直截，人人可由以入道也。因道以知言，因言以知人。斯編也，謂先生之實録可也，謂諸薦紳之實録亦可也，豈徒王氏之私珍哉？

然而斯編賴元鼎氏以傳，王氏之世學亦從可窺也已。

萬曆庚申孟夏，湖廣荆州府歸州知州、歷陽後學張尚儒謹識。

泰州知州黄岡韋宗孔時甫撰《合編序》

余小子宗孔，楚人也。幼事鉛槧，從先君子遊廁，聞淮南有王心齋先生，學透根宗，人倫師表，不階青紫，直躋聖域，洵名世儒宗也。其悟明格物微旨，發三千年未發之秘，詳載則言，兹不具論。嗣是當軸屢請於朝，謂先生宜食報於鄉，並配享孔廟。所列薦章，言可覆按。吾鄉先達、麻城天臺耿公、叔臺仲公祀先生於吴陵，千秋尸祝。後，衡陽植齋曾公傳先生於館課，萬世揚芳。適石首長石曾公列先生於首選，後先銓次。又，衡陽金簡公宗謁先生於專祀，闡明格物。殆吾楚人之重先生耶，抑先生之重於吾楚人耶？

宗孔筮仕兩雍，奔走俗吏。己未之夏，一麾白下，來守是邦。所謂近先生之居，若此其甚也；去先生之世，若此其未遠也。下車首謁專祠，睹禮樂之輝煌如儼，遺顔之如在。宗孔何幸，得官先生之土也？敢不滌寸丹持三尺，作吴陵榜樣！逮謁祠之日，聯師儒之濟濟，群庶老之皤皤，講解聖諭，不憚提撕，由是奸者發、悍者馴、跳梁者知所懲、敗倫者知所愧，倘所稱遺風之未泯非耶？無乃小子邀幸於先生，而身體格物，以契在天之靈者也。

會先生裔孫、諸生王元鼎手奏疏、館傳若干編，請余弁之首簡，而周龍諸筆足不朽先生矣。余不獲辭。風門下士葉生鳳儀蠲資板其行。葉生，新安産也，土著海陵。雅重先生，與余同好，故並及之。

時龍飛天啓元年，歲在辛酉，孟春之吉。奉直大夫、知泰州事、黄岡韋宗孔時甫父拜手譔於海陵官署。

疏傳合編上

先生曾孫元鼎小引

王元鼎曰：吾先子僻産海濱，望隆朝野。生於明成化之癸卯，卒於嘉靖之庚子。可謂榮且哀矣。當年徵辟，身後交章。登剡薦者計十有二疏；有類請易名者，有特請從祀者。登在天府，歷歷足徵。愧鼎貧且賤，未能閲邸報以纂其全。由薦辟而下，何憾如之？何望如之？敬埃補遺搜，續入搜，刻猶脈脈，繫吾思矣。

嘉靖八年十二月，欽差總督漕運兼巡撫鳳陽等處地方都察院副都御史海鹽劉公梅谷節薦辟奏疏：

臣劉節謹題，爲開讀事。

據泰州申准，知州任洧關訪得本州儒士王艮，學問淵源，孝友純篤，淮陽南北鮮見其儔。不以科舉文字做出身階梯，每以聖賢義理爲入道門户。杜門養素，絶跡城闉，淡然無仕進之心，確乎有尚友之志。縉紳傾仰，遐邇聞名。且狀貌魁梧，春秋盛壯。攄其所蘊，大用有餘。誠滄海之遺珠，一世之高士也。輿論攸歸，理合薦舉。

關州轉達等因備申到，臣除批仰揚州府再行查勘是實，照例起送外，臣竊惟人才難得，自古爲然。我朝立法求賢，網羅才俊，百六十年於兹，濟濟在位，可謂盛矣。仰惟我皇上孜孜圖治，寤寐英豪，既開三途並用之例，以旁求一時之人才，尤恐薦辟有遺，收録未盡，故又特從大臣之請，再舉懷才抱德、經明行修、不干名利、伏居巖穴者，悉令有司薦舉。臣等撫按官覈實送部考驗，奏請量才擢用。此立賢無方，誠近代所無之盛典也。士生斯世，何其欣幸！雖隱居草莽，稍知修勵者，孰不彈冠相慶，以委質爲臣，效忠圖報哉？但三代以下，人鮮全才，取其長或棄其短，責其實不狥其名，則人皆可用，而野無遺賢矣。

今據泰州儒士王艮，田野布衣，不求聞達，講學勵行，篤志前修，庶幾海濱之善士、聖代之逸民也。

臣會同巡按直隸、監察御史朱孔陽議，照前因相應舉薦。欲候該府覆實至日具奏，恐違期限，除再催督揚州府將王艮查勘，如果學行可取，素重鄉評，逕自起送赴部聽候，今將前項緣由依限先行奏報。如蒙皇上開薦辟之途，廣求賢之路，乞敕該部，候起送至日，考其德行而不責以文藝，量才度能，奏請擢用。則天下之士聞風興起者愈衆，而世道復古大有裨益矣。

伏惟聖明裁察，幸甚。

緣係開讀，理事未敢擅便。爲此具本，專差舍人親齎。

謹題，請旨。

年同前。巡按直隸監察御史朱公孔陽咨訪文：

爲咨訪賢材事。

竊惟聖賢中正之道，存於人倫日用之間，本諸身心，見諸事業，光明通達，平易和樂。卑鄙則流於汙，隱怪則失之異。三代既往，淳風漸澆，惟人心之不古，俯塵莽之就空。吁！聖愚同性，今古一幾，不可謂天下盡無人以絶將來之望也。

山林田野，夫豈無格物窮理、講學明道、修身治行爲振古之人豪者乎？間一有之，同類者議其矯俗，當道者議其好名，豪傑者嫌其迂，鄙俗者忌其矜，必欲同流合污，苟隨於世，盡没其平生，與常人無異而後已。至有詞翰微長、科名顯耀者，則衆相標榜，以爲間世麟鳳，不思詞翰罔切於身心、舉業何關□理性？何怪乎道脈之微，而世俗之僞日益甚耶！

據該府所舉儒士名王艮者，修身篤行，好古敏求；孝弟著於鄉邦，道德聞於遐邇。觀此，則潛究聖賢，篤厚倫理，匪獨一世之士，尚餘有用之才，與本院所訪無異。除按臨親詣拜訪，及會同巡撫另行外，仰府行州即查本院無碍，紙銀量支，備買羊一牽、果四盤、米一石、酒一罇，書本院姓名禮帖，令州官親送及門，用表菲意。取回票入遞，先行繳報。

嘉靖十六年十一月金谿吴公疏山悌薦辟奏疏：

巡按直隸監察御史臣吴悌謹題，爲舉逸民以昭聖治事。

歷觀古神聖之君，凡制禮作樂以開一代文明之治者，莫不急登賢之舉，勤旌車之招，搜攬巖穴，羅而致之，示天下以不遐遺之意。而後休烈盛美，輝耀天地，雖深山窮谷、海隅絶漠之濱，猶知興奮。故曰舉逸民，天下歸心焉。

伏惟我皇上撫運中興，躬致泰道。天下豪傑之士彬彬響用，於斯爲盛。「泰」之「初九」曰：「拔茅茹以其彚征，吉。」是之謂矣。臣又聞之「九二」曰「不遐遺」，言「泰」之時賢人衆多，其有退修静養，伏在僻陋者，不可以遐而遺之也。夫衆賢方彙征，而尤慮其遐之遺焉。兹非聖人保泰之心不自滿者歟？稽諸古隆盛之時，罔不率由斯道。暨宋司馬光、吕公著輔政當國，首薦河南處士者，其亦有見於此矣。矧惟我皇上聖性夙成，道存敬一。臨御之初，親發德音以示天下，固將與斯民胥入於道者，而謂四海之廣，獨無伊人可與？宋之邵雍、程頤暨先朝吴與弼、陳獻章輩，先後相望，以繫當宁不遐遺之思，則是厚誣天下之無人，而皇上立教之心亦孤矣。臣實惑焉。

臣始嘗聞人言，東海之濱，泰州安豐場有士王艮，可當其選者。然尚竊慮盛名之下，其實難副。處士鶩虚聲以欺世者，亦時有之。故惟藏之中心久矣。臣近因奉命來巡兩淮，乃得博詢於衆庶，聞其蚤歲僅受讀《孝經》、《論語》，亦不甚解，但本非業儒者。比及三十時，一日偶有感於事親之際，忽覺此心之開明，於前時所讀書若或啓之者，遂從此一意向學，鋭然以聖賢爲必可至，乃始論交於天下士，證疑於孔氏之書。久之，而所得日以邃焉。其孝友忠信孚於鄉黨，宗族臧否共歎。其隨人開導，務盡其材。四方之欲問業辨惑者，群至其門。其好學之志，老而愈篤。臣試覈其名實，果亦符應。然後就而訪之，見其人襟懷灑落，儀度雍容；真機流行，不事矯飾。頃因執喪哀毁，氣體稍弱，而議論亹亹，曲中人心，精誠潛通，使人有所感發。蓋其學主於自得，不落於言語文字之詮，且少無觚翰之習，長不踐聲利之場，平生不見異物而遷焉。故其工夫最直截簡易，而行年六十，造詣日深。就其所至，其殆庶幾乎若玉之琢不復爲璞，若金之鍊不復爲鑛。視世之拘儒曲士，斷非所可擬者！斯亦洛中之儔，而與弼、獻章之流也。斯可謂聖世逸民矣。

臣獲之，實竊慶喜，乃歎聖人闡道以先天下，天下必有應焉者。殆不虛也！茲當竣事之期，敢以上獻。伏望皇上弘保泰之道，軫不遐遺之思，敕下吏部再加詢訪。如果臣言非謬，查照先朝典故，將艮致之闕下。惟所簡用之，於治道風教必有裨補。臣叩承命使，與有觀風之責。山林隱逸，分宜薦揚。抑聞之孔子曰：「舉爾所知，爾所不知，人其舍諸？」臣之所知，莫先於此。固將舉之，以爲天下兆也。

伏惟聖明裁察，幸甚。

緣係舉逸民以昭聖治事理，未敢擅便。爲此具本，專差舍人親齎。

謹題，請旨。

詹事府右春坊右諭德韓公敬堂世能暨工部都水司郎中江西泰和蕭公抑堂景訓奏請從祀疏：

臣謹題，請議從祀以崇聖道事。

據禮部手本開稱，該御史詹事請奏前事，請以先臣王守仁、陳獻章從祀孔廟。該本部覆奉聖旨：「從祀重典，着該部儒臣及九卿科道官從公品隲議奏，務協輿論，欽此。」續該科道諸臣先後具題吴與弼、胡居仁、蔡清、陳真晟、羅倫、章懋、黄仲昭、鄒守益、王艮等俱宜從祀。

臣等職列儒班，心存獻納，何敢言及之而不言乎？

臣聞自古帝王，中天地而主神人，必秩祀典以明教化。蓋典禮秩而教化明，然後天地位而神人悦，此不易之道也。人之言曰：「孔子之道在萬世，宜孔子之祀世萬世。」從祀隆禮，談何容易？

臣以孔子之所以祀者，以道存也。而孔子之道所以萬世存者，以代有人之羽翼也。往昔皆然，何況聖代？然則惟其能羽翼孔子之道，則當從祀孔子之廟，無容議矣。所以議者，顧所羽翼之人何如耳？臣聞之師曰：「議聖人之道易，身聖人之道實爲難。匪身聖人之道難，而心聖人之心，乃能身聖人之道。是爲難。」是説也，非所責之漢唐以來訓詁諸儒，獨宋濂洛諸君子蓋庶幾焉。由今而後考其人品，究其心術，粹乎聖人之徒，真無愧於羽翼。使有宋及明，得接統於鄒魯，諸君子身道之力也。自宋而下，蓋寥寥矣。幸我明興開國，斯道重光。我祖宗列聖親率表章於上，而治化之美又以甄陶長育於下，故其人才在永樂、天順間，雖其所造就、遇合不必皆同，而要之契悟不詭於聖真，操行無媿於先哲，訓迪有功於來學，或爲之前而倡之，或爲之後而益大，誠如諸臣所疏，其爲孔門之羽翼並無可議，乃薛瑄。成化、嘉靖間，則有南海陳獻章、餘姚王守仁，此二臣者皆能卓然振拔於詞章，身任乎聖道之傳〔二〕。乃薛瑄既得從祀，而守仁、獻章之祀迄今未定。所以言官因海内人心久欝之望，而請之不置也。語曰「禮樂待時而興，衆言必折諸聖」，今日之謂矣。臣請得竟其議。考之《記》曰：「有道有德者，生長教焉，没則以爲祭於瞽宗。」瞽宗者，學宫也。二臣所謂有道有德者，一宜祀祭。瀍曰：瀍施於民則祀之，以勞定國則祀之。夫二臣之師世範俗皆曰法，戡亂定亂皆曰勞，二臣有焉，二宜祀。昔我世宗皇帝於孔廟特進陸九淵而黜馬融。二臣之心學不媿九淵者也，三宜祀。三人占，則從二人之言。今之言者久而益多，非二臣懿美素孚，何以得此？當洽輿論以慰人心，四宜祀。

昔者文武造周，壽考作人，鎬京辟雍，垂祚八百年，知所先也。陛下臨御於兹十有二年矣，講學親賢，聖德不可殫述，而獨盛典曠焉未舉，人心懸望。一不宜緩。近世學術不明，士心險頗，饕餮功利，勇近浮華，悖道者衆，有司議燬鄉賢祠、撤講學舍以阻向學者之志。今崇祀，一舉使天下人心曉然知聖德所向，以鼓舞而更新。二不宜緩。世廟時議祀薛瑄，止擇於一二臣之言，遂令公論不申終，而正於莊皇帝之獨斷。今獻章、守仁之議也已十七年，其人品已覈而愈真，公論已久而愈定，更復何待？三不宜緩。大化之運也，陽一陰二；聖人之治也，扶陽抑陰。

〔二〕「雖其所造就……身任乎聖道之傳」，底本錯亂，兹據全集本改正。

重道盛節，崇儒美事，皆陽道也，寧過而扶之，毋過而抑之。四不宜緩。

耳目所覩記，聖朝理學之臣不止於楊濂所録、言官所舉，如吴與弼、胡居仁、蔡清、陳真晟、羅倫、章懋、黄仲昭、鄒守益、王艮輩，聖澤所濡，賢哲嗣起，超越前代，真表表爲後學師，赫赫爲國朝重大者矣。

陛下誠進陳獻章、王守仁於孔廟俎豆之末，斯文正色；其餘諸臣或先議祀於其鄉，或稍俟論定而後進。則教化行，人心淑，聖治光美矣。

奉聖旨：「禮部知道。」

巡按河南監察御史桐城方公魯嶽大鎮類請奏疏：

臣謹題，爲懇切聖恩，褒崇理學，以維風教事。

臣聞世道之升降本於人心，人心之邪正繫乎學術。聖王在上，哲相在列，必講明學術以爲世道標，必褒崇名理之臣以爲學術標。其人存則畀之簡用之典，其人没則進之瞽宗之議。蓋人心同然，風教攸關也。

國朝繼宋諸儒之後，誦讀孔孟，人人爭自琢磨，號稱理學之臣斌斌輩出。先帝拔其一，皇上拔其三，並與從祀。其不在從祀之班而載在史册如《名臣録》者，又若干人。斯文之盛，曷以加焉？然德本崇隆，而位躋通顯，例應贈謚，其表章於朝，爲力固易，惟負盛德而居韋布，或抑在庶僚，例難以表章於朝者，則顯微闡幽，不可不議。

褒崇，爲風教地也。臣竊見今天下以理學稱，如吉安之鄒元標、廬州之蔡悉、紹興之周汝登，此三臣者，或抉性命之奧，造理入於精微；或堅名節之藩，清風振乎流俗。處江湖則高鴻儀之羽，登廊廟則溥龍見之施，皆表表環區而位不滿德。此以及其身，畀之簡用之典者也。茲不具論矣。惟有身已没而輿情久孚，德實幽而特恩未及者，臣愚得三人焉：一爲揚州之王艮，本以布衣之微獨任斯道之重，突起海濱，講學自標，求師格物南國定宗。一本良知，謂日用是中，獨悟中體；謂六經有總，獨挈總歸；謂人心無見無向，便是無極太極；而冥會法衆之先，謂博覽千卷萬卷，不如獨覽一處而默觀言詮之外。人同一性，滿街都是聖人；萬物一身，不以萬物撓己。自覺便消私欲，則見於樂學之歌，隨悟即印聖宗，則徵於大成之詠。一真徹天徹地，自信無古無今。此一臣者，見地高明，學探大本，蓋得聖道之易簡者也。其一爲建昌之羅汝芳，幼懷作聖之志，夙契性天之精，透悟良知，益加闡發。以孝弟慈爲實用，敬天命爲實功。不落言詮，不煩防檢，不爲世局格套所束，不爲物情好惡所染。襟懷光霽，魚躍鳶飛，度量汪涵，天空海闊。挈明德之學，直欲明其德於天下；著識仁之編，直欲通天下爲一人。自少壯而至没齒，無一日非悟道之時；自筮仕而及歸休，無一處非講學之地。生平不見人過，操「怪不得」三字爲待人之符；一切不與人爭，執「不敢」二字爲持身之券。於人何所不愛，於物何所不容。此一臣者，性體虛圓，涵養醇粹，蓋得聖人之廣大者也。其一爲常州之顧憲成。遡周、程之道脈，守朱子之準繩；立朝則礪名節，持身則樹清標。抗時相而正論侃侃，領後進而師範巍巍。挽「無善無惡」之波瀾，孟軻之傳丕振；揭庸德庸言於齋壁，子思之旨復明。表東林而祀楊時，黜百家而崇孔氏。讀小心齋之《劄記》，則窮理之功與經世之謨井井如指諸掌；讀虞山諸會之《商語》，則多士之雲集與支郡之風動翩翩連袂同升。此一臣者，大節嶙峋，獨詣精實，蓋得聖道之正直者也。之三臣者，在維揚，三吴向未有理學之幟，而王艮、憲成崛起其間，居然山斗，其倡明吾道之功不可及也；在豫章，向稱爲理學之藪，而羅汝芳繼紹其間，昭然日月，今學者稱爲明德先生，其淵源吾道之功尤不可及也。

然皆非臣一人之私也。昔撫臣劉節、臺臣吴悌嘗疏薦王艮，以爲當應徵聘之典矣；今臺臣左宗郢疏舉羅汝芳，而徐縉芳疏舉顧憲成，俱以爲當予易名之典矣。四臣之言，豈其無見爾乎？

傳云：鄉先生没，其人可祀於社者，謂之瞽宗。臣愚以爲王艮三臣實皆其人，或令郡邑立祠，祀之於鄉，或如臺臣之議，許其易名。

雖國朝之制，謚不及於小臣，尤不及於布衣，然臣前以從祀二臣陳獻章、胡居仁爲請，蒙皇上主持道脈，並加特諡，則亦今日之可援而推廣者矣。

大抵世間以理學一途爲最嚴，而世人所責備於理學一途亦最不恕。閔、冉、游、夏之高弟僅得聖人之一體，其在學士而下，安能責以才德之兼全？故識其大，不苛其細；摭其實，不問其華；考其衷，不累其跡。且其人也，行多方，言多戇，儀多迂，用世多疏，抱負足以自老，榮問不求於時。乃或乘其疏而指之，嫌其迂而遠之，忌其爲方爲戇而嫉之。雌黄詬病之語，反出於浮沉俯仰。或強有力者之下，遂謂理學無完品無通才，一切諱而不講。薄之如嚼蠟，而寧知其爲生人之菽粟也；鄙之若敗絮，而寧知其爲生人之布帛也；陋之若野處，而寧知其爲生人之安宅也。恕取於時情之所易，而嚴責於理學之所難，奈何！世教不流而江河，人心不趨於歧路也哉！

夫惟聖主哲相察其要領，挈其綱維，推獎理學而賜之褒崇，使先進之風獨振於叔季，枝葉之論不勝其根本，斯亦江河砥柱而歧路之指南也乎！

臣至黯淺、至寡昧，然竊聞臣父學漸庭闈之訓，諄諄在是，日有概於其中，遂忘膚見而效欵欵之愚如此。

伏惟皇上采擇，勅下吏、禮二部查議施行。斯文幸甚，斯道幸甚！

臣不甚悚息，待命之至。

奉旨：「該部知道。」

巡按直隸監察御史江西永寧龍公紫海遇奇請謚奏疏：

臣謹題，爲海邦名儒遺佚謚典，懇乞勅部查議補謚，以崇正學事。

照得世道所以不致凌夷者，全賴正學一脈爲之維繫。而正學所以不致淪湮者，更仗名儒代興，爲之羽翼。故生而倡道也，斯文已任既以樹鵠於當年；没而垂範也，流風善俗自宜食報於千秋。故上之有從祀之典，次之有褒謚之典，所以彰盛美、勸來兹也。

按我明興，道化翔洽，理學諸儒雲興，顧獨惟薛瑄、陳獻章、王守仁、胡居仁四臣得與從祀之典，亦綦慎矣。今按四臣中，道同心一，而擔當正學，闡道淑人，法席半天下、衣鉢傳世代，則又惟王守仁爲最。而當年桴答篪應，毅然師表，同道相管，矢心歸依，與守仁[一]相終始者，非今泰州安豐場王艮耶？

艮以布衣守契良知之旨，因悟止至善之義，卓然欲立其身以爲天下國家之本，其志誠大。而夷考所以語立身者甚詳，所以自爲自立者甚嚴，巨節細行咸可昭日月、通神明，潛心自得，直能抉元微而印奥妙。

今試按其梗概，如樂學、大成有歌，則意徹象先，不落語言文字之跡也；孝弟、勉仁有訓，則

[一]「守仁」，底本奪「守」字，據萬曆本補。

躬體倫常，不涉逃虚落空之見也；王道有論，則實洞乎齊治均平之理，非偏於獨善爲高也。嘗製行車周流四方，爲引誘後學之圖，則實明乎成己成物之誼，宛然萬物一體之懷也。故守仁於其初見時，謂門人曰：「吾擒宸濠一無所動，今卻爲斯人動。」最後又曰：「若王某鐵漢，是真欲學爲聖人者。斯文道統，非斯人，吾誰與歸？」此亦覘其同道之契，不啻口出矣。

查當年江北撫臣劉節、鹺臣吴悌各以專疏特薦於朝，請效程頤、陳獻章、吴與弼之例，踵行聘召，而未之果。生前之崇尚，亦自可見。歿後，大儒景仰，名賢私淑，不可枚舉。而按臣耿定向又爲特建專祠祀之，泰州當道更爲配享胡安定祠以彰幽潛。身後追崇，抑又可徵。即向者廟堂之上，廷議從祀大典，有備舉科道諸臣薦疏以布衣王艮、吴與弼、胡居仁、陳真晟俱應從祀，見之禮臣韓世能題疏可按也；有摘舉王文成及門諸臣以先臣鄒守益與布衣王艮兩臣應祀，見之禮臣劉元卿題疏可按也。則廷議之僉同，又非其一徵耶！

夫其深造自得既妙契夫宗門，以道殉身又克底乎純粹，即議以從祀，誰曰不宜？想純詣如艮，恐但祀典非時常可議，而公論非單詞可執，則需之他日廟堂彙議，自有定評。恐理學諸臣中亦未能或之先也。若謚號，五年一議，當此淪逝之已久尚不一補議，恐日久愈湮，非所以重正學、風後來也。

夫崇賢旌異、褒勸臣工者，明時特典也，而微顯闡幽、宣揚德意者，按部責任也。臣向者東巡海上，每見風俗多澆惡不可言，獨過安豐場，謁艮祠，見其家後裔雍肅知禮，而一方父老多敦行孝弟，侈言禮讓，皆艮風所遺。且江北自胡安定後，理學寥寥，獨艮得奉宗傳，承先啓後，移風易俗，大非細故。故其初年夢中有天墜壓身，萬人求救，艮獨奮臂托天而起，見日月列宿失序，手自整布如故。其爲斯人牛耳，吾道主盟，亦非偶然也。此而不一表章，將奉宣德意之謂何爲？

此不得不據見徵聞，特爲具題，伏乞敕下禮部再加查訪，如果臣言不謬，將王艮即議補謚號，庶足以維好修之風而示正學之的矣。

抑職者猶有感焉。我朝理學鼎相望於海内，無慮十百，而以布衣著名者不過胡居仁、王艮、吴與弼、陳真晟四人耳。居仁已與從祀，無論矣；此三臣與居仁志同道同，祀議即難概，及謚典且皆未與。夫王艮因王守仁之徒，而與弼則陳獻章之師也，授受源流同條共貫。王者之祭川必先河而後海，或源也，或委也。不求其源，海孰與輸？不求其委，海孰與衍？二臣之論，固當以師友益定。若陳真晟則又獻章當年所最相引重，生念死哀，見之各集，記可考也。夫向者廷議，三臣皆居議祀之列，豈今日一謚尚可遺乎？竊謂三臣不祀，即胡居仁有不能獨晏然於廟廡之上者，當事禮臣知必能辨此矣。故敢以王艮之故而並及之。

臣不勝惶悚，待命之至。

謹題，請旨。

奉旨：「該部參議來勘。」

天啓三年四月初九日，山西道監察御史揚州興化吴公鹿友甡從祀奏疏：

臣謹題，爲表章真儒，乞議易名崇祀，以明正學，以光文治事。

嘗考《周禮》，士之有道德者殁，爲榮祖，祭於瞽宗。又，古者士大夫死而易名，以彰微行，爰有謚典。雖褒崇各異，其於表章先哲，翊揚風教，均也。而况闡明道術，德在人心，功垂萬世者，謚與祀固可緩乎哉？

溯自孔、孟，下迨宋儒，或稱千聖之真傳，或名《六經》之羽翼，有功斯道，俱隆是典。至於我朝，太祖開帝統於中原，列聖顯文謨於奕世，淑氣所鍾，各賢輩出，如薛瑄、胡居仁、陳獻章、王守仁等，業采群議，各予美謚，侑食孔廟。崇儒重道，於斯爲盛矣。

而臣竊以爲未盡也。其間名世間出，真儒蔚起，或以歷世尚淺，偶因公論之未定，亦有潛見殊遭，苦於表章之無人。雖洙、泗一脈，不泛繼統之賢，而俎豆千秋，容多未舉之典，然不墮者道，不晦者心。今聖明御宇，正大道中天之會，而禮官議謚，乃顯微闡幽之時，所爲紹明聖統、表章實學。經正民興，千載一日。天蓋以開陛下也。

以臣聞見，最真私淑有年，世未遠而居甚近，風猶在而澤未斬，如故儒王艮者。臣謹據實爲陛下陳之。

艮，泰州安豐場人。場俗故業鹽，無宿學者。而艮孝出天性，寒日見親以急務盥冷水，乃痛哭曰：「某爲子而令親天寒盥冷水乎，何用人子爲？」於是出代親役。入灑掃定省，如古禮惟謹。

時武宗朝嬖臣朱寧索鷹犬於鹽場，有司派諸灶子，有艮父名，艮毅然代父往，極言利害，事遂寢。

久之謝役，秉禮爲儒者，行益純。忽心量洞明，悟性無礙，而天地萬物爲一體，行住語默皆在覺中。

王守仁巡撫江西，講良知之學。艮聞而造之，往返問難，悉其精微。已而太息曰：「是某之罪也！夫何風之未遠也？」乃駕蒲車北謁孔廟，所至以道誨人。留京師一月，竟諧衆心而反。

艮骨剛氣和，性靈明徹，見人眉睫即知其所存。接引人，無問僕隸，雖貴顯悍戾聞言媿悟。有蓄疑不解者，旁及他事，使本疑頓釋，機應響疾。是時同講習者，如山陰王畿、安福鄒守益、吉水羅洪先皆海内名儒。

從艮學者甚衆，而林春爲第一。春亦泰州人，以會試首舉官吏曹，至文選郎中，尊信師説，終身不懈。

蓋艮之學以悟性爲宗，以反己爲要，以孝弟爲實，以樂學爲門，以太虚爲宅，以古今爲旦暮，以明學啓後爲重任，以九二見龍爲正位，以孔氏爲家法。所著《語録》及《樂學歌》、《孝弟箴》、《勉仁方》、《格物要旨》、《鰍鱔賦》、《仁以爲己任賦》，皆洞徹性理，鼓吹聖經，脱訓詁之筌蹄，探孔、孟之精奥。總之，艮得力處，透悟似九淵而不鄰於禪，窮理似朱熹而不滯於跡。先臣、大學士趙貞吉稱其「契聖歸真，生知之亞」，蓋實録也。洪御史垣構室居其徒，吴御史悌抗疏表其學。海濱學者尊之爲夫子，迄今宇内士大夫皆稱之爲心齋先生。

艮殁，而其子王襞最知名，獨得其傳，世儒亦稱爲東厓先生。襞博聞精討，溯流窮源，生平嚴取予，敦孝弟，標樹山嶽之上，趨帙風霆之表。嘗與門人扁舟往來，歌聲與林樾相激發，聞者以爲有舞雩詠歸之風。海内名卿鉅公如李文定春芳、淩中丞儒、羅參政汝芳聘迎無虚日。又如臣邑韓貞，以村里陶人一遊其門，即成彬彬儒者，今祀鄉賢，有光邑乘，益見艮之風教遠也。

皇祖朝，議艮從祀，未果。今公論久而益定，大道暗而日章。臣愚竊爲布衣易名從祀，自胡居仁而下，無有右於王艮者。臣因是而知聖賢淑世之功大也。

在昔韋布主盟，斯道删述之業與平成之勣共茂，空言之垂與典謨之訓並傳，何哉？蓋道之不行，其患大；而道之不明，其患尤大。不行之患，升沉猶在世遠；不明之患，晦蝕遂在人心。

世衰道微，異學蠭起，邪説横議，簧鼓世教，其弊流爲乾竺老莊，而其禍慘於洪水猛獸！所賴天生聖賢，提醒聾瞶，振覺世之金聲，掃迷途之榛棘，倡明絶學，昭於大道，如夢者困而得覺，醉者迷而得醒。良知、格物之學，真千聖之嫡派，而儒者之正宗也。

議者謂王守仁之功不在孟軻下，臣亦謂艮之功不在守仁下，蓋守仁之學得艮而彰明於世。守仁名位顯赫，事業彪炳，世皆知之；而艮之功在萬世之人心，祇以隱處草澤，表章無人，未崇大典。臣生同里閈，素得於聞見之真，故敢據實敷陳，庶幾揚潛德之光，翼文明之化云爾。

伏乞敕下禮部，會集群議。如臣言不謬，將先儒王艮議謚從祀孔廟，並將艮所著《語録》諸書編於《性理大全》之末，列在黌宫，昭示後世。

他如議祀儒臣尚有陳真晟、羅倫、章懋、黄仲昭、吴與弼、鄒守益，皆緒接真傳，有功道統。曩者廷議以祀典隆重，姑俟論定。若並議褒崇，尤昭公論於以明正學而光文治。臣所謂天以開陛下者，豈非聖世第一美政哉？

臣不勝懇祈，待命之至。

謹題。

十二日奉聖旨：「禮部知道。」

揚州府同鄉京官、通政司參議李茂英，太常寺少卿魏應嘉，南京太僕寺卿李思誠，尚寶司司丞范鳳翼，翰林檢討倪啓祚，兵科都給事中趙時用，刑科給事解學龍，山西道監察御史吴甡，吏部稽勳清吏司主事謝上選，兵部武選清吏司主事劉萬春，武庫清吏司員外陳廷策，户部貴州清吏司郎中王繼美，福建清吏司主事姜玉菓，中書科中書舍人姜士望、李柄，行人司行人□□□，南京户部福建清吏司郎中張元芳，山西清吏司員外李思敬，吏部進士喬可聘，工部進士李之椿，通政司進士于志舒、李化民等請謚揭帖：

謹揭，爲合闔應謚名賢，乞圖采擇以光大典，以昭公論事。

古者士大夫殁而易名，以彰微行，爰有謚典。雖褒崇各異，其於表章真儒、闡揚忠直、風勵人心均也。

職□淮揚一隅，名賢輩出，或以一代大儒鼓吹□治，或以兩間正氣砥柱乾坤，功業與文章並茂，實録與清議齊芳，而易名萬一掛漏，此熙朝一缺典也。

兹以職鄉諸賢之最著者，與舉朝高賢碩哲共評騭之。一爲泰州王心齋先生，名艮。先生少未學問，讀《論語》、《孝經》，急悟聖賢可學，以經徵悟，以悟釋經，行即悟處，悟即行處，如此有年，人未之識也。江西人有客安豐者，聞先生説《論語》，詫曰：「此絶類王巡撫公之談學。」即日造江西，服古冠服，賦二詩爲贄，上坐論學，辨難屢日，始師事焉。先生接引人，無間僕隸，雖顯貴悍戾不説學者，聞言皆悔謝不及。有蓄疑不解者，旁及他事，本疑頓釋。雖村里陶人，一遊其門，即成儒者，彬彬如也。所著有《格物要旨》、《勉仁方》、《樂學歌》並《語録》等書傳於世。蓋前哲稱先生之學以太虛爲宅，以古今爲旦暮，以明學啓後爲重任，以九二見龍爲正位，以孔氏爲家法，與越中並稱王先生。辛丑課館，表揚略盡。竊謂易名，於今日未有逾於先生者也。一爲胡心安先生，名獻，興化人。（中畧）一爲林東城先生，名春，亦泰州人，（中畧）一爲宗方城先生，名臣，亦興化人。（中畧）一爲顧沖庵先生，名養謙，通州人。（下畧）

明崇禎三年十月十二日，御允從祀勘議綸音。

大宗伯湘潭四履李先生述奏，禮部尚書李□□一本，爲敬述先賢等事，奉聖旨：「從祀大典，必衆論僉同，方是定法。今布衣王艮等仍着詹翰坊局、國子監等衙門，嚴覈生平，撰議進覽。有遺漏者，不妨量增，但須各秉虛公，確采證據，勿得任臆毀譽，有負崇儒重道之意。該部衙門知道。」

四年龍集辛未六月之吉，先生曾孫王元鼎薰沐編輯。

心齋曾孫、草莽之臣王元鼎曰：吾先子之人品，覈之年譜；吾先子之學問，考之則言；吾先子之功業，徵之翼經；吾先子之德澤，□之禋記；吾先子之證據，參之列傳；吾先子之公論，形之奏章。

居鄉滿鄉，居國滿國；戴髮含齒，聿有同企；遐方僻邑，互有同思。是以公道協乎廟謨，所繇幽光闡於宸斷。

「嚴覈生平」，語約四字，巍巍乎天語之森嚴。「確采證據」，言居片要，凜凜然王言之的確。用弁疏傳之簡端，以備周咨之鑒定。

恭維撰議之虚公，衆疏章爲之左券，諒不進覽之遺漏，諸館課樹之先資，藉猶子之赴試於神京，彰衆論之僉同於闕下。

有明崇禎四年。

四年辛未科會試策題，大總裁周公□□、何公芝嶽同撰：

文廟從祀之典，何昉乎羽翼聖真，表章正學，所關世道人心綦重。肇於漢延光而定於唐貞觀，有自來矣。説者曰：始之進漢儒也，功取翼經，未遑核品，故訓詁諸家率多與焉。是歟非歟？洎晉流爲清談，唐溺爲詞賦。至宋而真儒輩出，理學大明，侑享斌斌稱盛，或乃訾焉，謂宋之腐與漢之駁等耳。然歟否歟？

洪惟我二祖列宗右文成治，斟配前代，於兩廡明禋多所增損。顧本朝碩彦鴻儒獲登俎豆者，四臣（薛文清公瑄、王文成公守仁、陳文恭公憲章、胡文敬公居仁）而外，寥寥罕儷。何也？豈希賢希聖真難其繼耶？抑慎重大典，故不輕畀，正以作人而揚化耶？

邇來學媿登堂，家思樹幟，議論煩多，而功疏幹濟，是非爚亂。而釁兆封疆，始於理學之不明，致風會之日下，甚而忠孝節義之念衰於士林，□□□□之坊公行。決裂若是者，其初不過一念之違於聖訓，而末流遂至於此，不亟以教化堤防之不止也。

皇上重道崇儒，横經範世，思以從祀之典廣示風勵，因特諭司成所請，先臣王艮等十六人下部周咨，以俟鑒定。此自熙朝盛事。

其間品騭衡量，安所折衷，以爲定論歟？刻或索垢，恕或濫竽，珠遺猶可復收，貂續能無後議？則所謂廣搜精覈，於以奉明綸、翼真統而寓勵世，磨鈍之微權者，亦何道之操也。

知諸生景行有素，當欣欣爭此筆矣。

四年辛未六月之吉，先生曾孫王元鼎輯。

心齋曾孫、草莽之臣王元鼎曰：吾先子之以辟召舉也，諸部院登□薦於生前。吾先子之以□□議，□□臺端，□表章□□□□□之，以别傳列也，諸□□□揚□於石室。至若文廟從祀，有協題之，以昭其公；□特疏之，以矢其慎。然而棘闈之衡鑒，尚未定也。

在昔神宗朝，福建癸酉鄉場翰林雷公思霈以策試諸士也，數稱之曰：「豪傑而不聖賢者有之，未有聖賢而不豪傑者也；聖賢而豪傑者，其王文成公乎？次則泰州，其嫡脈也。餘則不敢言之矣。」噫嘻，噫嘻！兩淮之於八閩，相去幾何？而懿德之在人心，已非一地；淮南之於東越，未隔一間，而公評之炙人口，已非一人。識者業有定衡。

然而一隅之品題，猶未廣也。進而上之，恭維聖主之當陽，幸際正人之在位，擢我明諸儒之彥，議文廟配享之典。以泰州一介之布衣，冠理學諸儒之首簡，猗歟休哉，甚盛舉也！

聖天子爲之横經範世於上，大總裁爲之品騭衡量於中。□二十房之座師加以訪輯，□三百名之英雋抒以持平。而周咨鑒定，琚獢自□混於□□；精覈廣搜，山雞焉得匹於鸞鷟？司成之采列，豈曰濫竽？明綸之允裁，寧容恕許？諗知無遺珠之歎，必不抱續貂之訾。而□人揚化，此熙朝第一盛事；即繼美四賢，加以十六人而非多。勵世磨鈍，此制科第一美譚；惟風示來兹，揆之七十子而可足斯一問也。

洋洋快論，固昭代清評；灑灑名言，寔千秋之金鏡。亟宜授之剞劂，爰以質之同盟。

先生曾孫元鼎小引

元鼎曰：吾先子學脈，寄之遺録；吾先子之品概，見之年譜。雖然，猶未足以悉吾先子也。嗣是有鉅卿椽筆，既編國史，復採别傳，類加編譯，班班可思。

惟萬曆辛丑一科翰林館課最盛，以曾、敖二公之師命，因集殫淮南之大全，計十有六傳，尚缺其四。踰二十年，己未孟夏，始獲館刻於父之執友文峰強翁。由粵西宦歸，授是稿於元鼎，乃不勝爲之慶。

爲之冀云。

湖廣石首編修曾長石可前課傳：

心齋王先生，成化中真儒，而陽明子之門人也。盱江趙公志銘詳哉，其言之懿行具足按矣。予小子奉師命復爲之傳。

傳曰：先生之學，以悟性爲宗，以格物爲要，以太虛爲宅，以孝弟爲實，以明學啓後爲重任，以九二見龍爲正位，而直以孔子爲家法。

少不習鉛槧，不多撰著，間有作，道其意所欲言而止。然先生要言不煩，而旨自了了。《語録》中如云：「危其身於天地萬物者謂之失本，潔其身於天地萬物者謂之遺末。」則物有本末之旨也。云：「顔子有不善未嘗不知，常知故也；知之未嘗復行，常行故也。」則知行合一之旨也。云：「吾身猶矩，天下國家猶方。天下國家不方，還是吾身不方。」則修齊治平之旨也。云：「惟其不慮而知，所以爲天然自有之理；惟其爲天然自有之理，所以爲不慮而知。」則天理良知之旨也。云：「有吾儒之體，便有吾儒之用。佛、老之用，自是佛、老之體。」則體用一原之旨也。云：「良知原自無不真實，而真實者未必合良知之妙。」則人性上不添一物之旨也。

蓋其從學在陽明之門，而其互相發明似有不同陽明者。語云：見與師齊減師半德，見過於師方堪傳授。其先生之謂乎非耶？

先生生而珠在其手，左一右二，隆顙修臞，識者知其爲異人。

嘗一夕夢天墜壓身，萬人奔救，先生身托天起，見日月列宿失序，又手自整布如故，萬人歡謝。比醒，汗浹，頓覺心明，自此於天地萬物同體之理豁如也。斯先生悟入之妙，竟以印證道妙，詎偶然哉？

余又聞先生侍養時，人有以陽明子良知自性、本體内足之説語先生者，先生喜曰：「有是哉？雖然，王公論良知，某談格物。如其同也，是天以王公與天下後世也；如其異也，是天以某與王公也。」其卓見不惑類此。

夫尼父聖人，猶以學之不講爲憂。本朝真儒不乏，若先生之學之粹，即以視河東、新會諸君子，吾未敢左右其袒。《語録》具在，有志於學者奉爲心印可矣。

先生名艮，字汝止，別號心齋，門人稱心齋先生，維揚之安豐場人。

福建浦城庶吉士曾心蘂六德課傳：

王先生心齋者，初名銀。其父、祖四代負鹽，世居泰州之安豐場，少業儒者，不知所謂聖人之學。

先生生有異質，貌樸而堅。生穎而信，六七歲爲群兒遊一塾中，見所書未徹者，輒執問爲何解，師稍剖析其義，即聲應曰：「是可得而學也。」於是即有大人之志矣。

已漸之塾之可遊，知學問之有益，輒往塾中，得《孝經》，聆其嚮歸，即思之，遂通貫。欲踐諸躬，希古人定省之儀，忽晨興適親寢所，推户而入，長跽問安否，親曠見，以病狂詫之，然先生必行之。自是每晨昏勿輟，久而親益感其篤誠矣。

先生作法服，執木簡，終日擎手端坐，不少倚。隨修隨證，忽悟《大學》「格物」之旨，以身爲天下國家之本，謂天地萬物依於己，而位育之功有不待時位而可致，旋以《魯論》、《周易》更相參究，以無行不與自任，以見龍在田自居。

或有語先生所論與陽明王先生同旨，先生實不知陽明何如人，歎曰：「天下亦有是人哉？果其旨之同也，是天以我予陽明，而以予天下萬世也。」遂間途往謁。

時陽明方開府洪都，異先生狀貌，下而禮之。先生據上坐，抗辯不屈，凡三易拜而始就弟子列。陽明先生因謂之曰：「汝今止矣。」名之曰「艮」，字之曰「汝止」。先生遂盡得《大學》「止至善」之説，洞然天疑，自號「心齋」。

乘輕車北行，樹標於車上曰「醫心」。人追而觀之，輒爲講學，聽者多所激發。追歸家，來遊者日衆。先生引掖不倦，作《樂學歌》、《孝弟箴》，皆發以庸言，而能言人之所不能言。

四方薦紳孚契既深，有特疏勸入仕者，先生曰：「以我爲隱哉？吾之學，安身而動者也。出則爲帝者師，處則爲天下萬世師，此予素位之職業也。吾何隱哉？」因詳師道之大，謂師道立，善人多，則朝廷正、天下治。故先生所擔當者師道，所實體者格物，所提挈者知本，所變用者六陽，所宗法者孔子。孔子之學，自秦、漢、唐、宋以來，能稱其妙，鮮得其真。惟先生獨透聖關，幾爲天啓。

世或謂先生見稱陽明之門，殆附青雲而著者，不知先生正以韋布修身見於世，乃所謂自天子至庶人壹以修身爲本，乃所謂物有本末，物格知至，《大學》所以爲經世全書，先生所以爲曠世絶學也。

奈悲學者之不察，猥以蝸觸之見角勝而忽之，故爲之傳，以俟綴學之士知所取焉。

丹陽庶吉士眭東蓀石課傳：

余間讀王心齋先生所謂《求仁方》、《格物要旨》，厥義超著，詞乃簡明矣，總之不離陽明先生「致良知」説云。而一時講學士爲之大聳尸宗之，且與陽明先生分庭。此何修也？至以其夢身托天，整布日月列星，徵悟入；以都門老人夢黄龍無首，行雨變形人立，徵化道。幾無實矣，非所以徵。

先生名艮，字汝止，泰州安豐場人也。安豐人群役於場，無知學者。先生夙有異質，粗識《論語》、《孝經》章句，輒以意談解，無敢難。一日寒甚，至親所，視所用盥水冷，伏地痛哭，曰：「安有爲人子，親天寒盥冷水不知者，得爲人乎？」自是出代親役。入，掃舍奉席哺二老，定省如古禮。迄三十餘乃謝役爲儒服。

先生學本天成，行純心明，隨處覺天地萬物爲一體，即悟證經，即行證悟，洞如也。而是時陽明先生方盛談知行合一、良知本體内足之旨，學者始而駭，終乃信從。先生顧獨居侍親，不及聞，久之乃造陽明先生於江西，卒稱弟子。間出《格物論》質之，陽明先生曰：「久當自明。」既而歸，則駕蒲車北行，所至以其學教。

先生骨剛而氣和，靈襟澄徹，接人眉睫知其心。有所答問，必旁及他事以破彼疑，鋒應響絶，令人意消。一時聞風附影之士幾遍天下。先後御史洪垣爲構精舍居其徒，吴悌爲疏薦之朝。嘗兩救海濱之荒，全活萬計。先生丰格卓朗，機神穎爍，不位而尊，不令而孚，所繇動入人者故深遠矣。

生平不喜著述，今其遺録率口占記授語。蓋先生之學以悟性爲本，孝弟爲實，諸所自得不落語言。

自洙泗以來，漢詁專承，宋學精討，我明河東、餘干篤踐，新會潛契，至先生翼陽明而興，可謂刜關宗門、清廓聖途者也。

論曰：世所翕然，先生以其特起，不緣陽明先生而合；卒之大行，則合陽明先生。故夫學，時習時敏，蓋舉念措躬皆是矣，弟以講乎。即陽明先生氣節、文章、功勳揭天地，此學之大者，弟以其講則「傳習」諸書具在。（以下缺二十一字）矧寥寥片語，所爲口占授記者又烏足定先生，而且以株寸之與陽明先生論離合也已！若先生敦孝貞隱，贍人風世，其意識翛然百世之表，此其爲先生也已。予生不逮先生，然居相近，風相聞，爰取諸論述先生，詮撮其語，作《王心齋先生傳》，質之師門，以貽同好。

福建同安編修許鐘斗獬課傳：

王艮，字汝止，泰州安豐場人，陽明子之高徒也。

少有至性，事父孝。父豪放（下缺八十三字）曰。是以孝聞。長益潛心務學，往往有悟入過人。

陽明撫江西，聚徒講學，首揭「良知」之旨，疑信者半，人以語艮，艮曰：「吾第往觀。彼語『良知』，我語『格物』，天以我賜先生，不可不往。」至，則直署其刺曰「泰州男子王某」。見陽明愕然攝衣迎之軍門外，艮直入，抗禮上坐，一座盡驚。辯論往復數次，俱不服，至明德親民數語，躍然曰：「真艮之師也！天以先生賜艮，敢不敬承！」自是北面稱弟子。

陽明没，復聚徒講學如陽明，學者稱爲心齋先生。或以配陽明，稱「二王」。

艮之學以孝爲要，以格物爲功。不喜仕進及著述，然所著《格物要旨》、《勉仁方》諸篇，俱爲學者所宗。

近有與鄒守益俱欲議從祀云。

麗水縣庶吉士吕九如邦耀課傳：

心齋王先生者，名艮，字汝止，泰州安豐場人，以布衣終。雖以布衣終，而實以布衣立教於天下後世者也。

先生居安豐，里俗負鹽，無學者，父兄無所傳，師友無所授。偶讀《論語》、《孝經》，即恍然有悟，若身在聖賢之側，此謂鍾於氣而穎於資。

世之學者，卑者溺富貴，高者慕功名。先生獨曰「出則爲帝王師，處則爲天下萬世師」，此謂詘於時而伸於理。

晨昏定省，色養無二。即與南都友人書，責其致君於堯、舜，澤民於唐、虞，亦不過「孝」之一字，此謂離於詭而寓於庸。

甫悟「格物」即自信，曰：「天下無知是學者也。」及聞陽明良知之説，復自驚曰：「天下亦有同吾志者也！」往從講究，辯難反復，此謂要於同而正於道。

初就陽明，未遽許可，及至不遑寢食，窮詰無遺之時，然後知宗旨無二，如師事焉，此謂覈於辨而歸於通。

悟徹良知，萬行俱徹，不妄生見解，亦不便立門户，鳶飛魚躍之境，在在昭昭，此謂根於宗而純於識。

先生嘗曰：「君子以人治，人改而止。若其未改，可遠止乎？無遠無近，無貧無賤，必欲引之同歸於學。」此謂善於造而廣於收，之人也，之學也，可以爲帝者師，其在兹乎？可以爲天下萬世師，其在兹乎？信非大言而無當者也。

其學之□，余不及論，姑傳其要如此。

南直太倉州編修王緱山衡課傳：

先生泰州人也，名艮，字汝止。家世居泰州安豐場，以煮鹽爲業。四代祖仲仁爲場百夫長。三傳而爲處士紀芳，配湯氏，生公。有文在其手，環如珠，左一右二，額隆而骨矐，里人異之。

俗故負鹽，不知學。里中習《孝經》、《論語》句讀，爲他日書算計。先生稍習之，毅然以古聖賢爲期，信口談解，里之人不知也，蓋天授之矣。

一日天甚寒，候其親，親迫於急務，以冷水盥，先生痛哭曰：「艮爲人子而令親天寒盥冷水而不知也，尚得爲人子乎哉？」晨昏掃滌，悉秉古禮。孝友天成，醇行篤志，久之朗徹。

一夕夢天墜，億萬人號呼震地。先生身自撐之，日月星宿行次相錯，而先生理之燦如也，億萬人稽首歡舞，則汗下如雨，覺五臟澄明洞徹，融融然，天地萬物爲一體，而行止語默無之非是矣。故自扁之曰：「正德六年間，居仁三月半。」其覺悟如此。

當是時，越中王先生以良知之學倡於越中，而格物致知之論，學者翕然信之。先生以奉親里居，初不知其名，已，黄塾師盛稱王開府之學，先生蹶然曰：「有是哉？王公論良知，艮談格物。如其同也，是天以王公與天下後世也；如其異也，安知不以艮與王公乎？」即徒步造江西，與陽明相質。先生曰：「陽明，吾師也。」退居弟子位質之。明日，先生曰：「陽明，非吾師也。」再進賓位。久之，先生若有得也，曰：「陽明，終吾師也。」乃執弟子禮。而以《格物論》就正，陽明曰：「待他日，君自解，不須僕也。」

先生自有萬物一體、窮達一致爲吾行無不與之道。駕小蒲車北行以周流化導，丰格高整，其語皆切於家庭孝友，人人爲感動。先生留都門一月竟回，教授里中。

戊子，王先生卒於安南，先生迎哭於桐廬，經紀其喪。反歸，開門授徒，遠近皆至，而先生宛轉開論，因機回應，學者皆能自見其本體，精蘊畢露，以爲聖賢具在，咫尺可到，先生之力也。

蓋先生骨剛氣恬，性靈透悟，轉盻音響，使人意徹。平居閉户自怡。顯達貴人望之，鄙吝頓消。而機可有啓，即僕隸不棄也。

御史吴悌抗疏薦之，不報。

某年月日卒於正寢。

善乎趙文肅之評之也，曰：「先生之學以悟性爲宗，以格物爲要，以孝弟爲實，以太虚爲宅，以古今爲旦暮，以明學啓後爲重任，以九二見龍爲正位，以孔氏爲家法，可謂契聖歸真，生知之亞也。」

嗚乎！自訓詁之習滯於枝葉，而越中以良知喚醒世迷，自見本體，可見拔本尋源矣。而末流不競，耽於空虛，寡聞者托之返照，蕩檢者以爲自得，陽明之宗旨欝而不暢。而先生稱陽明高弟子，實行實詣，乃啓實悟，行誼卓然，蓋良知之獨真者也。先生之學得陽明而始超，陽明之傳借先生而始不虛云。

蓋觀於先生勉仁之論，殷殷以示人者，孝弟信愛，反求諸己，乃爲萬物一體。嗚乎！此之謂不慮之知，良知也。視彼虛蕩以爲悟而實不至者，天壤矣。

南直昆山庶吉士李集虛胤昌課傳：

王先生名艮，字汝止，泰州安豐場人也。號心齋，學者尊稱之曰心齋先生。

先生生負異姿，望之知爲非常人。安豐人習煮鹽爲生計，無宿學者。先生稍長，窺《論語》、《孝經》，心獨慕説之，自以其意解剝，大指了了，里中童子師皆避席矣。而是時先生之尊人役於場，一日寒甚，迫赴他事，盥冷水而出，先生適見之，痛哭曰：「某則非人哉？何以使親至此而不知也！所慕説之謂何？」因請得代役。入，掃舍奉席侍哺，□人，朝夕定省，夔夔如也。而陰爲學不輟，居久之，謝役不復稱鹽策矣。

先生之於學，一切從悟入，以悟徵經，以行徵悟。忽一夕，夢寐中示奇徵，醒而通身汗下如雨，遂曠然覺天地萬物皆我一體，元初如是，枝葉一脱，光景一新。

其於《大學》「格物」之旨，不爲宋儒先舊解所束，而自爲之説，曰：「『格物』即物有本末之物，自天子至於庶人皆以修身爲本，乃所謂格物者也。」於是所以反己爲格物工夫，即不知孔子曾何如，而其旨深遠矣。

會王文成公以致良知之學倡於越中，繼及江右學者翕然宗師之。先生晚而得聞，謂：「何可當吾世而失王公？」即日詣江西謁文成公。初持論嶽嶽不相下，卒乃嘆服，退就弟子。間出《格物論》，文成公曰：「待君他日自明之。」

已而從越中辭歸，驅車北行，一時學者皆延頸願從遊。留都下僅帀月，遽旋軌於其鄉。

帷中弟子日益進，先生接引不倦，指點直捷，使人人意得出。即素貴倨及有心相難者，既聞先生言，皆悔謝不及。蓋先生骨剛氣和，神機瑩徹，往往能識人意中事，旁引微旨，不待辭畢而本疑劃然矣。

獨不喜著述，以爲經傳亦止取印正吾心而止，故其書僅《道遺教》一録，乃門弟子所私輯而貽之同好者。若夫《格物要旨》與《勉仁方》諸篇，則晚年所作。此乃所以爲先生者也。

侍御史吴悌曾薦先生於朝，不報。既歿，而未得與文成公並俎豆於孔廟之廡。世竟未能明先生者耶？如有能明先生者，雖一人焉可矣。

論曰：世多稱餘姚之學，以爲宗門捷於考亭，予未敢謂也。夫聖道正如中衢置尊，多少惟人所酌，安在竄取聖賢一語獨開門户，扃天下之學者於其中，而曰必爲此、毋爲彼也耶？且孔子豈獨自愛，其聖賢者一貫之傳，必晚而施之曾氏；若人人告之以良知，便可立證聖地，是何曾氏者之多也？故考亭自爲考亭，餘姚自爲餘姚，皆酌於聖人之道而取適焉者耳。拾已唾之核而更薦之以爲珍，即何以合餘姚？先生餘姚高弟子也，跡所論著，不盡傳依其説，世卒稱「二王」，先生有以也。

夫予故宗其概爲之傳，私有以考焉。若夫格物致知之離合，則請俟後聖。

河南光山庶吉士蔡中山毅中課傳：

余嘗傳明興正學大宗者二十八人，心齋王先生與焉。其事行，蓋考諸趙文肅志銘及先生教言中，未悉也。越在庚寅，偕李子登過泰州，晤其子若孫及先生門下士，乃詳其志學始末云。

先生原名銀，更名艮，泰州安豐場人，處士紀芳子也。先生生而異質，有珠生手掌中，左一右二，隆顙修䐗，迴出風塵物表。然安豐俗不事《詩》《書》，人多以負鹽爲業。先生粗知《論語》，一日獨行寺中，聞黄冠者誦《老經》，就而問所宗旨，黄冠者曰：「人能常清静，天地悉皆歸。」因歸静坐，數月不出户庭。偶，塾師講《孝經》，喟然歎曰：「此非天地生人之根歟？」時遇冬寒，處士以公役將出，用冷水盥面。先生乃動曰：「爲人子，可令老親天寒盥冰雪乎？」自是出代親役，入歸舍奉饘粥，晨昏定省如古禮，問所欲必備，而以色養得二親歡。先生時年二十矣。

孝日篤，行日純，内行人無間言。乃謝役秉禮爲儒者，冠服里中，少年多笑之，先生曰：「人皆可以爲堯、舜，世人皆目障耳。」於是戴冠披服遊閭巷以遍，群兒笑者止矣。道固貴常也，常寧有異乎？於是與塾師講《論語》，則油然而解，劃然而鬯，以經徵悟、以悟徵經，行即悟，悟即行，於此十有五年，人未之識也。

一夕夢天墜壓身，萬人奔號求救，先生手托天起，整布辰星如故，萬人歡舞拜謝。醒則汗溢如雨，頓覺心體通明，天地萬物一體，自是行住語默皆在悟中，題其座曰「正德六年三月望日」，是即先生悟入之始已〔一〕。

是時文成自龍場謫歸，盛論孔門求仁、知行合一、體用一原，泥者紛然不定。至四十年，文

〔一〕「已」，萬曆本作「矣」。

成巡撫，又極言良知之旨，學者翕然從信。而先生以鶉居奉親，未之聞也。有塾師者自江西來，聞先生論，詫曰：「此絕類撫臺公之談學也。」先生曰：「渠論良知，余論格物。如其同也，是天以王公與天下後世；如其異也，是天以某與王公。」即自造江西文成於豫章城，着古冠服，入登上坐，揖讓怡然。文成曰：「子何冠？」曰：「有虞氏之冠。」「子何服？」曰：「老萊子之服。」曰：「子爾學老萊子戲跌堂下，呱呱啼乎？徒着其服乎？」先生默然而退。凡講席，必坐客上辯難，□越日，始曰：「王公先覺。」乃就弟子列。文成與更名「艮」，字「汝止」。

一日與董蘿石辯難不相下，執見文成。文成方食，執箸問曰：「碗在桌上，桌在物上？」曰：「在地上。」先生倏然曰：「惟下乃能載物也。」又逾月（以下缺十四字）始概然曰：「王公，其吾師矣。」間書《格物論》以請，文成曰：「待君他日自明之。」

久從文成居越，曰：「風之未遠，艮之責也。」辭還，駕蒲車北上，所至化導人，聽者如堵，聞其論者如飲醇飽粟，無不心悅。將至都門，有叟夜夢黃龍無首，行雨至崇文門，變爲人立。晨起往候，而先生至。叟異其象，與立談，則風至冷冷動人，究其志，又不勝駭異，乃挽之歸家，約同志者數十人與晤講，勸止之。居一月，竟諧衆心而還，然其意終遠矣。

亡何，文成卒於師，先生迎哭於桐廬。時文成子幼，先生經紀其家，繕保其孤而歸。

開門授徒，遠近來學者履滿户外。先生立教，不由文字，直指根宗，而性靈澄徹，謦咳盼顧，使人意消，學者意識疏漏，不敢正以視也。其接引人，童僕下走皆令省，即貴倨通顯者悍戾不悦，聞其論亦爲之解頤而謝過。凡見人眉睫即知其心，機應響疾，精藴畢露，聞者速肖，更不自知其由也。

蓋先生之學，以悟性爲宗，以格物爲要，以孝弟爲實，以明學啓後爲己任，以孔氏爲家法。獨不喜著述，或應酬有作，皆授意門人、子弟，口言把筆，得所欲言而止。晚年始有《格物要旨》、《勉仁方》諸篇，有《題天下江山一覽》詩若干首，皆百世不易之語也。

部使者洪公垣構舍居其徒；吴公悌抗疏薦之，不報。

年五十有八，考終正寢。卒稱越中二王，學者尊稱心齋先生云。

汝南蔡氏曰：自精一之統肇[一]於黄、虞，禹、湯、文、武傳之，孔、孟大明，至濂、洛、關、閩衍其緒，以及我明薛、吴、陳、王諸君子繼其宗，稱授心法。而先生格物説，獨悟性宗，所謂精一者，非耶？

夫身與天下國家皆物也，欲明明德於天下，格物也；物有本末而身爲本，知先本而後末可治，此致知之在格物也，先生得之矣。文成寧有異乎？

[一]「肇」，底本作「擘」，據萬曆本改。

嗚乎！身以道尊，道以身尊，孔子之不厭不倦，九二之見龍在田，斯其至耳，非格物之實際耶？乃先生以心悟得之，說者以爲生知之亞。其然乎，其然乎？

浙江定海庶吉士薛天谷三省課傳：

當越王先生倡道江西時，江以北蓋稱王心齋先生云。先生，泰州安豐場人，名艮，字汝止。悟□□□□之旨，自號心齋，學者亦因以稱焉。安豐負海，俗以煮鹽爲業，少儒，即有之，亦斤斤舉子業，明經取科第，爲文史儒，非儒也。而先生家又世貧，父處士紀芳隸場役。其於學，內無所承，外無所師，蓋天牖也。

先生生而異狀，臞形修幹，顙隆起，有珠在其手，其左則壘壘雙也。幼而穎異絕人，讀書粗識字即娓娓能談說大義，矢口而傳心，塾師無能難者。而志趨邁越，雖處儕俗，邈然即希如古聖賢人。

一日天寒甚，其父鶩急，熱而沃冷水自快。先生見之，痛哭曰：「是不幾傷乎？有子不任勞，令吾父寒而沃冷水，吾不得比人數矣！」自此出代親役。入掃舍捧席問寢饍，如古禮惟謹。蓋久之始謝役，服儒衣冠爲儒者，人□□識也。而先生暗然增修，究心往籍，還以證性，漸啓悟門。時或皇皇，若有所求而弗得，又時或沾沾然，若拾重寶而喜不自勝。見者咸怪其亡常，則謂之先生狂，蓋世以喪心者爲狂，故以病先生。先生曰：「噫！汝不自病病，而予之病，予病者乎？則今爲愈焉者乎？」蓋先生於時潛詣默證，精通神喻，心靈洞開，夢寐皆覺，因怡然自信爲古聖賢中人，非俗儕中俗人也。嘗題其壁曰「正德六年間，居仁三月半」，蓋其任也。

當是時，王先生方自龍場謫歸，與其徒論知行合一之學，從是透悟本宗，闡發良知，謂孔門博文約禮、一貫之旨不出於此。而王先生時已起巡撫江西，其事功節義足以傾倒一世，而獨倡之旨直截簡易，又足以破俗學之支離，天下翕然宗師之。而先生起布衣，名不〔一〕出其鄉，故王先生之名藉甚天下，視天下亡如也，而先生獨持格物之説以自信其所學，人亦無舉王先生之説以相證者，先生亦視王先生亡如也。會有塾師來者，江西人，聞先生所持論，詫曰：「此絶類王巡撫論也。」始乃知王先生，而默自喜其合也，訢然曰：「有是哉？」已究得王先生所論良知稍異同，則又往自喜曰：「果若是，何知天不以某畀王公，而因以畀天下後世哉？」即納履性造江西。

時造王先生者，皆執弟子禮，先生獨以客見。逾兩月，王先生行部豫章，即從王先生豫章。間出《格物論》以示，王先生亦無以難也，第曰：「他日君當自明。」蓋先生與王先生持論雖殊，意非爲異也，直所從入，各有所獨省耳。王先生初習舉子業，牽於訓詁支葉，晚自解脱，斬藤斷葛，

〔一〕「不」，底本作「下」，蓋形近致訛。

獨尋根株，則於良知爲得力。而先生幼眇聞見，成心自師，從修得聞，從聞得悟，彌悟彌修，修日以密而悟日以深，則於格物之功爲多。故先生之論精，而王先生超一著矣。先生雖不以自易其所學，然卒稱王先生覺，退就北面執弟子禮焉。

亡何時，王先生還越，又從而之越。一夕歎曰：「風之未廣也，是某之罪也夫。」乃辭還家，以二僕將小蒲車北行，所至化導人以千百數。至京師，留一月乃返。蓋先生以乾之見龍爲正位，意在文明，比至，而先生之意又翻然，終遠在漸之逵矣。

居久之，王先生卒於師，先生迎哭於桐廬，爲經紀其喪。

歸乃開門授徒，四方從遊者日至，御史洪某爲築室以待來者。而先生之徒貴溪〔一〕徐子直氏、道州周季翰氏、福清林子仁氏最有聞，日以先生之教喻於四方，於以廣其風焉。

先生骨剛氣和，表裡洞達；問難響應，精蘊畢露。音咳顧盼，使人意消。即學者意識稍疏漏，不敢有正視，苟心有所懷，又往往得之眉睫之間，旁喻曲譬，令不覺自釋。故凡被接引，雖僕隸皆能有省。即顯貴悍戾，素不悦先生者，及聞其説，皆愧悔嘆服，謝不盡也。

方先生北行時，或謂先生風格高，其所爲又卓犖不諧世，咸止無往，乃先生竟往，亦竟諧衆

〔一〕「溪」，底本誤作「州」。

意而返。

時趙文肅公貞吉者爲骯髒，於王先生外意少所與可，乃獨心嚮往先生，嘗稱：「先生之學以悟性爲宗，以格物爲要，以孝弟爲實，以明學啓後爲重任，以孔、孟氏爲宗法，可謂契聖歸真，生知之亞者也。」其見推服如此。

然先生之名終壓於王先生，差與王汝中相伯仲。王汝中者，正王先生之高弟也。及先生没，而楚植齋曾先生者始折衷前學，謂：「先生真悟天啓，獨契千載，其學已見孔、孟之大。」推而比於宋明道先生，故先生之學得與王先生並明於世云。

先生不喜爲注述，今所傳獨《格物要旨》、《勉仁方》諸篇，或百世不能易也。

先生生平多偉行，然皆其餘，姑略而不次。

爲次述所學之論，論之曰：予觀先生所爲學問最高明，及讀所論著，抑何精微也！雖與王先生異指，卒善下之，自成其廣大。方之朱、陸紛紜，隘矣。夫士患不修行，行修矣，又患不聞道，然未有不修而聞者。若先生篤於是[一]親，可謂敦厚崇禮者矣。其得聞大道，基也。贊曰：彼珍者玉，乃固以璞；彼明者珠，乃襲以縠。有覺德行，爲道郛廓；敦之篤之，爰及大覺。實乃

[一]「是」，當作「事」。

出虚，如聲傳谷。良知超超，格物匪逐。伊美作者，殊途同宿。天開斯文，爲世耳目。

余嘗博觀載籍，濂、洛、關、閩之道所藉以復續者，惟餘姚之學。餘姚而後獨得其傳，則有心齋先生。

陝西三原庶吉士文少元在兹課傳：

予蓋讀先生之書，私淑先生之風，而未由親炙其門。□□□□□□□□□傳。

傳曰：先生□□□王艮，字汝止，泰州人。生於成化間。比脱胎時，□□□□□中，生而隆顙，□□不作凡相。

先生家世州之安豐里，里人以煮海爲生，故無老宿，而先生奮□，日習《論語》、《孝經》章句，有千古聖賢之思，□所以講解，若或啓之，一時從學四方，塾師俱無敢難者。及□，遂儼然以儒者自任。

一夕忽夢天墜，三光失□。先生以身支之，手爲整頓日月星如初。覺而自知，性天頓明，天地萬物若我一體者焉。

是時餘姚□論致良知，學者相率往從知，先生家居，未之聞。□客有聆先生談學，怪之曰：「此絶類餘姚公之説也。」而即爲具述餘姚所論之旨，先生於是大喜，而自信益確矣。即日買舟詣餘姚公，執弟子北面禮。公在豫章，先生亦豫章；公返越，先生亦越。間出所著《格物論》示餘姚公，公曰：「待君他日自明之。」

先生深□曰：「餘姚公之風未遠也，罪在某躬，小子何敢□焉？」於是辭還家，渡大江，舉其所謂格物之説，□□餘姚所謂致良知之旨，所至循循誘人。北□□□，翕然風動，爭師事之。又五年，餘姚公卒於師，先生迎哭於桐江而歸，喟然歎曰：「文王既没，文不在兹乎！」乃大授生徒，無遠近皆至。至是，先生之學將大易一世之昏昏而登之昭昭矣。

先生心味道腴，獨不喜功修辭，或有所著述，多令門弟子執筆，以口授之，大率能道其意所欲言即止，不加點焉。最後作《格物》、《勉仁》諸篇，詳言理學，皆出自手筆，百世不易之書也。

先生丰骨剛勁，而氣最和平。見之，暴戾可消。漢汝南黄叔度，人謂「若汪洋千頃波，澄之不清，淆之不濁。三日不見，然使人鄙吝復生」。竊以方先生，是耶非耶？

或有謂先生爲隱，先生曰：「『吾無往而不與二三子』，某則何敢隱也。」或又問先生何以不仕，先生曰：「『吾無往而不與二三子』，某則□□□也。」嗟乎！此可與淺見寡聞道哉？

嘗觀先生所□□□大荒，先生以奇策救之，動活數千萬人。□□□□□非用世之至仁，與先生體仁之（以下缺十一字）析圭擔爵而後稱。（以下缺二十四字）以親親爲大，孝悌之道不講而徒言仁，以斯知物有本末宜格也。

先生少時，冬日至親所，見親往役急，以冷水盥，先生大哭曰：「某爲人子，使其親寒日盥冷水而不知，安得爲人乎？」遂從此代親役，晨昏省視惟謹焉。真所謂先行其言，而後從之者與！令出陽明之門者盡若先生，則致良知之學自可以繼往開來，千萬世而無弊。此作傳意云。

［附］禋祀類紀録

安豐場東淘精舍專祀　鹽法御史洪垣、胡植，督學御史馮天啓等建。

泰州儒學鄉賢祠並祀　督學御史胡植入。

泰州崇儒祠專祀　尚書耿定向、撫院王宗沐、兵道程學博、知州蕭景訓等建。

泰州崇善祠七賢並祀　布衣冒承南建。

泰州城西吴氏私宅　布衣吴士賢奉祀。

姜堰鎮三水宗祠並祀　學正王棟等建。

海安鎮三塘書院專祀　布衣程泮、李祜等建。

富安場吴氏尊賢祠專祀　布衣吴愛建。

府城維揚書院六賢並祀　鹽法御史彭端吾、兵道熊尚文、吴撝謙建。

府城廣陵三先生祠並祀　撫院王紀、鹽法御史龍遇奇等建。

應天府陽明祠配祀　府尹黄承□、尚寶寺卿周汝登等建。
寧國府水西書院並祀　知府羅汝芳建。
浙江杭州府勳賢祠配祀　方伯□□□、知府□□□等建。

［附］明諸名家彙選標題録

焦竑　澹園，選入《國史世家》
孫鑛　月峰，選入《四書大全》
曾朝節　植齋，選入《翰林館課》
敖文禎　龍華，選入《翰林館課》
倪晉卿　伯昭，選入《大全纂要》
耿定向　天臺，選入《魯鄒指南》
周汝登　海門，選入《聖學宗傳》
張朝瑞　鳳梧，選入《孔門嫡傳》
鄒元標　南皋，選入《宗儒語略》
陳應芳　蘭臺，選入《宗儒語略》

焦　竑　澹園，選入《獻征實録》

羅洪先　念庵，選入《明儒經翼》

羅汝芳　近溪，選入《明儒經翼》

蔡毅中　中山，選入《正學大宗》

淩　儒　海樓，選入《真儒正鵠》

龍遇奇　紫海，選入《仕隱霞標》

龍遇奇　紫海，選入《聖學啓關》

陳大受　赤石，選入《王門宗旨》

袁　黄　了凡，選入《證心了心》

馮應京　慕岡，選入《實用合編》

孫應鰲　淮海，選入《格物近語》

茅　坤　鹿門，選入《百子粹言》

李之藻　我存，選入《見知輯録》

陳履祥　文臺，選入《聖學統宗》

曾鳳儀　金簡，選入《見道類編》

葉向高　臺山，選入《輿圖一統》
張九功　繼源，選入《兩淮鹽志》
趙貞吉　大洲，選入《真儒實用》
王　棟　一庵，選入《一庵會語》
王納諫　觀濤，選入《會心要語》
雷恩霈　何思，選入《八閩鄉試》
李春芳　石鹿，選入《名儒世家》
熊尚文　思城，選入《書院宗課》
尤大治　郢都，選入《王氏要語》
楊起元　復所，選入《古孝經翼》
李　存　望隆，選入《理學名臣》
李廷機　九我，選入《知新講録》
唐順之　荆川，選入《東城文集》
曾朝節　植齋，選入《天津文集》
陸　埜　鳴皋，選入《樂學跋語》

沈一貫　蛟門，選入《四書説評》
顧憲成　涇陽，選入《四書説評》
董其昌　思白，選入《四書説評》
蕭良有　漢沖，選入《四書説評》
羅德化　康洲，選入《四書説評》
張　位　洪陽，選入《四書説評》
趙志皋　穀陽，選入《四書説評》
楊起元　復所，選入《四書説評》
李廷機　九我，選入《四書説評》
陳懿典　如岡，選入《四書説評》
項德禎　一池，選入《四書説評》
郭　偉　洙源，選入《四書説評》
牛應元　春宇，選入《名家理學》
袁宏道　中郎，選入《白蘇齋集》
王家佐　無欲，選入《古今一屑》

曾鳳儀　金簡，選入《南詢紀録》
何棟如　天玉，選入《世學要語》
金汝聲　禹門，選入《彙編則言》
劉萬春　衷孕，選入《守官漫録》
焦　竑　澹園，選入《焦氏筆乘》
何棟如　天玉，選入《廣陵會語》
丘宗孔　希尼，選入《故事統宗》
唐宗謣　士雅，選入《四書微言》
繆昌期　當時，選入《四書九鼎》
顧夢騏　如直，選入《樂學會約》
程　泮　子芹，選入《彙編則言》
李　祜　守業，選入《樂學會約》

［附］心齋弟子謀梓遺集尺牘

董燧寄王衣、王襞書：

曩約師尊《遺集》，不知今與朱圖翁作何擬議？日望，未見音示。或商訂尚未定耶？或阻絶於兵戈爾？

仰師尊立本之學，通天下，傳萬世；自愚夫愚婦以至聖人，可措之日用常行，不費氣力，凡夫可造神妙者，此也。孔、孟的脈何以逾此？雖不假文字，而道自在。但今見而知者有限；聞而知者多，又不得其真也。以故海内有志之士咸以不見全書爲恨，爲此書不容不傳也。煩兄與圖翁留意留意，能過武夷共一訂之尤妙。弟考滿當在明秋，稍遲，恐不及矣。

張峰寄王衣、王襞書：

生處師門，極承至愛。既不能共襄大事，踰年而後走吊，罪不容逭！况復辱賜教，何敢當？竊以師之特起東海，悟孔、孟不傳之秘，雖其道未能大明於世，豈容以不傳於天下後世哉？顧師旨不以言語爲教，然愛禮存羊，世必有興焉者也。

夫《語録》固嘗面致意焉，但師生身出處還須詳録一册，以修《年譜》，如師某年生，一歲何如，三歲至九歲、十歲何如；某歲自悟，爲學其詳何如；某歲見陽明夫子，於某處聞良知之教，其詳何如；某歲造車適京師，其詳何如；某歲遭内臣某取鷹事，其詳何如；某歲何以濟荒；某歲悟格物之學；某歲遭葬；某歲卒。其中凡有所知者，一一書之，以備纂修。此其至要，兄可急記之。則凡爲傳爲銘，皆有稽焉。

生至任必差人來取，千萬加意。

（張峰）再寄王襞書：

先師遺稿及諸祭文，今已將入梓，請兄速將各原本親過江浦，一面訂之，庶無後悔。更《語録》及詩文有可録者，收拾持來。專候。

此實吾兄至孝之實行，決不肯草草者。

（張峰）三寄王襞書：

先生《語録》，前與竹山略有定本，但未爲完備，須補其所未及，乃成全書，可以傳也。

還約親訂，何如？

生更無別本，請即發之。

（張峰）四寄王襞書：

先師教録，向已入梓矣。近蒙疏山公重加校正，其中未免有去留。此公於先師甚是尊崇。

餘當面論。

（張峰）五寄王衣等書：

先師《遺録》已刻完，先送十部存覽。

其序文難有作者，姑俟圖之。

以二奏疏而爲編首，蓋趙大洲意也。然先師能言者，亦惟大洲。

南翁師《祠記》當修書催請之。

不盡。

徐樾寄王衣等書：

仰愧師門，未能身明此學，以大行於天下，以繼先師無一民不明不覺之志。且允負銘狀之委，未能慰二兄孝子之心。一則愧不能贊吾師之美，一則以吾師之學關於繼往開來，每臨文竦懼，未引筆而長歎也。

其竢之哉！與海内豪傑同入聖域，登尼父堂，明先師學，庶其無謬也。二兄諒予衷哉，予亦日孜孜也。

（徐樾）再寄王衣等書：

承委老師銘狀諸事，弟具狀、趙大洲爲銘、王龍溪作傳，更請東郭公表墓道也。此皆弟輩責任，兄無累念也。

卷七

心齋先生弟子師承表序（節録）

袁承業

余於丁未（一九〇七）重編訂鄉先哲王心齋、一庵、東厓三先生遺集時，見心齋、東厓集尾各附弟子姓氏録兩葉，而一庵原集目録中載有《弟子姓氏録》，久已損失，惜哉！姓氏下有詳載事實者，有不詳者。初擬照原抄録，仍坿於集尾。厥後校勘心齋等集，參閲群書，每見心齋弟子往往出於原録。留心採摘，日積月累，竟成一册。較諸原録，增廣數倍，特編一表，定名曰《心齋弟子師承表》，以翼諸集之行者。

表分五傳，傳各有所據，間有據而未確者，即於傳中注一「附」字以别焉。凡表中所得諸賢，有已載《明史》及傳播各集者，止書其師承學説、節義大要而已；有孤高沉冥、遯世不見者，雖得隻字半解，必全書之；有止載姓氏、字、號、住址者，悉照原本書之。

斯表之編也，始於己酉（一九〇九）十月，畢於除夕甫草成之。……迨至庚戌（一九一〇）六月，始脱清稿。計得諸賢四百七十八人，可謂盛矣！上自師保公卿，中及疆吏司道牧令，下逮士庶樵陶農吏，幾無輩無之。原注：據表中，以進士爲達官者三十六，以孝廉爲官者十八，以貢士爲官者二十三，以樵陶農吏爲賢士入祀典者各一人，餘以士庶入鄉賢祠者不乏其人。然弟子中載入《明史》者二十餘人，編入《明儒學案》者三十餘人。考諸賢所出之地，幾無省無之。原注：據表中，江西得三十五人，安徽二十三人，福建九人，浙江十人，湖南七人，湖北十一人，山東七人，四川三人，北直、河南、陝西、廣東各一人，江蘇本省百數十人。考明之行省，所缺廣西、雲南、甘肅三省耳。且弟子中爲三省之官者甚多，豈肯安得無三省之人耶？余搜羅未廣，遺漏頗多。

先賢黃梨洲謂陽明之學得心齋而風行天下，於斯可證。抑心齋弟子柄國政、處大難、決大疑、操大節者，不可勝計，於表中可概見也，無待贅述。

惟編斯表以師承爲宗，當以師承風誼攸關者提敘一二，以顯其行。……師承感應之道，先後勿替。若非心齋立本之旨，何得錙株不爽如此？竊謂今之學堂林立，師徒徧天下，在在喜言感情，究之所感者何事？儻亦有鑒於此乎！

呼呼！心齋先生毅然崛起於草莽魚鹽之中，以道統自任，一時天下之士率翕然從之，風動宇內，綿綿數百年不絕，自覺之人非言語莫爲功，孰謂空言無補於世教哉？

宣統二年（一九一〇）冬月，東臺後學、布衣袁承業自序。

弟子録

四方從遊甚衆，世遠難悉記。其可考者如左。

林春，字子仁，號東城，本州人，及門最早。安貧樂學，不苟取與，行文不費思索。中嘉靖壬辰會元，終養母，仕吏部文選司郎中。卒官，遺橐金四兩，其清介如此。著《東城文集》。崇祀鄉賢。

王棟，字隆吉，號一庵，先生族弟也。初師事州守王瑶湖，由歲貢選江西南城學訓，主白鹿、正學書院，署縣事，授山東泰安州，調江西南豐教諭，陞山東深州學正，署州事。南城有兄弟告爭家財，諭以「難得者兄弟，易得者田土」，感於至情，終身共爨。講學，人有得師之慶。時大儒如王龍溪、錢緒山、羅念庵等，皆其執友也。卒年七十有九。著《一庵文集》。跡載郡志。崇祀鄉賢。

袁杉，字子材，號方洲，本州人。十二歲入郡庠，三十領鄉薦。剛直孝友。仕閩中，宰有聲。

陳芑，字實夫，號美齋，本州人。文行俱優，磊磊無世俗情。歲貢生，河南新鄭學訓。著《論孟類聚》。

張淳，字濟化，號此庵，本州人。坦夷端謹。嘉靖丙午舉人，宰湖廣松滋，因公謫判河南許州，尋轉蘭陽令，復調山東范縣。所在以學勵士民。

李珠，字明祥，號天泉。先世居江西，父樂庵遷泰。珠少爲州吏，及瑶湖王公蒞州，聞講學有感，遂棄吏遊師門。竭力事母，不以貧故失禮。母殁，葬啓壙，得天全錢百緡，人皆以爲孝感云。年三十有九卒。

戴邦，字維新，號奎泉，本州人。端和勤敏。歲貢生，應天江浦學訓。

此上七人暨私淑門人羅汝芳、陳履祥、郝繼可，先生長子衣、仲子襞、四子補、宗孫之垣，俱配享吴陵崇儒祠。

徐樾，字子直，號波石，江西貴溪人也。舉進士，官淮南。篤信師學，常稱引，以風有位。至雲南左布政，剿亂苗，没於陣。著《日省仕學録》。子辔，官兩淮運同，復師先生仲子，綽有父風。

朱軏，字惟實，號平齋，本州人。爲諸生時侍先生，寒暑不間。由鄉貢尹□□高陽。

朱恕，字光信，號樂齋，本州本場樵子也。家赤貧，性孝，每食精者供母，而自裹糠粃爲樵糧，行而歌曰：「離山十里，薪在家裡。離山一里，薪在山裡。」先生謂弟子曰：「邇言可省也！求則得之，不求，雖近，非己有。道猶薪也。」恕有味於是言，樵畢輒詣門，弛擔聽講。同門宗尚恩惠以金。手其金，須臾大恚，曰：「子非愛我者！我有此，此衷經營念憧憧起矣，不幾斷送我一生哉！」力卻之。後學使胡植氏召見，不往；假役檄督之，乃得一見。司馬耿公爲之傳。卓哉，髦士也！

宗部，字尚恩，號凡齋，本州人。家素豐，質而好義。初奉例王府審理，聞師學解官，粗衣糲食，泊如也。贈金朱光信，不受，因常給衣食以供朝夕。其樂於推解，類如此。

崔殷，字邦實，號兆洋，本州人。隨悟隨行，不事口耳。先生以大器許之。後鹺使周公造廬請益，旌其門曰「篤學真修居士」。

梅月，字子恒，號鶴皋，本州庠生。夷然闇修，言行允協。半世鰥居，雅重曾管之義。

周魁，字文魁，號南泉，本州人。和厚不染塵囂。幼弱疾。年九十有一卒。

此上七人暨林春、李珠，私淑門人韓貞、林訥、周思兼，先生族弟棟、次子襞、三子禔，俱配享東淘精舍祠。

周良相，字季翰，號合川，湖廣道州人。濂溪先生後裔。官揚州府同知。

朱篴，號思齋，浙江山陰人。泰州知州。

林庭樟，福建莆田人。泰州同知。

傅珮，興化縣知縣。

董燧，字兆時，號蓉山，江西樂安人。南京刑部郎中。

聶静，字子安，號泉崖，江西永豐人。兵科給事中。

張峰，號玉屏，江西泰和人。江浦知縣。纂先生《年譜》。

朱錫，號罔泉，丹徒人。漳浦縣教諭。

殷三聘，號覺軒，江都人。官府判。

孫雲，號淮鶴，江都人。鄉科。

陳淑，字汝嘉，號曲塘，本州人。湖廣江陵縣丞。

劉啓元，字善甫，號中橋，本州人。湖廣松滋知縣。

黄鶚，字子薦，號竹岡，本州人。户部員外郎。

羅楫，字汝用，號濟川。

程伊，號鹿坡。

程倖，鹿坡弟。

喻人俊，號同川。

喻人傑，同川弟。

黃文明
六人俱南昌人。
顏鈞，字子和，號山農，永新人。羅近溪及門師事焉。
胡太
丁惟齡，字懷德。
俱會昌人。
董高，婺源人。
程宏忠，號天津，著《雅音詩集》。
陳應龍
俱歙縣人。

汪廷相

汪樸

俱祁門人。

王汝貞，字惟一，號樂庵。郝桐浦師事焉。

吴標，字從本。

吴柄，從本弟。

俱涇縣人。

吴怡

陳佐

俱丹徒人。

盧先瑞，新金人。

王志仁，字居淑。
田汝登，字薦甫。

李才，字宗德。
李瑶，字尹祥。
李璽，字季祥。
俱天泉弟。
蔣勤，號拙齋。
六人俱本州。
張士賢，字希聖。貴溪人。
王俊，號緑湖。江都人。
許鳳，字鳴周。如皋人。

崔賓，字國然。
崔便，字邦濟。

周盤，字崇壽。先生妹丈。
季宦，字存海。
周延年，字文長。
徐相，字來聘。
周佐，字邦臣。
季信，字存爵。
以上俱本州各場人。
王社，字宗宜，號瀛槎。先生從姪。山東典膳。
王樞，字成之。先生族姪。
王卿，字守爵。先生族姪孫。
林曉，字養初，號仰城。東城長子。

劉登瀛
朱相之
徐賢

陳茂

王貞

袁楫

方穎

鄭子珞

鄭相

鄭潭

鄭潔

鄭瑨

喻蘭

龔邦佐

胡琇

盧大旅

盧化

盧皞

周鈞，字重夫。

周侃

周鎮

崔藻

崔鵬

崔舜

周澄

崔賀

崔鶡

崔希孔

崔希麟

童開堯，號静軒。

宦宗仁

宦宗義

王紹

王鳴鳳
王恭
王澡
王嘚
王相
王式
陸位
陸儒
李彬
李敬
李栻
吴昱
吴承宗
韓章
韓登

方一純

雷泰

雷柯

朱露

朱克悌

涂卿

彭楫

永倫

馬恕

馮廉

繆洧

高恩

喻鳴鳳

戴恩

夏鷃

黄應龍

徐勳

唐賓

劉世禄

梅植

丁榮

楊南金

此上七十人據奠軸載記。其里居事蹟未詳。

羅汝芳，字惟德，號近溪，江西建昌人。師事永新顔山農。獨會簡易宗旨，發明曉暢。與其講席者，不問工賈傭隸，皆鼓蕩飛躍，如坐春風。進士出身，仕至雲南左參政。謚文恭。著《羅子全集》。

楊啓元，字貞復，號復所，湖廣人。師羅近溪。官禮部侍郎。

陳履祥，字光庭，號文臺，祁門人。師羅近溪。居九龍山，門徒盈千，學者稱九龍先生。歲貢生。年七十卒。著《四書會通》、《九經翼》、《龍華審證》諸書。

郝繼可，字汝極，號桐浦，和州人。師事涇縣王棨庵。由歲貢選泰州學訓，立會崇儒祠，闡明師學。卒於官。咄咄拔俗，士林稱之。

韓貞，字以中，號樂吾，興化人。初業陶，聞樵者朱氏風，從先生仲子學焉。倡道化俗，胸次怡怡。時遇知交聚講，扁舟歘[一]乃，與群弟子歌聲相應，見者悦慕之。縣令遺以金米，受米而還金。所居數千家，一無訟牘煩公府。年七十有七卒。崇祀鄉賢。著《樂吾詩集》。初年有「三間茅屋歸新主，一片煙霞是故人」之句。

林訥，字公敏，號白宇，福建莆田人。初卜賈淮南，卜者曰：「卦象利，伏而得朋。賈事平平，當有異人可宗也。」至興化，遇韓以中糊口陶業，遂與其學，有成。會倭寇閩中，家没無所歸。卒於泰之東臺場，年八十有四，其門人王元鼎等葬之。

周思兼，字紹且，號得齋，本場文魁嫡姪。師先生仲子。和介不惑時論。郡庠生。

唐珊，字可珍，號靈臺，本州人。師本州陳美齋。

陳魁類，字明德，江西清江人。

吴士賢，字與齋，本州人。

〔一〕「歘」，疑乃「欸」之訛。

汪有源，字維清，太平人。

施宏猷，字允升，宣城人。

吴光先，字孝昭，休寧人。郡庠生。

以上八人俱師祁門陳文臺。

此上，私淑門人凡十有三。

王衣，字宗乾。

王襞，字宗順。

王褆，字宗飭。

王補，字宗完。

王裕，字宗化。

五人先生子也，皆能恪遵庭訓，而宗順尤敏博沖純，少遊王文成門，長師王龍溪、錢緒山，倡明家學，獨得其傳。李文定公春芳、淩中丞儒交薦隱逸。知寧國府羅汝芳、知蘇州府蔡毓吾聘主書院。尚書耿公定向、修撰焦公竑皆待以師友之禮。年七十有七卒。著《東崖文集》。崇祀鄉賢。

配享弟子列傳〔一〕

東淘精舍祠配享十五人：林春，徐樾，朱軏，朱恕，李珠，宗部，崔殷，梅月，王棟族弟，王襞仲子，韓貞，林訥，周魁，周思兼，王禔三子。

吴陵崇儒祠配享十四人：林春，王棟，袁杉，陳芑，張淳，李珠，戴邦，王衣長子，王襞仲子，羅汝芳，陳履祥，郝繼可，王補四子，王之垣宗孫。

兩祠計二十五人。倡學安豐則祀之精舍祠，倡學泰州則祀之崇儒祠。私淑者，身先生之道以開來學，祀亦如之。惟林子春、王子棟及門最久，闡著益大，故兼祀之。以至爲子若孫者，必品粹論定，或獨得家傳，或濬發宗旨，或闡釋書易而恪遵庭訓，或節義自持而敦睦族人，皆光先之器也，併祀之，以勵後人。

林春，字子仁，泰州千户所人，登嘉靖壬辰科會元。爲諸生時食貧，織屨供朝夕，取與不苟。遊師門，心地大開，任筆行文不費思索。擢南宫第一，仕至文銓郎。歸養母，三年未嘗以事干州

〔一〕底本、和刻本、全集本均無，此據萬曆本輯録。

郡。餽遺，非禮者不受。歲入不能贍，而好賙與。與鄉人處，恂恂如故儒生也。起，卒於官，得槖金四兩，其清介如此。毘陵唐荆川爲之誌，曰「子仁爲人，非心齋不師，非龍溪不友」云。所著《東城文集》行世。

猗歟子仁，師門赤幟。隱居清操，弗縻於仕。堂堂官箴，嚴然斯志。並祀鄉賢，可風淑世。

徐樾，字子直，江西貴溪人，由進士歷官。淮南執弟子禮，倡師學風，有位。後子瑩官兩淮運，同師事仲子宗順，父子不挾貴如此。嘗題師墓，作《別傳》。仕至雲南左市政，擒苗兵倡亂，苗以象攻，躪躒焉，悲夫！所著《日省仕學録》藏於家。

嗟彼子直，貴溪之英。宦色都去，肩道是承。世不挾貴，庭訓兢兢。雲苗搆祟，無添爾生。

朱軏，字惟實，草堰場人，由鄉貢仕高陽縣尹。爲諸生時，宿春聯榻安豐，寒暑不問，必盡得師傳後已。以故草堰斥鹵，皆知北面安豐，其朱爲之倡也哉。

相彼惟實，猶吾灶丁。惟實人傑，堰乃地靈。安豐一脈，草堰與京。朱氏之著，令鳴學鳴。

朱恕，字光信，草堰人，受廛安豐，日樵薪易麥糈，擇精者供母，而裹糠粃爲糗以樵。一日過師聞而行吟曰：「離山十里，薪在家裡。離山一里，薪在山裡。」師聞而奇之，謂門弟子曰：「小子聽之，途言可省也。道，病不求；求則得之，不求則近非已有也。」樵味師語於心，每往必詣門熟聽，饑取水和糗以食，倦委樵蕘趺坐。先，師門有宗姓者惠數十金代蕘苦。樵手其金，徐大恚曰：「子非愛我！我目此，此衷經營憧憧起矣，不幾斷送我一生哉？」力卻之。後成醇儒。學使胡直氏數欲召見之，不得。楚耿司馬爲之傳。

卓哉光信，聞道尤奇。一樵之子，識者頗希。偶吟過閭，天啟其機；豁然而悟，聖胎賢胚。

李珠，字明祥，江西李樂庵仲子，世居泰州。幼習儒，少爲里僉，克農民事。州大夫王公瑶湖臣聞學有感，遂棄吏遊師門。勇決嗜學，孝友異聞。後精醫，所受治病儀物悉奉母，給諸昆婦。年三十有九而卒。事親極孝。母歿，貧不能葬，及期，數日前啟壙，得天全錢丹緡。李號天泉，壙與錢合，人皆以爲孝感。

明祥李子，芳行可傳。蘭曹棄茉，孔孟決□。篤生友孝，俗垢靡攣。異哉葬母，壙錢天全。

宗部，字尚恩，草堰人，業儒，奉例某王府審理。素性磊落，好施。聞師學解官，一切世味不掛胸臆，粗衣糲食，有從遊四方之志。生平喜怒不形於色。嘗贈金樵朱，朱麾之，爲之給衣食、供朝夕如常。治家有法，迄今凜然。

審理尚恩，是謂知務。道德以榮，禄爵弗騖。贈金樵者，麾之不顧；贈者怡然，友共忘怒。

崔殷，字邦實，富安場人，業儒。賦性剛毅，制行樸雅。少聞師講學，執贄就見，隨悟隨行，不事口耳，師稱以大器局户。浩歌誦讀，暮年不倦。鹽司周海門公造廬請益，旌其門曰「篤學真修居士」。初與仲子宗順友善，順念良厚開家，以子妻其子希翰。

懋哉虎墩，邦實彬彬。師友姻婭，一脈海濱。所謂大器，惟崔是因。淮南之緒，豈曰無人？

梅月，字子恒，富安人。年十八遊郡庠，聞師樂學、勉仁之訓，大有契悟。夷然闇修，鰥居半世，行年八十。一言一動，允協鄉評。鹽司周公雅重之。

虎墩之丘，乃生梅子。占彼梅氏，子恒之齒。少采蘋泮，鴻操可止。岡陵德邵，惟天眷只。

王棟，字隆吉，一世祖國瑞六代孫，先生族弟，析居泰州姜堰鎮。由鄉貢出身，歷江西南豐、豐城學訓，升山東深州學正。身明家學，出處一心。振鐸豫章，兩聘主（白）鹿洞正學書院。築講院於南臺，士民興起。擢深州，乞休。創歸裁草堂，倡族人建宗祠、明譜系。年七十有七。議入鄉賢。所著《一庵遺集》行世。

斯文崛起，毓秀吾宗。東淘祥發，三水景從。一脈伯仲，千載志同。兄師弟弟，掌握辟蒙。

王襞，字宗順，先生仲子。師事浙江龍溪王公畿、緒山錢公德洪。年九歲，與先公遊學江浙，陽明見而奇之，卜其有載道器。性敏慧，五經、群書靡不詳説。沖和灑落，純粹中正。倡明家學，獨得其傳。昭陽李太師、海陵淩都憲交薦隱逸。開門授徒，啟韓貞等諸子，恍若先公。輯先公《語録》《年譜》。晚年倡族人立宗會，明譜牒。年七十有七。議入鄉賢。所著《東厓遺集》行世。

秣陵太史焦公贊：夫君起東海，高論鏘琳球。陳義狎六籍，浩氣吞斗牛。片言指顧間，四座皆回頭。

韓貞，字以中，興化縣人。居蓬屋三間，陶甓爲生。常假貸於人爲甓，壁壞爲兩壤，負不能償，並蓬屋失之。居破窯中，聞樵者朱氏風，從之學。卒業於仲子宗順，漸識字，粗識文史。嘗自詠曰：「三間茅屋歸新主，一片煙霞是故人。」簞瓢屢空，衣若懸鶉，晏如也。年三十始娶，與其妻買莆織鹽囊，易糈給朝夕。學有得，毅然以倡道化俗爲己任。工賈傭隸鹹從之，化而善良者以千數。縣尹屢舉鄉飲，錫深衣幅巾，扁額門閭。年七十有七，祠於鄉，春秋特祀，從祀鄉賢。耿司馬爲之傳。所著《樂吾詩集》行世。

於維韓子，崛起昭陽。河濱是業，陶甓生光。聞樵風起，作聖升堂。於千配祀，云胡可忘。

林訥，字公敏，福建莆田人。初卜賈淮南，占者曰：「此去平平，乃有奇遇。」林異之，遂往。婚事昭陽韓以中，肄陶業，食貧，有韓氏風。當嘉靖甲寅，倭寇闖，舉家就燼，無所歸。業於仲子宗順，獨得其傳。倡學海甸，老而忘倦。年八十有四，卒於東臺場門人劉源宅，門人王嘉第、王元鼎謀葬安豐里多子宗舫墓側。所著有《漁樵答問遺集》行世。

偉哉公敏，毓秀莆閩。海濱托跡，狎主道盟。豈曰無家？道宅是憑。寧曰無後？弟子亭亭。

周魁，字文魁，周公魯五代孫，本場人，業儒。性醇厚，居鄉以和絶塵囂，教子侄有禮。聞師學，敕侄周思兼讀書當法孔、孟。幼多弱疾，得道勿藥，年九十有一。仲子宗順以詩輓之曰：「憶昔師門抱病趨，躋年九十不笻扶。應知此學能康壽，不獨先生善保軀。秋滿虛堂孤夜月，林空萬木鬥雙烏。一生消受終歸盡，問爾行持今在無。」

綽彼文魁，混焉人類。衆多不醒，爾獨不醉。周有傑才，祀禋堪配。登之俎豆，受之無愧。

周思兼，字紹旦，周公魯六代孫，文魁嫡侄。師事仲子宗順，主會精舍祠，毅然以正己率物爲己任。處子侄，和鄉人，綽有叔父風。闡格物宗旨，褫時論不顧。年六十有二。所著《遺集》、編校《公魯詩》行世。

周有紹旦，志亶姬公。數千餘歲，誰接厥宗？續兹正學，萬世攸同。從今想像，紹旦在躬。

王禔，字宗飭，先生三子，業儒。師事浙江龍溪王公畿。性孤高，行峻絶，處末俗，激不能容。有友目之，曰：「宗順，一個明道；宗飭，一個伊川。」不虚云。體父志，蚤年鬻産捐賑，創義倉，倡宗會。得嗣最脱，以妻妾妒，一時併去，鄉人咳舌。年六十有九。所著《遺録私繹》、《詩集》行世。

子賢父聖，師友一堂。伊川節槩，宗飭多方；渾然明道，宗順洋洋。弟惟伊川，明道增光。

袁杉，字子材，泰州人。年十二歲遊郡庠，三十領鄉薦。性梗直剛介，不詭隨投時好。敦廉恥，振士風。孝繼母，事獨兄，葬祭一遵古禮。出宰同安留去思，閩中推清白吏。歸隱林壑崇節義，鄉評稱烈丈夫。年七十三，屢舉鄉飲大賓。

子材足法，堪爲後模。剛直其性，孝友居多。惠施司牧，筠節同稱。孝廉再起，屈指匪宅。

陳芑，字實夫，本州千户所人，由歲貢授河南衛輝府新鄉縣學訓。弱冠入庠，素厭温飽之志。聞師道，深探樂學之源。文行俱優，生徒尤衆。任官闡大儒體仁格物於兩河，居鄉啟唐珊正己率物於奕世。蚤年與長子宗乾友善，嘉其世克家學，以子妻其子王之垣焉。年六十有一卒於官，新鄉諸生爲之悲悼。所著《論孟類聚》行世。

吴陵毓秀，間生實夫。不侈稽古，磊落爲徒。一透師學，醇乎其儒。王庭有貢，居然蘇湖。

張淳，字濟化，泰州人，領嘉靖丙午鄉薦，筮仕松滋縣尹。心坦夷行，端謹甘貧，嗜學孝親，廬墓有朱鵲奇丹之瑞。處弟義讓，泣不異居。仕以國課未滿，謫判河南許州，尋轉蘭陽縣令，以亢直忤當軸，復調山東范縣，遺去思碑歸隱。仕治士民時，通省訊明，師學得民心如此。

濟化張子，青紫之英。安貧樂道，時流訝驚。當官亢直，喜怒不形。賢哉令尹，勗我後生。

戴邦，字維新，本州人，由歲貢授應天府江浦縣學訓。講明正學，透悟良知，端嚴律身，和厚禦衆。善事兄，見獎撫臺；能課士，留芳浦庠。恬退閭里，扁稱「林下一人」。遺論膾炙士口。相彼維新，惟其知學。貢髦云夥，亦多寂寞。恥爲鄉人，必學先覺。澹然青瑻，聲施灼灼。

王衣，字宗乾，先生長子，以師事父。天性剛方，存心仁厚。幼奉庭訓，悟物有本末之物，啟先公之首肯。長遊越中，會知必良知爲良，雲夕陽明之獎重。不阿諛，絶外誘，甘恬退，勵清修，君子路上人也。先公歿，率諸弟群聚講學，會友四方，不墮家聲。精楷書，法帖陽明。督耕煎，裕家計，供父遊贍之需。有友目之，曰：「宗乾，心齋一個孝子；宗順，心齋一個肖子。」不虛云。先公做物有本末之學，無宗乾，是不治生而凍餒其身者有之矣。年五十有五，弟宗順爲之誌銘。格物一竅，宗乾啟聰。内顧弗廑，熟慮以從。不有克孝，克肖將庸。卓哉宗乾，孝友兼隆。

羅汝芳，字惟德，江西建昌人，由進士歷官寧國知府。師事永新顔子和，學宗易簡，發明孝弟慈。兼善天下，不問工賈傭隸，無一人不鼓蕩飛躍。時與講席，同堂如坐春風中。仕至雲南左參政。謚文恭。公傳道楊貞復、陳履祥，祠祀金陵。所著《羅子全集》、《仁孝仕學訓》諸書行世。

魚躍鳶飛，生生趣味。挺生羅子，悠然獨會。甘雨和風，祥雲日瑞。盱江發源，淮南之匯。

陳履祥，字光庭，祁門人，師事羅惟德，學主見性，教著大成。淮南一脈，轍跡幾徧宇內。輯陳子九經，門徒盈半，尼丘自許再來，東西南北一人，人稱「天學老人，千秋素相」。居九龍山，學者稱九龍先生。由歲貢待選於部。文江鄒爾瞻思聘主白鹿洞教，未授。年七十卒於京師，歸葬於家，門弟子携衣冠葬雲山洞，祠之。生前遺《九經翼》於金陵雨花，創依仁齋於耿公祠。所著《九經翼》、《四書會通》、《龍華密證》諸書行於世。

天生光庭，新都突起。接派盱江，淮南其委。大成之教，九經翼紀。關閩重開，濂洛洞啟。

郝繼可，字汝極，直隸和州人。年十四，師事涇縣王惟一；嗣師秣陵焦弱侯。爲人嚴毅沉雄，律身森然，處世坦如，取與不苟。驅混流俗，學宗東越，教本淮南。由歲貢授泰州學訓，立會崇儒祠，闡明師學。視同志如父子，辨學旨若鞫訟。官僅千日，未嘗干瀆有司，辭寒士之贄，絕私交之饋。吴陵嘖嘖稱曰：「郝公居官、倡學，酷肖林東城公也。」無何亦卒於官。永訣之日，遺訓同志、兩子，士林如喪考妣，通國咸動悲哀。鄉達劉公時雍私謚文節先生。年六十有四。太史焦公爲之墓表。生前自題小像云：「粤惟郝生，髮短心長，氣雄性烈。蚤志聖賢之學而獨得其宗，壯抱匡濟之才而未酬其策。不磷不緇，無友無側。節松僅比其堅剛，寒潭僅似其清澈。有英契而六藝之旨歸益明，雙眸豁而百代之藩籬頓撤。非佛非仙，非楊非墨。星斗在懷，乾坤是握。汪洋萬頃，洙泗一脈。嗚呼！生既無生，去復何説？獨往獨來，浩然與天地日月而常存。是謂郝生之大歸結。」所著《桐浦集》行世。

咄咄汝極，峻絶其操。秋潭寒肅，甘霖春膏。介石之貞，力砥波濤。咄咄汝極，水長山高。

王補，字宗完，先生四子，業儒，師事鎮江朱公圜泉。賦性敏提，器宇俊雅。蚤年撰《安豐場城池圖》；請賑救荒；纂《族譜》、《明天文星宿圖考》。精《易》學，閑詩歌。享年五十。所著《周易解》、《詩集》行世。

父作子述，濟濟賢良；兄明弟秀，宗完遞昌。地輿星宿，撰纂精詳。周易遺解，述繼之光。

王之垣，字得師，先生宗孫。父師仲子宗順，廩郡庠。性生軒朗，骾介不隨；持節義，不協勢位；敦倫紀，力回澆風。室瞽蚤世，鰥不再娶。臨貢能讓，薄視功名。學使屢舉行優，當道交旌門額，嘉其克紹道脈，敦義崇讓。暮年纂修《族譜》，明世系，以竟先志。享年七十。會友吴公士賢私謚孝義先生。所著《性鑑摘題》，子元鼎爲之印《心行槩》行世。

粤維得師，居然孔伋。行多孝義，蓋可思繹。梁鴻之操，恭叔可及。用之光先，後天赫赫。

卷八

心齋先生學譜〔一〕

王士緯

序

心齋先生，予之七世祖也。其生平爲學，推本良知，躬行實踐，明格物知本之要，充萬物一體之仁。而其教人之法，啓以機鑰，導以固有，故能使頑廉懦立，感及齊氓。此陽明所謂「真學聖人者」也。

予早年至泰城崇儒祠，瞻拜其遺像，輒心儀之而未敢忘。竊欲搜其遺集，薈萃成編，冀有以發揚而光大之。顧始以角逐名場，困於舉業，嗣又觀政外部，勞於簿書，卒卒無須臾之閑得竭志意。近雖欲從事研討，而年齒日增，精神日減，深愧有志未逮焉。

〔一〕據民國三十一年（一九四二）刊《心齋先生學譜·附一庵東厓兩先生學述》輯録。

今年夏，族弟心織以所撰先生學譜示予，並屬予爲序。予展讀數過，覺其分條析理，提要鉤元，非好學深思，心知其意者，固未易辦此也。是編之成，公諸同好，不獨使先賢墜緒燦然復明，並可使有志斯學者犁然如津之有梁、舟之有舵，咸知所趨向矣。豈僅一人一族之私幸也哉？因樂爲之序而歸之。

時在民國三十一年，歲次壬午，夏五月，王翌儒道明甫謹序。

自序

余年十齒，先君子劍秋公題余小影，有「立志須知學大人」之句，因舉先祖明儒心齋先生修身立本之旨訓余，謂「大人者，正己物正」，謂「天民隨命，大人造命」。愧行能無似，未能仰副慈望，有所樹立。

第惟「造命」一詞，視世所謂「革命」者尤具有建設意味。且行貴反己，亭林氏身經國變，其論學乃以「行己有恥」爲要。居今日而欲挽頹風、匡末俗，先生之學曷可妄擬爲迂遠而遂少之也？

頗思掇拾遺文，列其綱領，參稽群籍，明其指歸，用興觀感而彰廢墜。乃書缺有間，又服官京師，碌碌爲簿書所苦，而烽燧迭警，奔走靡寧，荏苒十年閣筆者再。今春息影里門，舌耕偶暇，檢閱舊篋，零稿僅存。伯氏粹伯見而讓余曰：「弟蹉跎若此，得毋負先人庭訓諄諄之意乎？」余聞言滋懼，敢弗自勵？遂不揣譾陋，略加比次，亟足成之書。仿李紱《陸子學譜》例，分「傳纂」、「學述」、「著述考」、「學侶考」四篇，名曰《心齋學譜》，藉以見先生修身淑世之概。附一庵及東崖《學述》，紀先生家學也。

管窺蠡測，烏足發先生之學之全？海內宏達覽是編者，不棄其淺陋而是正焉，則幸甚矣。

壬午端陽，王士緯謹序。

目次

四　看書先得頭腦

五　格物有本末之物

六　修中以立本

七　修身以立本

八　大人造命

九　求萬物一體之志

十　修身講學以見於世

十一　善教

十二　安身

十三　進不失本，退不遺末

十四　學術宗源在出處大節

三、著述考

四、學侶考

講侶

弟子

一、傳纂 生於明成化十九年，卒於嘉靖十九年（一四八三—一五四〇）

先生姓王氏，諱銀，王陽明爲易名艮，字汝止。《年譜》揚之泰州人。嘗築斗室於所居後，坐息其間，號心齋，學者因稱爲心齋先生。徐鑾撰《傳》

其先伯壽，自姑蘇徙居泰之安豐場清乾隆四十年由泰州析置東臺縣，安豐隸東臺。伯壽生國祥，占灶籍，煮海。國祥生仲仁，爲場百夫長，先生高祖也。父玒，字紀芳，號守庵，古樸坦夷，里稱長者。母湯孺人生先生兄弟凡七人，先生居次。《東淘王氏族譜》

場俗業鹽，民不知學。先生以家貧幼綴誦讀。十四歲，湯孺人卒時，守庵公已五十餘，親老弟弱。十九歲即奉命商遊四方，經理財用，措置得宜，家道日裕。二十五歲客山東，過闕里，謁孔子及顏、曾、孟諸廟瞻拜，感激奮然，有任道之志。歸則日誦《孝經》、《論語》、《大學》，置其書袖中，逢人質義。《年譜》至「顏淵問仁」章，曰：「此孔門作聖功，非徒令人日耳也。」爲笏書四勿語，昕夕手持。耿定向撰《傳》

守庵公以户役早起赴官家，方急，取冷水盥面，先生見之，深以不得服勞爲痛，遂請以身代役。守庵公患痔，痛劇，先生傍惶侍側，見血腫，以口吮之。守庵公瞿然曰：「兒何至此！」痔尋瘥。里俗家廟多祀神佛像，先生告於守庵公曰：「庶人宜奉祖先。」守庵公感悟，遂祭告而焚之，因按文公《家禮》置四代神主祀焉。一日，先生喟然歎曰：「孟軻有言：『言堯之言，行堯之行。』而不服堯之服，可乎？」即按《禮經》製五常冠、深衣、絛絰笏板，行則規圓矩方，坐則焚香默識。每默坐體道，閉關靜思，夜以繼日，寒暑無間。《年譜》以經徵悟、以悟釋經，行即悟處，悟即行處。趙貞吉撰《墓誌銘》其初見陽明詩曰：「孤陋愚蒙住海濱，依書踐履自家新。誰知日日加新力，不覺腔中渾是春。」蓋自道其初期爲學之經驗也。

正德六年辛未，先生年二十九。一夕，夢天墜壓身，萬人奔號求救。先生身托天起，見日月列宿失序，手自整布如故，萬人歡舞拜謝。醒則汗溢如雨，覺心量洞明，天地萬物一體，自此行住語默皆在覺中。題其座曰：「正德六年間，居仁三月半。」趙《銘》耿《傳》論者謂爲先生悟入之始。甚或疑先生欲自行其學，恐不足動衆，遂飾佛家悟法華之説以證己學有所從來。劉光漢撰《傳》自注，見乙巳《國粹學報》實則先生僻處海隅，感民智淺陋，覺世之願根諸心而遂形諸夢，其後作《鰍鱔賦》有云：「肆前育鱔一礀，覆壓纏繞，奄奄然欲死之狀。忽見一鰍從中而出，或上或下，或左或右，或前或後，周流不息，變動不居，若神龍然。其鱔因鰍得以轉身通氣。少頃，忽見風雲雷雨交作，其鰍乘勢躍入天河，回視樊籠之鱔，思將有以救之。奮身化龍，復作雷雨，傾滿鱔礀，於是覆壓纏繞者皆欣欣然而有生意。」用以自況，大旨類同。

庚辰，先生年三十八，初見陽明。先是塾師黄文剛者，吉安人也，聽先生説《論語》首章，曰：「節鎮陽明公所論類若是。」先生訝曰：「有是哉？方今士大夫汨没於舉業，沈酣於聲利，皆然也。信有斯人論學如我乎？不可不往見之。吾將就正可否，而無以學術誤天下。」《年譜》告守庵公以啓行期。固請，繼以泣曰：「兒爲學十年，求友不可得，今幸遇其人，可無一會乎？」徐樾撰《别傳》。按，趙《銘》作「先生喜曰：『有是哉？雖然王公論良知，某談格物。如其同也，是天以王公與天下後世也；如其異也，是天以某與王公也。』」先生晚年始悟《大學》「格物」之旨，趙説待考。即買舟往豫章，以古服進見，相與究竟疑義，應答如響。遂縱言及天下事，陽明曰：「君子思不出其位。」先生曰：「某草茅匹夫，而堯、舜君民之心未嘗一日忘。」陽明曰：「舜居深山，與鹿豕木石遊居，終身忻然，樂而忘天下。」先生曰：「當時有堯在上。」陽明然其言，稍稍隅坐。講及「致良知」，先生歎曰：「簡易直裁，予所不及！」乃下拜稱弟子。退而繹所聞，間有不合，悔曰：「吾輕易矣！」明日入見，請再論，復踞上座。陽明喜曰：「有疑便疑，可信便信，不爲苟從，予所樂也。」又反復論難，曲盡端委，先生竟大悦服。陽明謂門人曰：「吾擒宸濠，一無所動，今卻爲斯人動矣！」《年譜》三日而告歸，陽明曰：「何爲爾亟也？」曰：「事親從兄，無非實學，何必遠遊乎？」曰：「孟軻氏寡母居鄒，遊學於魯，七年而學成。我力量不如子；學問路頭，我則先知之。」陽明嘗語門人曰：「吾今得見真學聖人者！諸賢其知之乎？」門人曰：「異服者歟？」歎曰：「彼法服也。舍斯人，吾將誰友？」徐《傳》

先生歸七日，復往豫章。過金陵，至太學前聚諸生講論。時，六館之士具在。先生曰：「吾爲諸君發『六經』大旨。『六經』者，吾心之注腳也。道具於心。道明，則經不必用；經明，則傳注不必窮。」聽者悦服。大司成汪閑齋延入，見其冠服不時，問曰：「古言『無所乖戾』，其義何如？」先生曰：「公何以不問我『無所偏倚』，卻問『無所乖戾』？有『無所偏倚』，方做得『無所乖戾』。」閑齋心敬而憚之。

先生故長於言。七歲受書鄉塾，信口談説，若或啓之，塾師已無能難者。武宗南巡，中貴矯上旨索鷹犬，横甚，里人惶恐，追咎爲慢佛故。先生躬往見中貴，中貴爲感動罷獵。後，歐陽南野聞而歎曰：「立談之頃，化及中貴，予不及心齋遠矣！」《年譜》

嘉靖元年壬午，陽明以外艱家居，四方學者日聚其門，先生爲構書院，調度館穀以居，而鼓舞開導，多委曲其間。已而，歎曰：「千載絶學，天啓吾師，可使天下有不及聞者乎？」因問陽明以孔子轍環車制，陽明笑而不答。歸家遂自創蒲輪，招摇道路。當是時，陽明之學謗議蠭起，而先生冠服言動不與人同，都人以怪魁目之。同門之在京者勸之歸，陽明亦移書責之，先生始還會稽。陽明以先生意氣太高、行事太奇，痛加裁抑，及門三日不得見。陽明送客出門，先生長跪道旁，曰：「艮知過矣！」陽明不顧而入，先生隨至庭下，厲聲曰：「仲尼不爲已甚！」陽明方揖之起。黄宗羲《明儒學案・心齋傳》

自是往會稽，侍陽明朝夕，歲以爲常。

乙酉，鄒東廓聘與廣德復初書院講席。丙戌，主講泰州安定書院。丁亥，會講金陵新泉書院。雨化風行，萬衆環集。先生抵掌其間，啓以機鑰，導以固有，靡不心開目明，霍然如牾得脱，如旅得歸。《二曲集·觀感録》開門授徒，遠近咸至。同門會講，必請先生主席。陽明而下，以辯才推龍溪，然有信有不信，唯先生於眉睫之間省覺人最多。《明儒學案·心齋傳》其爲人，骨剛氣和，性靈澄澈，音欬顧盼使人意消。往往别及他事以破本疑，機應響疾，精藴畢露。趙《銘》故頑廉懦立，感及齊氓，而化民成俗之功，且不在陽明下也。劉《傳》

陽明起制兩廣，卒於師。内變外釁，禍機叵測。先生迎喪桐廬，經紀其家，爲之托孤議姻，往返會稽、金陵間，終始其事者六七年。

己丑，巡撫劉節以隱逸薦先生，先生遺知州任洧書曰：「恭聞執事以賢舉僕矣，果如所舉，則不敢如所召；果如所召，則又負所舉矣。於此權之，與其負所舉，寧不敢如所召也。孟子曰：『有大有爲之君，必有所不召之臣。』僕固非不召之臣，亦不敢不願學也。」《答太守任公書》後八年丁酉，巡按吴悌又以逸民薦，先生曰：「疏山公薦疏中云云，亦理勢之自然也。求之在我，必有一定之道，當量而後入，不可入而後量也。若君相求之，百執事薦之，然後出焉。此中節之和，吾之道可望其行矣，吾之出可謂明矣。《易》曰：『求而往，明也。』若君相不用，百執事雖薦之，不過盡彼職而已矣。在我者雖有行，亦不過敬君命而已矣。前此諸儒忽於此道，至於入而後量，是以取辱者多矣。」《答林子仁》戊戌，揚州守劉愛山因先生弟子林春欲召見先生，先生曰：「《禮》『聞來學，不聞往教』。致師而學，則學者不誠矣；往教，則教不立矣。昔公山佛肸召，子尚欲往，而況其上者乎？欲往者，與人爲善之誠也；終不往者，以其爲善不誠也。使其誠能爲善，則當求於我，又何以召言哉？」《再答林子仁》進退不苟，風節凛然。居恒曰：「出必爲帝者師，處必爲天下萬世師。」或疑先生好爲人師，先生曰：「《禮》不云乎『學也者，學爲人師也』？學不足以爲人師，皆苟道也。」

丙申，御史洪垣爲先生構東淘精舍以居其徒。是年冬，守庵公卒，年九十三。

丁酉，先生玩《大學》，因悟「格物」之旨，以爲反己、自修皆是立本工夫，離卻反己謂之失本，離卻天下國家謂之遺末。同門不諒者謂爲「自立門户」，先生聞而歎曰：「某於先師受罔極恩。學術所係，敢不究心以報？」

戊戌，御史陳讓按淮揚，作歌呈先生，有曰：「海濱有高儒，人品伊、傅匹。」先生讀之，笑謂門人曰：「伊、傅之事我不能，伊、傅之學我不由。伊、傅得君可謂奇遇，如其不遇，終身獨善而已。孔子則不然也。」

己亥，吉水羅念庵造先生廬，居兩日，曰：「余兩日聞心齋公言，雖未能盡領，至正己物正，

卻令人灑然有鼓舞處。」《年譜》

時，先生多病，四方就學目益衆。先生據榻講論，不少厭倦。庚子十二八日卒，年五十有八。謚文貞初爲門人私謚，徐樾有《私謚議》一文。《觀感録》稱：「後欽謚『文貞』。」明刊本《全集》，書名頁作「皇明欽謚文貞公王心齋先生文彙」可證。議從祀孔子廟廷，明亡未果。《疏傳合編》有崇禎三年御允從祀勘議綸音子五：衣、襞、禔、補、褣。仲子襞，字東厓，能以心學世其家。

先生不喜著述。或酹應之作，皆令門人、兒子把筆，口占授之，能道其所欲言而止。趙《銘》先生卒後，門弟子編輯《年譜》、《語録》，有《心齋先生全集》行於世。

先生之學，始於篤行，終於心悟。李春芳《崇儒祠記》而要其篤行，非苟從之，謂：「有疑便疑，可信便信。」及其既信，則以非常之自信力而當下即行其所信。梁啓超《節本明儒學案》不復陷溺於陳言，不復自拘於流品。劉《傳》自信本於自尊。先生有言：「身與道原是一件。至尊者此道，至尊者此身。尊身不尊道，不謂之尊身；尊道不尊身，不謂之尊道。若以道從人，妾婦之道也。」「己不能尊信，又豈能使人尊信？故行有不得者，皆反求諸己。反己是格物底工夫，格知身之爲本，而天下國家之爲末。立其身以爲天下國家之本，則位育有不襲時位者。」《語録》至若「以經徵悟、以悟釋經」，「行即悟處、悟即行處」，是先生早年之悟；「我將大成學印證，隨言隨悟隨時躋。只此心中便是聖，說此與人便是師」《大成學歌》，是先生晚年之悟。劉蕺山曰：「王門有心齋、龍溪，學皆尊悟，世稱二王。心齋言悟雖超曠，不離師門宗旨；至龍溪直把良知作佛性看，懸空期個悟，終成玩弄光景。」《明儒學案》述《師説》先生之心悟，自又與懸空有别。

東厓稱先生之學凡有三變：其始也不由師承，天挺獨復，會有悟處，直以聖人自任，律身極峻；其中也見陽明翁，而學猶純粹，覺往持循之過力也，契良知之傳，工夫易簡，不犯做手，而樂夫天然率性之妙，當處受用，通古今於一息，著《樂學歌》；其晚也明大聖人出處之義，本良知一體之懷而妙運世之則，學師法乎帝也而出爲帝者師，學師法乎天下萬世也而處爲天下萬世師，此龍德正中，而修身見世之矩與點樂偕童冠之義，非遺世獨樂者侔、委身屈辱者倫也，皆《大學》格物、修身、立本之言，不襲時位而握主宰化育之柄，出然也、處然也，是之謂大成之聖，著《大成學歌》。《東崖集·上昭陽太師李石翁書》

先生嘗師事陽明於〔一〕豫章，而後深契陽明良知之學，以本心爲理，以私欲爲弊，而闡明良知本體則一本於自然；以百姓日用爲至道，不假安排，以道體爲至渾，以入道爲至易。劉《傳》鄒南臯元標曰：「或問泰州崛起田間，不事《詩》、《書》，一布衣何得聞斯道卓爾乎予曰：惟不事《詩》、《書》一布衣，此所以得聞斯道也。以泰州之天靈皎皎，既無聞見之桎梏，又以新建明師證

〔一〕「於」，底本奪，據萬曆本補。

之，宜其爲天下師也。竊嘗論新建有泰州，猶金谿有慈湖，其兩人發揮師傳亦似不殊。」《譜餘》黄梨洲亦云：「陽明先生之學，有泰州、龍溪而風行天下。」《明儒學案·泰州序引》

然先生以九二見龍爲正位，孔子修身講學以見於世者，未嘗一日隱也。蒲輪轍環意見，陽明之所欲裁抑者，熟處難忘。《明儒學案·心齋傳》梨洲雖謂爲於遁世不見知而悔之學，終隔一塵。而又曰：「先生曰：『聖人以道濟天下，是至尊者道也，人能弘道，是至尊者身也。道尊則身尊，身尊則道尊。故學也者，所以學爲師也，學爲長也，學爲君也。以天地萬物依於身，不以身依於天地萬物。舍此，皆妾婦之道。』聖人復起，不易斯言。」同上先生之不墨守師説，梨洲固心許之。其所以著《明儒學案》，乃爲先生別立泰州一系，不與於浙中、江右、南中、楚中、北方、粤閩王門諸弟子之列。

先生既以「身爲天下國家之本」，則正物者，實己身所負之責。劉《傳》「凡見人惡，只是己未盡善。己若盡善，自當改易。以此見己一身不是小，一正百正，一了百了。」《年譜》道寓於身，身尊則道重。「出不爲帝者師，是漫然苟出，反累其身，則失其本；處不爲天下萬世師，是獨善其身，而不講明此學，則遺其末，皆爲小成。本末一貫，乃合内外之道」。《語録》故「明明德以明體，親民以達用，又止至善以安身。知明明德而不知親民，遺末也，非萬物一體之德也；知明德親民而不知安身，失本也，其本亂而末治者，否矣，亦莫之能親民也；知安身而不知明明德、親民，亦非所謂立本也」。《語録》先生於明體達用而外，别樹「安身」一義。其所謂「安身」，實統夫明體達用而言。

先生又言：「天民隨命，大人造命。」此語亦前儒所未闡。造命者，人與天爭之謂。觀此，可以見先生之志。劉《傳》

劉蕺山曰：「王門惟心齋氏盛傳其説，從不學不慮之旨轉而標之曰『自然』、曰『學樂』，末流衍蔓，浸爲小人之無忌憚。」《明儒學案》述《師説》第如梨洲所云：「泰州之後，其人多能赤手以搏龍蛇，掀翻天地，前不見古人，後不見來者，赤手擔當，無有放下時節。」《明儒學案·泰州序引》則其精神氣魄實有大過人者。故「陽明活用孔、孟之學，而泰州又活用陽明之學者，必如泰州，然後陽明學乃真有關係於社會、於國家」。《節本明儒學案》「夫豪傑而不聖賢者有之，未有聖賢而不豪傑者也」。《疏傳合編·會試策題跋》若先生者，其聖賢而豪傑者乎！

《明史》稱：「陽明弟子遍天下，率都爵位有氣勢，艮以布衣抗其間，聲名遠出諸弟子上。然艮本狂士，往往駕師説上之，持論益高遠，出入於二氏。」然或問佛、老得吾儒之體。先生曰：「體用一原。有吾儒之體便有吾儒之用，佛、老之用則自是佛、老之體。」《語録》先生固早自有辨。

趙大洲曰：「先生之學以悟性爲宗，以格物爲要，以孝弟爲實，以太虚爲宅，以古今爲旦暮，以明學啓後爲重任，以九二見龍爲正位，以孔氏爲家法，可謂契聖歸真，生知之亞者也。」趙《銘》

李二曲曰：「昔人有跡，本凡鄙卑賤，而能自奮自立，超然於高明廣大之域，上之爲聖爲賢，次亦獲稱善士，如心齋先生，本一鹽丁也，販鹽山東，登孔廟而毅然思齊，紹前啓後，師範百世。竊意觀者必感，感者必奮，則又何前修之不可企及？有爲者亦若是，特在乎勉之而已矣。」《二曲集·觀感録》

二、學述

先生之學已於「傳纂」中述其大略，兹復輯録集中要語，稍加比次，挈其綱領。其諸家論説可供參證者，酌附列焉。

一　良知爲自然天則

天理者，天然自有之理也。纔欲安排如何，便是人欲。只心有所向便是欲，有所見便是妄。既無所向，又無所見，便是無極而太極。良知一點，分分明明，停停當當，不用安排思索。聖神之所以經綸變化而位育參贊者，皆本諸此也。《與俞純夫》

良知之體與鳶魚同一活潑潑地。當思則思，思通則已，如周公思兼三王，夜以繼日，幸而得之，坐以待旦，何嘗纏繞？要之，自然天則，不着人力安排。

問「莊敬持養工夫」。曰：「道一而已矣。中也、良知也、性也，一也。識得此理，則現現成成，自自在在。即此不失，便是莊敬；即此常存，便是持養。真不須防檢。不識此理，莊敬未免着意，才着意便是私心。」

一友持功太嚴。先生覺之，曰：「是學爲子累矣。」因指斵木者，示之曰：「彼卻不曾用功，然亦何嘗廢事？」

戒慎恐懼莫離卻不睹不聞，不然便入於有所戒慎、有所恐懼矣。故曰人性上不可添一物。

顏子有不善未嘗不知，常知故也；知之未嘗復行，常行故也。

有心於輕功名富貴者，其流弊至於無父無君；有心於重功名富貴者，其流弊至於弑父與君。

謹按：陽明「致良知」一語，發自晚年，未及與學者深究其旨。《明儒學案·姚江序引》胡今山瀚云：「陽明没，諸弟子紛紛互講良知之學，其最盛者山陰王汝中、泰州王汝止、安福劉君亮、永豐聶文蔚四家，各有疏説，駸駸立爲門户。慧者論，悟證深者研，寂歸達者，高樂曠精者窮主宰流行，俱得其説之一偏。汝止以自然爲宗，季明德又矯之以龍惕，龍惕所以爲自然也。龍惕而不洽於自然，則爲拘束；自然而不本於龍惕，則爲放曠。」《明儒學案·浙中五胡傳》然考陽明言：「聖人之學，惟致此良知而已。自然而致之者，聖人也；勉然而致之者，賢人也；自蔽自昧而不肯致之者，愚不肖者也。」《王文成公全書》卷八《書魏師孟卷》「良知，人所同具。而致知只是各隨分限所及。」《傳習録下》先生則以「良知現現成成，自自在在，不失便是莊敬，常存便是持養，才着意便是私心」；「聖人之道無異於百姓日用」。《語録》良知自然而致，百姓亦無異於聖人。陽明答人問良知詩曰：「自家痛養自家知。」《文成全書》卷二十，先生次詩曰：「良知原有不須知。」蓋「良知無時而昧，不必加知」《一庵會語》之意。

二　百姓日用即道

聖人之道無異於百姓日用，凡有異者皆謂之異端。

百姓日用條理處，即是聖人之條理處。聖人知便不失，百姓不知便會失。

聖人經世只是家常事。

或問「中」。先生曰：「此童僕之往來，中也。」曰：「然則百姓日用即中乎？」曰：「孔子云『百姓日用而不知』，使非中，安得謂之道？特無先覺者覺之，故不知耳。若智者見之謂之智，仁者見之謂之仁，有所見便是妄，妄則不得謂之中矣。」

愚夫愚婦與知能行便是道，與鳶飛魚躍同一活潑潑地，則知性矣。

此學是愚夫愚婦能知能行。聖人之道不過欲人皆知皆行，即是位天地，育萬物。《年譜》

往年有一友問心齋先生云：「如何是無思而無不通？」先生呼其僕，即應命之取茶，即捧茶至。其友復問，先生曰：「才此僕未嘗先有期我呼他的心，我一呼之便應，這便是無思無不通。」是友曰：「如此，則滿天下都是聖人了。」先生曰：「卻是日用而不知。有時懶閑着了，或作詐不應，便不是此時的心。」《明儒學案・江右一・鄒録》

謹按：陽明謂：「與愚夫愚婦同的，是謂同德；與愚夫愚婦異的，是謂異端。」《傳習録下》先生則直以百姓日用即爲聖人之道。陽明云：「良知良能，愚夫愚婦與聖人同，但惟聖人能致其良知，而愚夫愚婦不能致。此聖、愚之所由分也。」《傳習録中》先生則直以百姓日用條理處即是聖人之條理處，聖人知便不失，百姓不知便會失。聖、愚之分隔，陽明以爲在能致不能致，重工夫；先生以爲不不失與會失，重本體。惟百姓日用而不知，故曰以先知覺後知，是聖、愚之分，知與不知而已矣。此簡易之道也。《與薛中離》簡易直截，先生固「陸子以後之第一人」。劉《傳》自注

三　學樂

人心本自樂，自將私欲縛。私欲一萌時，良知還自覺。一覺便消除，人心依舊樂。樂是樂此學，學是學此樂。不樂不是學，不學不是樂。樂便然後學，學便然後樂。樂是學，學是樂。於乎！天下之樂何如此學，天下之學何如此樂？《樂學歌》

人心本無事，有事心不樂。有事行無事，多事亦不錯。《示學者》

天下之學，惟有聖人之學好學，不費些子氣力，有無邊快樂；若費些子氣力，便不是聖人之學，便不樂。

「不亦説乎」，説是心之本體。

日用間毫釐不察，便入於功利而不自知。蓋功利陷溺人心久矣，須見得自家一個真樂，直與天地萬物爲一體，然後能宰萬物而主經綸。所謂樂則天，天則神。

學者不見真樂，則安能超脱而聞聖人之道？

謹按：黄梨洲云：「自夫子川上一歎，已將天理流行之體一口並出，曾點見之而爲暮春，康節見之而爲會元運世，故言學不至於樂，不可謂之學。至明而爲白沙之《藤蓑》，心齋父子之提唱，是皆有味乎其言之然。而此處最難理會，稍差便入狂蕩一路。」《明儒學案·東厓傳》陽明云：「君子之所謂樂〔二〕，非曠蕩放勉、縱情肆意也，乃其心體不累於欲，無入而不自得之謂耳。」《文成全書》卷五《與舒國用》。「灑落」，《明儒學案》引作「樂」。劉蕺山論「陽明急於明道，往往將向上一幾輕於指點，啓後學躐等之弊有之」《明儒學案》述《師説》。先生主樂，「末世有倡狂

〔二〕「樂」，據後小字注，當作「灑落」。

自恣以爲樂體者，則學者之流弊也」。《譜餘》鄒南皋語

四　看書先得頭腦

學者初得頭腦，不可便討聞見支撑，正須養微致盛，則天德王道在此矣。「六經」、「四書」，所以印證者也。若功夫得力，然後看書，所謂温故而知新也。不然，放下書本便没工夫做。

孔子雖天生聖人，亦必學《詩》、學《禮》、學《易》，逐段研磨，乃得明徹之至。「若能握其機，何必窺陳編？」白沙之意有在，學者須善觀之。「六經」正好印證吾心。孔子之時中，全在韋編三絶。

曾點童冠舞雩之樂，正與孔子「無行不與二三子」之意同，故喟然與之。只以三子所言爲非，便是他狂處。譬之曾點，有家當，不曾出行，三子曾出行，卻無家當。孔子則又有家當，又曾出行。

社稷、民人固莫非學，但以政爲學最難，吾人莫若且做學，而後入政。

良知固無不知，然亦有蔽處。如子貢欲去告朔之餼羊，而孔子曰：「爾愛其羊，我愛其禮。」齊王欲毁明堂，而孟子曰：「士欲行王政，則勿毁之矣。」若非聖賢救正，不幾於毁先王之道乎？故正諸先覺，考諸古訓，多識前言往行，而求以明之，此致良知之道也。觀諸孔子曰「不學《詩》，

無以言；不學《禮》，無以立」、「五十以學《易》，可以無大過」，則可見矣。然子貢多學而識之，夫子又以爲非者，何也？説者謂子貢不達其簡易之本，而徒事其末，是以支離外求而失之也。故孔子曰：「吾道一以貫之。」「一」者，良知之本也，簡易之道也；「貫」者，良知之用也。體用一原也，使其以良知爲之主本，而多識前言往行以爲之畜德，則何多識之病乎？《奉緒山先生書》

謹按：陽明云：「聖人本體明白，故事事知個天理所在，便去盡個天理，不是本體明後，卻於天下事物都便知得，便做得來。」又云：「良知明白，隨你去靜處體悟也好，隨你去事上磨鍊也好。良知本體原是無動無静的。此便是學問頭腦。」《傳習録下》先生以學者既得頭腦，「六經」正好印證吾心，所謂「又有家當，又曾出行也」，功夫得力，然後看書，先立乎其大者而小者不能奪。束書不觀，遊談無根，未可以議先生。

五　「格物」有本末之論

《大學》是經世完書，吃緊處只在「止於至善」。格物却正是止至善。「格物」之物，即物有本末之物。其本亂而末治者，否矣。其所厚者薄，而其所薄者厚，未之有也。此格物也。故即繼之曰：「此謂知本，此謂知之至也。」「自天子以至於庶人」至此「謂知之至也」一節，乃是釋「格物致知」之義。身與天下國家，一物也，惟一物而有本末之謂。格，絜度也，絜度於本末之間，而知本亂而末治者否矣，此格物也。物格，知本也；知本，知之至也。故曰：「自天子以至於庶人，壹是皆以修身爲本也。」《大學》首言「格物致知」，説破學問大機栝。然後下手工夫不差，誠意、正心、修身、齊家、治國、平天下，由此而措之耳。此孔門家法也。

行有不得者，皆反求諸己。反己是格物底工夫。其身正而天下歸之，正己而物正也。

問：「反己，格物否？」曰：「物格知至，知本也。誠意正心修身，立本也。本末一貫，是故愛人、治人、禮人也，格物也。不親不治不答，是謂行有不得於心，然後反己也。格物，然後知反己；反己是格物的工夫。反之如何？正己而已矣。反是仁、治、敬，正己也。其身正而天下歸之。此正己而物正也，然後身安也。」

問「格」字之義。曰：「『格』如格式之格，即絜矩之謂。吾身是個矩，天下國家是個方。絜矩，則知方之不正由矩之不正也，是以只去正矩，卻不在方上求，矩正則方正矣，方正則成格矣。故曰物格。吾身對上下前後左右，是物絜矩，是格也。其本亂而末治者否矣，便見絜度。『格』字之義，格物知本也。」

吾身猶矩，天下國家猶方。天下國家不方，還是吾身不方。

射有似乎？君子失諸正鵠，反求諸其身，不怨勝己者，正己而已矣。君子之行有不得者，皆反求諸己，亦惟正己而已矣。故曰：「不怨天，不尤人。」

夫仁者愛人，信者信人，此合内外之道也。於此觀之，不愛人，己不仁可知矣；不信人，己不信可知矣。夫愛人者人恒愛之，信人者人恒信之，此感應之道也。於此觀之，人不愛我，非特人之不仁，己之不仁可知矣；人不信我，非特人之不信，己之不信可知矣。《勉仁方》

謹按：《大學》「格物」之説，釋者紛如。全謝山曰：「七十二家『格物』之説，令末學窮老絶氣，不能盡舉其異同。至於以物，即物有本末之物，此説最明瞭。蓋物有本末，先其本則不逐其末，後其末則亦不遺其末，可謂盡善。身以内之物，曰心、曰意、曰知；身以外之物，曰家、曰國、曰天下。語物而返身，至於心、意、知，即身而推至於家國天下，更何一物之遺者？而況先格其本，後格其末，則自無馳心荒遠與夫一切玩物喪志之病。程子所謂不必盡窮天下之物者，其義已交相發。故心齋論學未必皆醇，而其言格物，則最不可易。」《經史問答》劉蕺山曰：「後儒格物之説，當以淮南爲正，第少一注脚，格知誠意之爲本，而正修治平之爲末，則備矣。」《明儒學案·心齋傳》又曰：「《大學》一書，程、朱説誠正，陽明説致知，心齋説格物，盱江説明明德，劍江説修身。至此，其無餘藴。」《明儒學案》述《師説》先生「格物」宗旨，唱自晚年，同門不諒，謂爲自立門户，蓋其説與陽明不同。陽明訓物爲事，凡意之所發必有其事；訓格爲正，正其不正以歸於正，所謂致吾心之良知於事事物物，則事事物物皆得其理義，近名學之演繹，然與上文「物有本末」之「物」既不一例，又豫奪下文誠意正心之實事，而經文先後相次之旨全不可通。陳柱《格物釋文義》，《國學論衡》先生理會得「格物致知」四字本旨，「不用增一字解釋，本義自足，驗之《中庸》、《論》、《孟》、《周易》，洞然脗合」。《語録》其格物知本一義，尤得演繹之要。蓋孔子言一貫，道在忠恕，惟盡己乃能推己，本亂而末治者否矣。然本何以知？先生釋之以絜矩，絜度於本末之間，行有不得者皆反求諸己，反身而誠，樂莫大焉。矩既正而方不可勝用也，絜本者以同法推之同類。是演繹度末者從同類以求，同法近歸納。既絜其本，又度其末，而後本之體立，本之用彰，下手工夫不差，所以爲學問大機栝也。

六 修中以立本

《中庸》「中」字，《大學》「止」字，本文自有明解，不消訓釋。喜怒哀樂之未發謂之中，中也者，天下之大本也，是分明解出「中」字來。「於止知」，其所「止」，止仁止敬止慈止孝止信，是分明解出「止」字來。

程子曰：「一刻不存非中也，一事不爲非中也，一物不該非中也。」知此，可與究執中之學。惟皇上帝，降中於民，本無不同。鳶飛魚躍，此中也。譬之江、淮、河、漢，此水也；萬紫千紅，此春也。保合此中，無思也，無爲也，無意必、無固我、無將迎、無内外也。何邪思？何妄念？惟百姓日用而不知。故曰君子存之，庶民去之。學也者，學以修此中也。戒慎恐懼，未嘗致纖毫之力，乃爲修之之道。故曰合着本體是工夫，做得工夫是本體。先知中的本體，然後好用修的工夫。

謂子敬曰：「近日工夫何如？」對曰：「善念動則充之，惡念動則去之。」曰：「善念不動、惡念不動，又如何？」不能對。先生曰：「此卻是中，卻是性。戒慎恐懼，此而已矣。是謂顧諟天之明命，立則見其參於前，在輿則見其倚於衡，常是此中，則善念動自知、惡念動自知，善念自充、惡念自去。如此慎獨，便可知立大本，知立大本，然後内不失已，外不失人，更無滲漏。使人人皆如此用功，便是致中和，便是位天地、育萬物事業。」

戒慎恐懼，誠意也，然心之本體原着不得纖毫意思，纔着意思便有所恐懼，便是助長，如何謂之正心？是誠意工夫猶未妥貼，必須掃蕩清寧，無意無必，不妄不助，是他真體存存，纔是正心。然則正心固不在誠意内，亦不在誠意外，若要誠意，卻先須知得個本在吾身，然後不做差了，又不是致知了，便是誠意。須物格知至，而後好去誠意，則誠意固不在致知内，亦不在致知外。《大學》言「平天下在治其國，治國在齊其家，齊家在修其身，修身在正其心」，而正心不言在誠其意，誠意不言在致其知。可見致知、誠意、正心各有工夫，不可不察也。

謹按：陽明四句教，謂：「無善無惡心之體，有善有惡意之動，知善知惡是良知，爲善去惡是格物。」先生所云善念不動、惡念不動之中，即陽明所謂無善無惡之心體。然陽明以知善知惡是良知、爲善去惡是格物，先生則以格物爲知本，誠意、正心、修身爲立本，知中爲天下大本，常是此中則善念自充、惡念自去，戒慎恐懼，未嘗致纖毫之力，修中之道即誠意正心工夫，亦即所以立本也。先生答劉子中曰：「來書云簡易工夫，只是慎獨、立大本，此是得頭腦處。」

七　修身以立本

大人者，正己而物正者也。故立吾身以爲天下國家之本，則位育有不襲時位者。知得身是天下國家之本，則以天地萬物依於己，不以己依於天地萬物。學也者，學爲人師也。學不足爲人師，皆苟道也。故必修身爲本，然後師道立而善人多矣。如身在一家，必修身立本以爲一家之法，是爲一家之師矣；身在一國，必修身立本以爲一國之法，是爲一國之師矣；身在天下，必修身立本以爲天下之法，是爲天下之師矣。

徐子直問曰：「何哉夫子之所謂尊身也？」曰：「身與道原是一件。至尊者，此道；至尊者，此身。尊身不尊道，不謂之尊身；尊道不尊身，不謂之尊道。須道尊身尊，才是至善。故曰：『天下有道，以道殉身；天下無道，以身殉道。』必不以道殉乎人。有王者作，必來取法學焉，而後臣之，然後不勞而王，如或不可則去。仕止久速，精義入神，見機而作，避世避地，避言避色，如神龍變化，莫之能測。若以道從人，妾婦之道也。己不能尊信，又豈能使人尊信哉？」

謹按：象山謂：「宇宙内事乃己分内事，己分内事乃宇宙内事。」先生曰：「誠明之至，無物不覆，反求諸身，欛柄在手。會得此數語，便是宇宙在我，萬化生身。」《語録》知身與道原是一件，則能以身任道，特立於流俗之中矣。劉《傳》若己不能尊信，則無以使人尊信，故必修身爲本，然後師道立而善人多也。知立大本，然後内不失己，外不失人。誠意、正心、修身，皆爲立本。誠正所以存中，修身所以任道，内外合而體用一也。黄梨洲曰：「先生以天地萬物依於己，不以己依於天地萬物。聖人復起，不易斯言！」

八　大人造命

孔子之不遇於春秋之君，亦命也，而周流天下，明道以淑斯人，不謂命也。若天命則聽命矣，故曰大人造命。

舜於瞽瞍，命也。舜盡性而瞽瞍底豫。是故君子不謂命也。陶淵明言「天命苟如此，且盡杯中物」，便不濟。

人之天分有不同，論學則不必論天分。

或問「智者不惑，仁者不憂，勇者不懼」。曰：「我知天，何惑之有？我樂天，何憂之有？我同天，何懼之有？」

謹按：羅念庵曰「心齋論仁之於父子，曰瞽瞍未化，舜是一樣命，瞽瞍既化，舜是一樣命。可見性能易命。」《明儒學案·江右三羅録》「造命」二字爲「以天地萬物依於己」進一解，最足以廉頑立懦。此念庵聞先生論正己物正，所以灑然鼓舞也。

九　求萬物一體之志

隱居以求其志，求萬物一體之志也。

學者有求爲聖人之志始可與言學。先師常云：「學者立得定，便是堯、舜、文王、孔子根基。」

問人問志伊學顔。先生曰：「我而今只説志孔子之志，學孔子之學。」曰：「孔子之志與學，與伊尹、顔淵異乎？」曰：「未可輕論。且將孟子之言細思之，終當有悟。」

志於道，立志於聖人之道也；據於德，據仁義禮智信五者心德也；依於仁，仁者善之長，義、禮、智、信皆仁也，此學之主腦也。遊於藝，多識前言往行，以蓄其德也。

只在簡易慎獨上用功，當行而行，當止而止，此是集義。即此充實將去，則仰不愧、俯不怍，故浩然之氣塞乎兩間，又何遇境摇動、閑思忘念之有哉？此孟子「集義所生，四十不動心」者也。若只要遇境不動摇，無閑思妄念，便是告子「不集義，先我不動心」者也。毫厘之差，不可不辨。《答劉子中》

謹按：黄梨洲曰：「陽明先生之學有泰州、龍溪而風行天下，亦因泰州、龍溪而漸失其傳。泰州、龍溪時時不滿其師説，益啓瞿曇之秘而歸之師。蓋躋陽明而爲禪。」《明儒學案·泰州序引》然陽明云「吾儒養心，未嘗離卻事物，只順其天則，自然就是功夫。釋氏卻要盡絶事物，把心看做幻相，漸入虚寂去了，與世間若無些子交涉，所以不可治天下。」《傳習録下》先生以求志爲求萬物一體之志，毫厘之差，一語道破。儒、釋疆界，渺若山河。此有目者所共睹也。《明儒學案·陽明傳》

十　修身講學以見於世

孔子謂：「二三子以我爲隱乎？」此「隱」字對「見」字説。孔子在當時雖不仕，而無行不與二三子，是修身講學以見於世，未嘗一日隱也。隱則如丈人、沮溺之徒，絶人避世而與鳥獸同群是已。「乾·初九」不易乎世，故曰「龍德而隱」。「九二」「善世不伐」，故曰「見龍在田」。觀桀溺曰：「滔滔者天下皆是也，而誰以易之？」非隱而何？孔子曰：「天下有道，丘不與易也。」非見而何？

孔子曰「吾無行而不與二三子者」，是丘也只是「學不厭，教不倦」，便是致中和，位天地、育萬物，便做了堯、舜事業。此至簡至易之道，視天下如家常事，隨時隨處無歇手地，故孔子爲獨盛也。

致中和，天地位焉，萬物育焉，不論有位無位。孔子學不厭而教不倦，便是位育之功。

良知即性。性焉安焉之謂聖；知不善之動而復焉執焉之謂賢。惟百姓日用而不知。故曰以先知覺後知，一知一覺無餘蘊矣。此孔子學不厭而教不倦，合內外之道也。《答林子直》

見龍可得而見之謂也，潛龍則不可得見矣。惟人皆可得而見，故利見大人。飛龍在天，上治也，聖人治於上也。見龍在田，天下文明，聖人治於下也。惟此二爻，謂之大人，故在下必治，在上必治。

聖人雖時乘六龍以御天，然必當以見龍爲家舍。

問「時乘六龍」。先生曰：「此是説聖人出處。是這出處便是這學。此學既明，致天下堯、舜之世只是家常事。」

唐虞君臣，只是相與講學。

六陽從地起，故經世之業莫先於講學以興起人才。古人位天地、育萬物，不襲時位者也。吾人必須講明此學實有諸己，大本達道，洞然無疑。有此欛柄在手，隨時隨處，無入而非行道矣。有王者作，是爲王者師也。

謹按：先生《大成學歌》云：「我説道心中和，原來個個都中和。我説道心中正，個個人心自中正。常將中正覺斯人，便是當時大成聖。」蓋覺世之功有如此。先生又曰：「伊、傅得君可謂奇遇，如其不遇，終身獨善而已。孔子則不然。孔子雖不仕，修身講學以見於世，未嘗一日隱也。」語曰「默而識之」，「學而不厭，誨人不倦」。先生有焉。凌儒撰《祠堂記》

十一　善教

教不倦，仁也。須善教乃有濟，故又曰成物，智也。

學講而後明，明則誠矣。若不誠，則是不明。

容得天下人，然後能教得天下人。《易》曰：「包蒙，吉。」

善者與之則善益長，惡者容之則惡自化。

教子無他法，但令日親君子而已。涵育薰陶，久當有別。

愛人直到人亦愛，敬人直到人亦敬，信人直到人亦信，方是學無止法。

君子之道以人治，人改而止，其有未改，吾寧止之矣。若夫講説之不明，是己之責也，引導之不時，亦己之責也；見人有過而不能容，是己之過也，能容其過而不能使之改正，亦己之過也。欲物正而不先正己者，非大人之學也。故誠者非自成己而已也，所以成物也。成己仁也，成物智也。性之德也，合外内之道也，故時措之宜也。是故君子學不厭而教不倦，如斯而已矣。《勉仁方》

不面斥朋友之失，而以他事動其機，亦是成物之智處。

有别先生者，以遠師教爲言，先生曰：「途之人皆明師也。」得深省。

有學者問「放心難求」。先生呼之，即起而應。先生曰：「爾心見在，更求何心乎？」

謹按：先生以愛人者人恒愛之、信人者人恒信之爲感應之道，朋之來也，必也使之明此良知之學簡易快樂，優遊厭飫，日就月將，自改自化而後已。《勉仁方》故先生於眉睫之間省覺人最多。學者有積疑，見先生多不問而解。《語録》

十二　安身

問「止至善」之旨。曰：明明德以立體，親民以達用。體用一致，陽明先師辨之悉矣。但謂至善爲心之本體，卻與明德無别，恐非本旨。堯、舜執中之傳以至孔子，無非明明德、親民之學，獨未知安身一義乃未有能止至善者。故孔子悟透此道理，卻於明明德、親民中立起一個極來，又説個在止於至善。止至善者，安身也；安身者，立天下之大本也。本治而末治，正己而物正也，大人之學也。是故身也者，天地萬物之本也；天地萬物，末也。知身之爲本，是以明明德而親民也。身未安，本不立也，本亂而末治者否矣，本亂末治末愈亂也。故《易》曰：「身安而天下國家可保也。」不知安身，則明明德、親民卻不曾立得天下國家的本，是故不能主宰天地、斡旋造化。立教如此，故自生民以來，未有盛於孔子者也。

修身，立本也；立本，安身也。引《詩》釋「止至善」曰：「緡蠻黄鳥，止於丘隅。」知所以安身也。孔子歎曰：「於止知其所止，可以人而不如鳥乎？」要在知安身也。《易》曰：「君子安其身而後動。」又曰：「利用安身。」又曰：「身安而天下國家可保也。」孟子曰：「守孰爲大？守身爲大。失其身而能事其親者，吾未之聞。」同一旨也。

立本，安身也。安身以安家而家齊，安身以安國而國治，安身以安天下而天下平也。故曰修己以安人，修己以安百姓，修其身而天下平。不知安身便去幹天下國家事，是之爲失本。就此失腳，將烹身割股、餓死結纓，且執以爲是矣。不知身不能保，又何以保天下國家哉？

知本，知止也，如是而不求於末，定也；如是而天地萬物不能撓己，靜也；如是而首出庶物，至尊至貴，安也；如是而知幾先見，精義入神，仕止久速，變通趨時，慮也；如是而身安，如黄鳥，色斯舉矣，翔而後集，無不得所止矣，止至善也。

謂朱純甫曰：學問須知有個欛柄，然後用功不差。本末原拆不開，凡於天下事必先要知本，如我不欲人之加諸我也，是安身也，立本也，明德止至善也；吾亦欲無加諸人，是所以安人、安天下也，不遺末也，親民止至善也。

有疑先生安身之説者，問焉，曰：「夷、齊雖不安其身，然而安其心矣。」先生曰：「安其身而安其心者，上也。不安其身而安其心者，次之。不安其身，又不安其心，斯爲下矣。」

問節義。先生曰：危邦不入，亂邦不居。道尊而身不辱，其知幾乎？「然則孔、孟何以言成仁取義？」曰：「應變之權固有之，非教人家法也。」

乍見孺子入井而惻隱者，衆人之仁也。無求生以害仁，有殺生以成仁，賢人之仁也。吾未見蹈仁而死者矣，聖人之仁也。

明哲者，良知也。明哲保身者，良知良能也。知保身者則必愛身，能愛身則不敢不愛人，能愛人則人必愛我，人愛我則吾身保矣。能愛身者則必敬身，能敬身則不敢不敬人，能敬人則人必敬我，人敬我則吾身保矣。故一家愛我則吾身保，吾身保然後能保一家；一國愛我則吾身保，吾身保然後能保一國；天下愛我則吾身保，吾身保然後能保天下。知保身而不知愛人，必至於適己自便，利己害人，人將報我，則吾身不能保矣，吾身不能保，又何以保天下國家哉？知

愛人而不知愛身，必至烹身割股，舍生殺身，則吾身不能保矣，吾身不能保，又何以保君父哉？《明哲保身論》

謹按：先生以安身而安心者爲上，身不安而心安者爲次。所謂安身，即《中庸》「君子無入而不自得」也。其以舍生殺身爲背於保身之道，亦合《儒行》「愛死有待，養身有爲」之義。劉《傳》自注且其所謂保身者，要在道尊而身不辱，尊道不尊身謂之尊道，尊身不尊道不謂之尊身，道尊身尊才是至善。非求生害仁，適己自便之類也。黄梨洲曰：「然所謂安身者，亦是安其心耳，非區區保此形骸之爲安也。彼居危邦入亂邦，見幾不作者，身不安而心固不安也，不得已而殺身以成仁。文王之羑里，夷、齊之餓，心安則身亦未嘗不安也。乃先生又曰：安其身而安其心者，上也；不安其身而安其心者，次之；不安其身，又不安其心，斯爲下矣。而以緡蠻爲安身之法，無乃開一臨難苟免之隙乎？」《明儒學案・心齋傳》梨洲先生當季世，所云「臨難苟免」，蓋有激而發。觀於先生弟子徐樾布政雲南，受降殉職一事，梨洲謂爲於尊身之道有間。《明儒學案・徐樾傳》則泰山、鴻毛之辨，梨洲亦固知之矣。

十三　進不失本，退不遺末

大丈夫存不忍人之心，而以天地萬物依於己，故出則必爲帝者師，處則必爲天下萬世師。

出不爲帝者師，失其本矣；處不爲天下萬世師，遺其末矣。進不失本，退不遺末，止至善之道也。

出必爲帝者師，言必尊信。吾修身立本之學足以起人君之敬信，來王者之取法，夫然後道可傳，亦可行矣，庶幾乎己立後自配得天地萬物，而非牽以相從者也。斯出，不遺本矣。處必萬天下萬世師，言必與吾人講明修身立本之學，使爲法於天下，可傳於後世，夫然後立必俱立、達必俱達，庶幾乎修身見世，而非獨善其身者也。斯處也，不遺末矣。孔、孟之學正如此，故其出也，以道殉身而不以身殉道；其處也，學不厭而教不倦，本末一貫。夫是謂明德親民，止至善矣。

危其身於天地萬物者謂之失本，潔其身於天地萬物者謂之遺末。

知安身而不知行道，知行道而不知安身，俱失一偏，故居仁由義，大人之事備矣。

《中庸》先言「慎獨」、「中和」，説盡性學問，然後言大本，致中和，教人以出處進退之大節。

孟子道性善必稱堯、舜，道出處必稱孔子。

知此學，則出處進退各有其道。有爲行道而仕者；行道而仕，敬焉信焉尊焉可也。有爲貧而仕者；爲貧而仕，在乎盡職，會計當、牛羊茁壯長而已矣。

卑禮厚幣以招賢者，而孟軻至梁即求而往；明也國有道，不變塞焉，即女子貞不字。

謹按：先生兩辭薦辟，以爲求之在我，當量而後入，不可入而後量。然先生雖伏處草茅，而堯、舜君民之心未嘗一日忘也。其出處進退之大節，一以孔子爲法。答王龍溪書曰：「來書云羅子疑出入爲師之説，惜不思問耳。先生知我之心，知先師之心，未知能知孔子之心否？欲知孔子之心，須知孔子之學，知孔子之學，而丈夫之能事畢矣。」

十四　學術宗源在出處大節

「夫子之道，忠恕而已矣。」忠恕，學之準則也，便是「一以貫之」。孔子以前無人説忠恕，孟子以後無人識忠恕。

孔子之學惟孟子知之。韓退之謂「孔子傳之孟子」，真是一句道着。有宋諸儒只爲見孟子粗處，所以多忽略過。學術宗源全在出處大節，氣象之粗未甚害事。

近悟得陰者陽之根，屈者伸之源。孟子曰「不得志則修身見於世」，此便是見龍之屈，利物之源也。孟氏之後，千古寥寥，鮮識此義。今之欲仕者必期通而舍此外慕，固非其道。陶淵明喪後歸辭之歎，乃欲息交絶遊，此又是喪心失志。周子謂其爲隱者之流，不得爲中正之道。後儒不知，但見高風，徧徧而入。《與薛中離》

智譬則巧，聖譬則力。宋之周、程、邵，學已皆到聖人，然而未智也，故不能巧中。孔子致知格物而止至善，安身而動，便智巧。

謹按：鄒東廓稱先生俯世寥寥，尚友之志，謂顔可學，蹻蹻遐企。《奠文》歐陽南野稱先生迪德自身，率作有機，樂云尋孔，志必慕伊。《奠文》然門人問志伊學顔，先生則答以「我而今只説志孔子之志，學孔子之學」。觀於右録各條，直以孔、孟道脈自任。李二曲稱之爲紹前啓後，師範百世，宜也！

三、著述考

先生生平不喜著述趙《銘》，且不以言語爲教《謀梓遺集尺牘・張峰寄王衣書》。今存《全集》等書，皆先生殁後所輯。本篇列其篇目，以見先生學術之所寄。

《心齋先生全集》六卷明刊本、三賢全書本、王世豐翻刻本、樂學堂《文貞全集》本、袁承業排印本

先生曾孫元鼎增輯。萬曆四十二年甲寅，周海門貽元鼎訓詞，稱元鼎裒集累代遺文，禮接四方賢士，刻先生之集，增爲六本。海門並爲全書撰序。《續譜餘》序文未刊。

集首載萬曆三十五年丁未陳履祥原序，序稱：「先生性真，不侈文字，而隨人指點，散在士林，舊録未之悉也。諸孫氏之垣等旁搜而增益之，稍稍成先生全書。」之垣所刻，是爲

元鼎之藍本。

陳序所云舊録，合《年譜》、《語録》而言。《語録》初編者爲先生門人吴標、張峰等。考張峰稱：「先生《語録》，前與竹山標略有定本，但未爲完備。近與疏山公吴悌重加校正。」《謀梓遺集尺牘》惜編輯年月失紀。

《年譜》初編者爲先生仲子襞及門人董燧、聶静等。董燧《年譜後序》稱：「壬戌秋，先生子宗順携先生《行實》至金陵，同門吴從本標、王惟一汝貞繼至，始得按《行實》草創爲《譜》。癸亥夏，携其稿過子安静，共參訂之。己巳春，宗順以《譜》事來會於永豐，遂並《語録》俱梓。」

聶静作《語録序》，其文曰：「重刻《心齋王先生語録》者，静與董子兆時，重刻以傳者也。刻《語録》何？先生不主言詮，或因問答，或寓簡書，言句、篇牘收之於流播，得之於十一者也。然詞約而旨遠，入聖之指南矣。先生既殁，斯《録》乃傳。初刻於江浦，續刻於漳南，記憶稍訛，傳寫或謬，而讀者疑焉。今年夏，先生仲子宗順携先生《年譜》過永豐而梓焉，又將《語録》三復讎校，正訛去謬，與《年譜》並刻。而是録爲完書也。宗順謂静遊先生門有年，可無言以記顛末？静惟先生之學獨契於『格物』之旨，其所爲教不患人不知學，患人不知格物以爲學也。蓋致知在格物，物格而後知，至《大學》揭聖學之全而云然者。中和位育之駿業，止至善之極功，孔子之集大成。而陽明王公之致吾良知者，其在茲乎？何也？物有本末而身爲之本，天子庶人皆本於修身，本亂而末治者否，此知本而知之至也，格物之謂也。是故道濟天下，吾道至尊，待人而行，吾身至尊，故君子安身而動，身安而天下可保。大人者，正己而物正，知所立本，知所達道也。故不知立本則不知尊其身而遺本，不知達道則不知尊其道而遺末，非聖學之全、孔子所爲賢於堯、舜者也。或曰『立本以尊身，達道以尊道，何言乎格物？』曰：身者，天也，萬物之主也。反己修己正己利用而安其身，愛人敬人信人至保乎家國天下，則吾身主宰乎天地萬物，而天地萬物依於己。運量乎天地萬物而不以吾身依乎天地萬物，植本而不遺末，知所先後也。曰『出必爲帝者師，處必爲天下後世師，微旨云何？』曰：非好爲人師也，格物之實際也。然非先生言之，孟子曰：『有大有爲之君，必有所不召之士，有王者興必來取法。』所以尊吾身也；孔子曰『吾非斯人之徒與而誰與？』『歸與』之歎，狂狷之思，不得志而修身見於世，所以尊吾道也。夫身尊則道尊，道尊則身尊。孔子之學不厭、教不倦，九二之見龍在田，此其至矣。謂非格物之實際乎？故曰物格而後知至，知至則掌握乎乾坤，包羅乎天地，俟百世而不惑，施之後世而無朝夕，學之爲大成也。而録中備之矣。嗟乎！學者之讀是録也，尚思先生之教，務格物以致吾之知乎？夫致知格物，孔、孟歿而微言絶矣，非王公啓其秘，先生發其要，而立心立命以開太平之聖學，將愈久而愈晦，而後之學聖人者復何所觀則乎？不有所觀則而曰宇宙在我焉者，妄也。静不敏，聞言而未悟，習事而未察，師門之罪人也，何足以敘先生之録？乃宗順委命至再，義不可辭，故摭所聞以弁於録首。觀是録者，其無以静之不學而略於先生之大成哉！是爲序。」

又，集中附録編校姓氏。張峰兩刻《遺録》前，尚有刻《粹語》之蔡國賓。管志道《語略》即《粹語》跋云：「其言宏大簡易，固自密切體認中來也。蔡子所指數條略備矣。」當爲《遺録》最早之簡本，附此備考。

《淮南王氏三賢全書》，清嘉慶刻，族人鑒坦跋云：「先賢心齋公《遺集》，前明百餘年間凡六刻。合一庵、東厓兩公集，板藏後嗣，年久多殘缺，遺書亦漸散失。爰懷數典而忘之懼，購遺板，考藏書，修補闕漏，謹完其舊。《二曲集》有云：『心齋先生言言透髓，字字切實，學人所當服膺。』則斯集也，豈獨王氏所當寶而誦之者乎？」

同時泰州王沂中世豐重刻《遺集》，祇刊疏薦、遺像、年譜、語録、尺牘，摘附東崖譜録，以見先生子侄論學之旨。沂中自跋

道光間三水族人重刻《王文貞公全集》五卷，係據族人以鉦改編本，取便讀者，譜系傳誄並從略。

袁承業本，據《三賢全書》排印，合原集及疏傳，合編爲五卷，附《一庵》、《東崖集》各二卷、《東堧東隅東日天真四先生殘稿》一卷、《心齋先生弟子師承表》一卷。

《心齋約言》一卷學海類編本、商務印書館叢書集成本

見《四庫全書存目·續通考·經籍三十四提要》「稱艮自述」。

《心齋要語》一卷明刊本未見

郢都尤大治輯，分「立本」、「用中」、「學樂」、「證學」、「願學」、「學易」六款。《續譜餘

《心齋先生疏薦合編》二卷明刊本未見、《三賢全書本》、袁承業排印本

先生曾孫元鼎輯，曾鳳儀序略曰：「國朝從祀者四人，乃白沙、陽明洞契道體，人以爲明道、象山之匹；先生固陽明高第弟子，而時時稱引白沙，相與警策。繼白沙、陽明而議從祀者，當以先生爲最，此亦天下之公輿也。故當路諸君子謂宜祀者、謂宜謚者，疏凡十餘上，至館課爲先生傳者十餘篇，均之可爲議從祀張本。先生曾孫元鼎慮其放逸，不可復稽，遂備録之以付諸梓。」張尚儒序略曰：「先生起自布衣，没有年所，諸縉紳君子或伸於奏疏，達之彤庭，或勒於編摩，藏之石室，若有不能一日忘者。總之，表章不遺餘力，真見先生之學易簡直截，人人可由以入道也。因道以知言，因言以知人。斯編也，謂先生之實録可也，謂諸縉紳之實録亦可也。」

《心齋先生弟子師承表》一卷民元排印本

東臺袁承業輯，自序略云：表分五傳，傳各有所據，間有據而未確者，即於傳中注一「附」字以别焉。計得諸賢四百七十八人，可謂盛矣。上自師保公卿，中及疆吏司道牧令，下逮士庶樵陶農吏，幾無輩無之。原注：據表中，以進士爲達官者三十六，以孝廉爲官者十八，以貢士爲官者二十三，以樵陶農吏爲賢士入祀典者各一人，餘以士庶入鄉賢祠者不乏其人。然弟子中載入《明史》者二十餘人，編入《明儒學案》者三十餘人。考諸賢所出之地，幾無省無之。原注：據表中，江西得三十五人，安徽二十三人，福建九人，浙江十人，湖南七人，湖北十一人，山東七人，四川三人，北直、河南、陝西、廣東各一人，江蘇本省百數十人。先賢黄梨洲謂陽明之學得心齋而風行天下，於斯可證。斯表以師承爲宗，當以師承風義攸關者提敘一二，以顯其行，師承感應之道先後勿替。若非心齋立本之旨，何得錙株不爽如此！

四、學侶考

先生二十有五而志學，二十有九而證悟，三十有八而求友。崛起海濱，卓然！初無所承，迨進見陽明於豫章，復隨往會稽，專車京師，歷遊廣德、孝豐、金陵、京口諸地，所至講學，歸里後開門授徒，遠近咸集。學侶始日以增益。

陽明弟子遍天下，率都爵位有氣勢，先生以布衣抗其間，聲名遠出諸弟子上。且先生以反己爲學，不執門户之見，與陽明異説者亦多樂與之近。李二曲《觀感録》稱：「時大儒太宰湛公甘泉、祭酒吕公涇野、宗伯鄒公東廓、歐公南野咸嚴重先生，而羅殿元洪先尤數造其廬。」耿天臺撰先生《傳》稱：「嘗舉《魯論》就正證悟吕仲木，發《大學》止至善旨於鄒謙之，晚作《大成學歌》進羅達夫，又作《勉仁方》以勵同志。」一時學者嚮往之跡，略可言也。

吕柟，字仲木，號涇野，陝之高陵人。師事薛思庵，所至講學，衍河東之傳。講席與陽明中分其盛，一時篤行自好之士多出其門。《明儒學案》述《師説》先生曾會涇野及甘泉、東廓、南野，聚講金陵新泉書院。《年譜》舉《魯論》就正語，當在其時。

湛若水，字元明，號甘泉，廣東增城人。從學於白沙，與陽明分主教事。陽明宗旨「致良知」，甘泉宗旨「隨處體認天理」，學者遂以王、湛之學各立門户。《明儒學案·甘泉傳》先生時在金陵，作《天理良知説》，略謂：「天理者，天然自有之理也。良知者，不慮而知，不學而能者也。惟其不慮而知，不學而能，所以爲天然自有之理；惟其爲天然自有之理，所以不慮而知，不學而能也。曰『致』曰『體認』，知天理也，否則日用不知矣。學本無異，以人之所見者各自以異耳。既以己之所見者爲是，又知人之所見者爲是也，夫然後洞然無疑矣。」則爲之調停於其間。

鄒守益，守謙之，號東廓，江西安福人。宸濠反，從陽明建義。大禮議起，上疏忤旨，下詔獄，謫判廣德。《明儒學案·東廓傳》履任，撤淫祠，建復初書院，延同門諸賢講學興禮，風動鄰郡。孫奇逢《理學宗傳》先生膺聘與講席，爲作《復初説》。《年譜》東廓之學得力於敬，《明儒學案》闡發師門宗旨，深切著明。《理學宗傳》梨洲謂：「陽明之殁，不失其傳者，不得不以東廓爲宗子。」《明儒學案》己亥，東廓簡宫寮，召爲司經洗馬，充經筵講官。《理學宗傳》先生《答東廓書》云：「昔者堯、舜不得禹、皋陶爲己憂，孔子不得顔、曾爲已憂，其位雖有上下之殊，然其爲天地立心、爲生民立命，則一也。是故堯、舜、孔、曾相傳授受者，此學而已。學既明，而天下有不治者哉？故《通書》曰：『曷爲天下善？曰：師。師者立乎中，善乎同類者也。故師道立則善人多，善人多則朝廷正而天下治矣。』非天下之至善，其孰能與於此？雖然，學者之患在好爲人師，故孔子曰『我學不厭而教不倦』，則無斯患矣。是故『中人以上可以語上也，中人以下不可以語上也』。又曰『可與言而不與之言，不可與言而與之言』，皆歸於自家不智。以此爲學，只見自家不能，是以遷善改過，日入於精微也。不然，則抱道自高，未免於怨天尤人，此所以爲患也。世之知明德而不親民者，固不足以與此；明德親民而不止於至善者，亦不足以與此也。」

王畿，字汝中，别號龍溪，浙之山陰人。陽明倡明理學，以致良知爲宗，郡之士駭而不信。龍溪首往受業。《明儒學案·龍溪傳》陽明聞其言無底滯，大喜。《明史》中嘉靖丙戌會試。時當國者不説學，與錢緒山皆不廷試而歸。《明儒學案》陽明征思、田，留龍溪與緒山主書院。已，奔陽明喪，持心喪三年。《明史》壬辰始廷對，累官南武選郎中，以大察去。益孳孳以講學淑人爲務，所至接引無倦色。自兩都及吴、楚、閩、粤皆有講舍，江、浙爲尤甚。會常數百人。《理學宗傳》林下四十餘年，無日不講學。年八十，猶周流不倦。《明儒學案》《明史》爲龍溪及先生合傳，謂先生門徒之盛與龍溪相埒，陽明學派以龍溪及先生爲得其宗。先生與龍溪均主「超悟」，見解頗多一致。龍溪釋「格」云：「是天則，良知所本有，猶謂天然格式也。」《龍溪集·答聶雙江》先生答龍溪書則有曰：「諺云相識滿天下，知心有幾人？非先生而何？」又，先生與林子仁書曰：「始聞高中而居要地，誠有善而不寐之意。又得龍溪先生，諸友切磋，學日益明，此第一義也。」其相契如是。陽明嗣子孤弱，且内外忌毁交構，豪宗、悍僕窺視爲奸，危疑萬狀。《理學宗傳·龍溪傳》先生與龍溪等竭力擁護，謀托孤於黄尚書綰，結婚定盟。先生終始保全，南北相距千餘里，跋涉往來，數年不倦。詳《年譜》及《陽明年譜》龍溪、東廓祭先生文曰：「哲人云亡，斯文未喪；子有强力，毅然擔當。萃我同盟，保孤恤嫠。嗟嗟師門，子爲白眉。」《譜餘》扶危弭變，先生之力居多。

錢德洪，字洪甫，號緒山，浙之餘姚人。陽明平濠歸越，緒山與同邑范引年等數十人會於中天閣，同稟學焉。四方來學甚衆，緒山與龍溪疏通其大旨，而後卒業於陽明，一時稱爲教授師。《明儒學案·緒山傳》嘉靖壬辰成進士，累官刑部郎中，坐論郭勳死，下詔獄，久斥爲民。《明史》在野三十年，無日不講學。江、浙、宣、歙、楚、廣，名區奥地，皆有講舍。緒山與龍溪迭捧珠槃，然緒山之徹悟不如龍溪，龍溪之修持不如緒山。乃龍溪竟入於禪，而緒山不失儒者之矩矱。《明儒學案》先生嘗致書緒山論「良知」，謂：「良知者，真實無妄之謂也，自能辨是非。」先生仲子東厓曾遊緒山門。

歐陽德，字崇一，號南野，江西泰和人。之贛州從陽明學，不應會試者再。登嘉靖二年進士第，累官至禮部尚書，以宿學都顯位。癸丑、甲寅間，京師靈濟宮之會，南野與爲主盟。學徒雲集至千人。《明儒學案·南野傳》學務實際，不尚空虛。《明史》在金陵時，嘗講致良知，先生戲之曰：「某近講良知致。」南野因延先生連榻數宵，以日用見在指點良知，甚是相契。《年譜》保孤一役，陽明子正億得南野至越商救《與薛中離》，南野曾言以死保孤，故先生馳書諄托，豫謀萬全。南野亦以委曲成之望先生《與歐陽南野》附歐劄。其以道義相尚也如此。

羅洪先，字達夫，別號念庵，吉水人。十一歲讀古文，慨然慕羅一峰之爲人，即有志於聖學。嘉靖八年舉進士第一，授修撰，請告歸。十八年召拜春坊左贊善。《明儒學案·念庵傳》赴召，道南都，兩入城晤同志，與龍溪諸公質辨累日。至維揚，趨安豐，《理學宗傳》造先生廬。先生病不能出，念庵就榻旁述近時悔恨處，且求教益。先生不答，但論立大本處，以爲能立此身，便能位天地、育萬物，病痛自將消融。念庵謂：「聞先生言正己物正，令人灑然有鼓舞處。」先生遂作《大成學歌》以贈念庵《年譜》：「十年之前君病時，扶危相見爲相知；十年之後我亦病，君期枉顧亦如之。始終感應如一日，與人爲善誰同之？堯舜之爲乃如此，芻蕘詢及復奚疑。我將大成學印證，隨言隨悟隨時躋。只此心中便是聖，説此聖人便是師。至易至簡至快樂，至尊至貴至清奇。隨大隨小隨我學，隨時隨處隨人師。掌握乾坤大主宰，包羅天地真良知。自古英雄誰能此？開闢以來惟仲尼。仲尼之後微孟子，孟子之後又誰知？廣居正路致知學，隨語斯人隨知覺。自此以往又如何？吾儕同樂同高歌。隨語斯人繼斯道，太平萬世還多多。我説道心本中和，原來個個都中和；我説道心本[一]中正，個個人心自中正。常將中正覺斯人，便是當時大成聖。自此以往又如何？清風明月同高歌。同得斯人説斯道，大明萬世還多多。」念庵抵京，與其友唐荆川、趙峻谷交好，日相期許以天下自任，中外稱曰「三翰林」。《理學宗傳》明年冬，與唐、趙疏請來歲朝正後，皇太子出御文華殿受朝賀。時帝數稱疾不視朝，諱言儲貳臨朝事，見疏大怒曰：「是料朕不起也！」手詔切責。遂除三人名。歸，益尋求陽明學，甘淡泊，鍊寒暑，躍馬挽強，考圖觀史；自天文地志、禮樂典章、河渠邊塞、戰陣攻守，下逮陰陽算數，靡不精究；至人才吏事、國計民情，悉加意諮訪。曰：「苟當其任，皆吾事也。」《明史》畢志林壑，四方士叩請日繁，教先默識，重躬行。凡初至者，每先令靜坐反觀，俟稍有疑，然後隨機引入。終日忘言，而精神流溢，真意融

[一]「本」，底本奪，據卷三《大成學歌》補。

盎，飲其和者自不覺入之深也。《理學宗傳》其自任之重、感人之深，有先生風焉。

王臣，字公弼，號瑶湖，南昌人。從學陽明。嘉靖進士，《涇縣誌》知泰州，構安定書院，聞先生倡道安豐，禮延至州，主教事。時，同志在宦途或以諫死，或讁逐遠方，先生以爲身且不保，何能爲天地萬物主？適瑶湖轉官北上，因作《明哲保身論》贈之。《年譜》轉浙江僉事，爲陽明撫孤，不避嫌怨。《涇縣誌》黄直祭先生文曰：「時維先師，遺孤聰郎；兄與瑶湖，保孤念長。挾聰南行，乃去故鄉。宗伯婦翁，卵翼是將。余亦往越，小舟夜行；晨抵會稽，邦侯迴翔。我齋蔡君，亦會於杭。保孤之舉，蓋曰否臧。余謂瑶湖，計豈謬狂；保孤大義，合自主張。」《譜餘》記共謀保孤事甚詳。先生與薛中離書亦云：「得瑶湖贊，決李約齋之力，遂拔正億出危離險。」

洪垣，字峻之，號覺山，徽之婺源人。嘉靖壬辰進士，以永康知縣入爲御史。執贄甘泉，調停王、湛二家之學。《明儒學案·覺山傳》嘉靖丙申，訪先生於安豐，論簡易之道。覺山曰：「仁者先難而後獲，斯其旨何也？」先生曰：「此是對樊遲語。若對顔淵，便謂『一日克己復禮，天下歸仁』，却何等簡易！」於是覺山請訂《鄉約》，令有司行之，鄉俗爲之一變。又爲先生構東淘精舍數十楹以居來學。《年譜》

吴悌，字思誠，號疏山，金溪人。嘉靖十一年進士，徵授御史，累遷至刑部侍郎。爲陽明學，然清修果介，反躬自得爲多。《明史》丁酉春，按淮揚，造先生廬。冬復會先生於泰州。疏薦先生

於朝。《年譜》

他如郭中州治尹孝豐，乙酉聘先生開講，刻詩學宮。萬鹿園表、石玉溪簡，庚寅與先生聚講雞鳴寺，先生有《和鹿園詩》。林東峰大欽、沈石山謐、王卓峰惟賢，甲午與先生會金山。黄洛村弘綱講「不欺」，得先生之指悟。徐九皋以御史按部，感先生之請而慨然賑海濱之饑。又，《尺牘》有《與薛中離侃書》二，均同門學友，先生所嘗與遊，按諸《遺集》可考者。

先生門徒之盛，與龍溪相埒。袁承業編《先生弟子師承表》，得諸賢四百八十七人。披輯維艱，尚多缺漏。袁編《全集》例言

《明史》稱：「艮傳林春、徐樾，樾傳顔鈞，鈞傳羅汝芳、梁汝元，汝芳傳楊起元、周汝登、蔡悉。」耿天臺稱：「徐方伯子直承其學，傳趙文肅、羅大參。惟德承其學，傳宫洗楊貞復。他如敖司成銑、張中丞元沖，尊信其學者未可殫述。」耿《傳》李二曲稱：「門人本府同知周良相、本州知州朱篸、刑部郎中董燧、給事中聶静、文選郎中林春等，無慮數十百人，咸承傳其學，轉相詔導，而布政徐子直、布衣顔山農尤最著。子直之後爲内閣趙文肅，山農之後爲參政羅近溪、何心隱，近溪之後爲少宰楊復所，心隱之後爲錢懷蘇同文、爲程後臺學顔。」《觀感録》李卓吾贄稱：「心齋之後爲徐波石、爲顔山農。山農以布衣講學，雄視一代，而遭誣陷；波石以布政使請兵督戰，而死廣南。風雲龍虎，各從其類然哉！蓋心齋真英雄，故其徒亦英雄也。波石之後爲趙大洲，大洲之

後爲鄧豁渠；山農之後爲羅近溪、何心隱；心隱之後爲錢懷蘇、爲程後臺。」《焚書》卷二顧亭林稱：「王門高第爲泰州、龍溪二人。泰州之學一傳而爲顔山農，再傳而爲羅近溪、趙大洲；龍溪之學一傳而爲何心隱，再傳而爲李卓吾、陶石簣望齡。」《日知録》卷十八雖所記各殊，而授受之宏，流傳之廣，可見一斑。

先生及門弟子，據《年譜》所載，依其問學之先後，則有泰州林春、王棟、張淳、李珠、陳芑，揚州王俊，泰州宗部朱杌、朱恕、殷三聘，永豐俞文德，貴溪徐樾、張士賢，道州周良相，涇縣吴標、王汝貞，南昌程伊、程倖，縉雲丁惟寧，東鄉吴怡，樂安董燧，永豐聶静，婺源董高，丹徒朱錫，南昌喻人俊、喻人傑、羅楫，泰和張峰，會昌胡大徽，歙縣程弘忠，天津陳應選，丹徒陳佐，泰州崔殷、梅月。據門弟子姓氏所載，則有宦遊維揚四人，四方縉紳十八人，耆儒修士四十五人，紀遺七十一人。又據袁著《師承表》考補者六人。兹考録其及門與私淑之尤著者，其族弟一庵棟、仲子東崖襞則别爲專篇附述之，以見先生家學之大概焉。

林春，字子仁，號東城，泰州人。家貧，傭王氏爲僮。王氏見其慧，使與子共學，刻苦自勵。嘉靖壬辰舉會試第一，除户部主事，改吏部。《明儒學案·東城傳》縉紳士講學京師者數十人，聰明解悟，善談説者推龍溪；志行敦實，惟東城及羅念庵。進文選郎中，卒官，年四十四。《明史》卒之日得橐金四兩，其清介如此。《配享列傳》東城師先生而友龍溪，始聞「致良知」之説，遂欲以躬踐之。

《明儒學案》日以朱墨筆識臧否自考，動有繩檢，尺寸不逾。《明史》久之，乃悟曰：「此治病於標者也，盍反其本乎？」其論學，工夫綿密，不涉安排，不落睹聞，明道之行所無事、慈湖之不起意，庶幾近之。先生之門，未之或先也。《明儒學案》著有《東城文集》《配享列傳》。

徐樾，字子直，號波石，貴溪人。嘉靖十一年進士《明儒學案·波石傳》，歷官雲南左布政使。沅江土酋那鑑反，詐降，波石信之，抵其城下，死焉。詔贈光禄寺卿。《明史》波石少與夏相才名相亞，得事陽明，繼而卒業先生之門。波石操存過苦，常與先生步月下，刻刻簡點，先生厲聲曰：「天地不交否？」又一夕，至小渠，先生躍過，顧謂波石曰：「何多擬議也？」波石過渠，頓然若失，既而歎曰：「從前孤負此翁，爲某費卻許多氣力！」波石謂：「六合也者，心之郛郭；四海也者，心之邊際；萬物也者，心之形色。往古來今，惟有此心浩浩淵淵，不可得而窮測也。」《明儒學案》又曰：「孔、孟之學，堯、舜之治，舉求諸心焉而已。知天下國家皆我也，是曰知心；知天地萬物皆心也，是曰知學。盡心則萬物備我，我者萬物之體，萬物者我之散殊。一物不得其所，則將誰委乎？曰我不能，則自欺其知；曰物難盡，則自離其體，非盡心之謂也。」《明儒學案·波石語録》東厓稱波石爲先生高第弟子，於先生之學得之最深。徐《傳》跋所著有《日省仕學録》，未刊。《配享列傳》

朱恕，字光信，泰州草堰場人，樵薪養母。一日過先生講堂，歌曰：「離山十里，薪在家裏；

離山一里，薪在山裏。」先生聞之，謂門弟子曰：「小子聽之！道病不求耳，求則不離，不求無易。」樵聽先生語，浸浸有味，於是每樵必造階下聽之，餓則向都養乞漿，解裹飯以食。聽畢則浩歌負薪而去。門弟子覸其然，轉相驚異。有宗姓者招而謂之曰：「吾以數十金貸汝，別尋活計，庶免作苦，且可旦夕與吾輩遊也。」樵得金，俯而思，繼而大恚曰：「子非愛我！我且憧憧然，經營念起，斷送一生矣。」遂擲還之。胡廬山直爲學使，召之不往，以事役之，短衣徒跣見廬山，與之成禮而退。《明儒學案》

韓貞，字以中，號樂吾，興化人。以陶瓦爲業，慕朱樵而從之學，後乃卒業於東厓。粗識文字。有茅屋三間，以之償債，遂處窑中，自詠曰：「三間茅屋歸新主，一片煙霞是故人。」年逾三紀未娶，東厓弟子醵金爲之完姻。久之，覺有所得，遂以化俗自任，隨機指點，農工商賈從之遊者千餘。秋成農隙，則聚徒講學，一村既畢，又之一村，前歌後答，弦誦之聲洋洋然也。縣令聞而嘉之，遺米二石、金一鍰。樂吾受米還金，令問故，對曰：「儂，窶人，無能補於左右，第凡與儂居者幸無訟牒煩公府。此僕之所以報明府也。」耿天臺行部泰州，大會心齋祠，偶及故相喜怒失常，樂吾拊牀叫曰：「安能如儂識此些子意耶？」天臺笑曰：「窮居而意氣，有加亦損也。」東厓曰：「韓生識之！大行、窮居，一視焉可也。」樂吾每遇會講，有譚世事者，輒大噪曰：「光陰有幾，乃作此閒談耶？」或尋章摘句，則大恚曰：「舍卻當下不理會，搬弄陳言，此豈學究講肆

耶？」在座爲之警省。《明儒學案》年七十有七，祠於鄉。著有《樂吾詩集》行世。《配享列傳》

顔鈞，字山農，吉安人。嘗師事劉師泉邦采，無所得，乃從徐波石學，《心齋集》門弟子姓氏内列鈞名，又字子和，是山農亦嘗及門。李二曲、李卓吾、顧亭林所述同。得泰州之傳。其學以人心妙萬物而不測者也，性如明珠，原無塵染，有何睹聞，著何戒懼？平時只是率性，所行純任自然，便謂之道；及時有放逸，然後戒慎恐懼以修之。凡儒先見聞格式皆足以障道。此大旨也。嘗曰：「吾門人與羅汝芳言『從性』，餘子所言只『從情』耳。」山農遊俠，好急人之難。趙大洲赴貶所，山農偕之行，大洲感之次骨。波石戰没沅江府，山農尋其骸骨歸葬。頗欲有爲於世，以寄民胞物與之志，然世人見其張惶，無賢不肖皆惡之。以他事下南京獄，必欲殺之，近溪爲之營救。不赴廷試者六年，謂周恭節訥溪先生怡曰：「山農與相處餘三十年，心髓精微，決難詐飾。其學直接孔、孟，俟諸後聖，斷斷不惑。門下雖知百近溪，不如今日一察山農子也！」山農以戍出，年八十餘。《明儒學案·泰州序引》

羅汝芳，字惟德，號近溪，江西南城人。嘉靖三十二年進士，知太湖縣，擢刑部主事，出守寧國府，以講會、鄉約爲治。丁憂起復，江陵張居正問山中功課，曰：「讀《論語》、《大學》，視昔差有進耳。」江陵默然。補東昌守，遷雲南副使，悉修境内水利。迤西告急，近溪下教六宣慰，使滅莽分其地，莽人恐，乞降。轉參政。萬曆五年進表，講學於廣慧寺，朝士多從之者，江陵惡焉。給事中周良寅劾其「事畢不行，潛住京師」，遂勒令致仕。歸，與門人走安城，下劍江，趨兩浙、金陵，往來閩、廣，益張惶此學。所至弟子滿座，而未嘗以師席自居。十六年卒，年七十四。少時讀薛文清語，閉關臨野寺，置水鏡几上，對之默坐，使心與鏡無二，久之病心火。過僧寺，見有標「急救心火」者，訪之，則聚而講學。近溪從衆中聽良久，喜曰：「此真能救我！」問之，爲顔山農鈞，得泰州之傳。聞其言，如大夢醒。明日五鼓即往納拜爲弟子，盡受其學，病果愈。其後，山農以事繫留南京獄，近溪盡鬻田産脱之，侍養於獄，六年不赴廷試。歸田後身已老，山農至，不離左右，一茗一果必親進之。《明儒學案·近溪傳》著有《羅子全集》、《仁孝仕學訓》諸書行世《配享列傳》。黄梨洲謂：「近溪之學，以赤子良心、不學不慮爲的，以天地萬物同體，徹形骸、忘物我爲大，此理生生不息，不須把持，不須接續，當下渾淪順適，工夫難得湊泊，即以不屑湊泊爲工夫；胸次茫無畔岸，即以不依畔岸爲胸次。解纜放船，順風張棹，無之非學。學人不省，妄以澄然湛然爲心之本體，沈滯胸膈，留戀景光，是爲鬼窟活計，非天明也。論者謂『龍溪筆勝舌，近溪舌勝筆』。微談劇論，所觸若春行雷動，雖素不識學之人，能令其心地開明，道在眼前。一洗理學膚淺套括之氣，當下便有受用，顧未有如近溪者也。」《明儒學案》

楊起元，字貞復，號復所，廣東歸善人。萬曆丁丑進士，授編修，歷官至吏部侍郎兼侍讀學士，未上而卒，年五十三。幼讀書白門，遇建昌黎允儒談學，霍然有省；允儒師近溪。近溪至，大喜，稱弟子。時江陵不説學，以爲此陷阱，不顧也。近溪既歸，歎曰：「吾師且老，今若不盡其傳，終身之恨也！」因訪從姑山房，而卒業焉。嘗謂鄒南皋曰：「師未語，予亦未嘗置問，但覺會堂長幼畢集，融融魚魚，不啻如春風中也。」所至以學淑人，其大指謂明德本體，人人所同。其氣稟拘他不得，物欲蔽他不得。無工夫可做，只要自識之而已。事近溪，出入必以其像供養，有事必告而後行。顧涇陽曰：「羅近溪以顔山農爲聖人，楊復所以羅近溪爲聖人。其感應之妙，錙銖不爽如此。」《明儒學案·復所傳》著有《證學編》同上附。

梁汝元，字夫山，其後改姓名爲何心隱，吉州永豐人。少補諸生，從學於山農，與聞先生立本之旨。時吉州三四大老方以學顯，心隱恃其知見，輒狎侮之。謂《大學》先齊家，乃構萃和堂以合族，身理一族之政，冠婚喪祭賦役，一切通其有無，行之有成。會邑令有賦外之征，心隱貽書以誚之，令怒，誣之當道，下獄中。孝感程後臺在胡總制幕府，檄江撫出之。總制得心隱，語人曰：「斯人無所用，在左右能令人神王耳。」已，同後臺入京師，與羅近溪、耿天臺遊。一日，遇江陵於僧舍，江陵時爲司業。心隱率爾曰：「公居太學，知《大學》道乎？」江陵爲勿聞也者，目攝之曰：「爾意時時欲飛，卻飛不起也。」江陵去，心隱嗒然若喪，曰：「夫夫也，異日必當國，當國必殺我。」心隱在京師辟谷門會館，招來四方之士，方技雜流無不從之。是時，政由嚴氏，忠臣坐死者相望，卒莫能動。有藍道行者以乩術幸上，心隱授以密計，偵知嵩有揭貼，乩神降語：

「今日當有一奸臣言事。」上方遲之，而嵩揭至，上由此疑嵩。御史鄒應龍因論嵩敗之，然上猶不忘，嵩尋死道行於獄。心隱踉蹌南過金陵，謁何司寇；司寇者故爲江撫，脱心隱於獄者也。然而嚴黨遂爲嚴氏仇心隱。心隱逸去，從此蹤跡不常，所遊半天下。江陵當國，御史傅應楨、劉臺連疏攻之，皆吉安人也。江陵因仇吉安人，而心隱故嘗以術去宰相，江陵不能無心動。心隱方在孝感聚徒講學，遂令楚撫陳瑞捕之，未獲。而瑞去，王之垣代之，卒致之。心隱曰：「公安敢殺我，亦安能殺我？殺我者，張居正也！」遂死獄中。《明儒學案·泰州敘引》耿尚書天臺爲先生作傳，嘗自稱私淑先生《明儒學案》列天臺入泰州學案，而又與近溪、心隱相友善。心隱之獄，唯天臺與江陵厚善，且主殺心隱之李義河幼滋又天臺之講學友，斯時救之固不難，天臺不敢沾手，恐以此犯江陵不説學之忌。《明儒學案·天臺傳》李卓吾以心隱爲聖人顧憲成《小心齋劄記》卷三，因爲作《何心隱論》，有曰：「吾又因是而益信談道者之假也。彼其含怒稱冤者，皆其未嘗識面之夫；其坐視公之死，反從而下石者，則盡其聚徒講學之人。然則匹夫無假，故不能掩其本心。談道無真，故必欲剗其出類。」《焚書》卷三天臺嘗招卓吾於黃安，後漸惡之《明史》，繇是益與卓吾有隙。心隱之學，不墜影響，有是理則實有此事。梨洲謂：「泰州之後傳至顏山農、何心隱一派，非復名教所能羈絡。」然又言：「今之言諸公者，大概因當時爰書節略之，豈可爲信？」《明儒學案·泰州序引》則亦隱存回護之旨焉。

趙貞吉，字孟静，號大洲，蜀之内江人。生而神穎，六歲誦書，日盡數卷。嘉靖十一年進士《明史》作十四年，選庶吉士，授編修。上惑方術，疏請敷求真儒，不報。遷右春坊右中允，管司業事。二十九年，京師戒嚴，嫚書要貢，集百官議闕下，日中莫發一論者，大洲出班大言曰：「城下之盟，《春秋》恥之！」華亭徐階問：「何奇畫？」曰：「爲今之計，上下詔引咎；録周尚文之功，以勵邊帥；釋沈束之獄，以開言路；輕損軍之令，重賞功之格，飭文武百官爲城守，諭諸將監督力戰。他無可爲畫者。」上即升大洲左春坊左諭德兼河南道監察御史，給賞功銀五萬兩，令隨宜區處，宣諭將士。廷議罷，大洲盛氣謁相嵩，嵩辭不見，大洲怒叱門者。會通政趙文華入顧，謂大洲曰：「公休矣！天下事當徐議之。」大洲愈怒，駡曰：「汝，權門犬！何知天下事？」嵩聞，大恨，欲敗其事，故不與督戰事權，亦不與一護卒。大洲單騎出城，致銀總兵仇鸞，所歷諸營，傳諭而返。明日復命。《明儒學案·大洲傳》上大怒，謂：「漫無區畫，徒爲尚文東遊説！」下詔獄，杖於廷，謫荔波典史。稍遷徽州通判，進南京吏部主事。四十年，遷至户部右侍郎。《明史》又以忤嵩罷《明儒學案》。隆慶初，起禮部左侍郎，掌詹事府，充日講官。年逾六十而議論侃直，上深注意焉。遷南京禮部尚書。三年秋，兼文淵閣大學士，參預機務。《明史》在閣與高文襄拱議不合，詔馳驛。歸，杜門撰述，擬作《二通》以括古今之書。萬曆四年卒《明史》作十年，年六十九，贈少保，謚文肅。梨洲謂：「大洲之學，李贄謂其得之徐波石，其論中也，曰世儒解中者不偏不倚，無過不及之名，而不知言中爲何物，豈有三聖心傳不指其體而僅言其效乎？波石之論中也，亦曰伊川有堂之中爲中，國之中爲中，若中可擬而明也，《易》不當曰神無方而易無體矣。故知大洲有所授受也。」《明儒學案》

右既略述泰州學派下之著者，竟更摘近人梁任公《讀泰州學案》語以殿吾篇：「日本自幕府之末葉，王學始大盛。其著者曰太平中齋，曰吉田松陰，曰西鄉南洲，曰江藤新平，皆爲維新史上震天撼地人物。其心得及其行事，與泰州學派蓋甚相近矣。井上哲次郎著一書，曰《日本陽明派之哲學》，其結論云：『王學入日本則成爲一日本之王學，成活潑之事蹟。留赫弈之痕跡，優於支那派遠甚。』嘻！此殆未見吾泰州之學風云爾。抑泰州之學，其初起氣魄雖大，然終不能敵一般輿論，以致其傳不能永，則所謂活潑赫弈者，其讓日本專美亦宜，接其傳而起其衰，則後學之責也！」《節本明儒學案》

卷九

王心齋先生像贊[一]

永春後學李開藻糟儲道

於乎！惟先生之容儼兮，其若客；惟先生之心坦然，其無不獲。蓋先生之言曰，匪學胡樂，匪樂胡學？然則先生之學固其所以爲樂，而先生之樂又其所以爲學，而其無不學無不樂者，固先生之所爲，躬行心得，而後人之先覺也耶？

上元後學李登頓首拜書知縣

元化不息，主持者人；若續若斷，以通以湮。在昔有宋，元公崛起；不有伯淳，誰承承其？云胡數傳，而墮支離！惟我文成，開斯世迷。先生聿興，海濱獨詣；取證姚江，貞符允契。我拜公像，七尺昂昂。繼開千古，教澤無疆。於千萬祀，云胡可忘。

〔一〕和刻本無，底本、全集本均見卷首。

浩浩之氣，巖巖之風。其容肅肅，其度雍雍。樂學居仁，格物知止。天挺人豪，心齋夫子。

淮陰後學馮世明贊諸生

身未六旬，道通萬世。掌握乾坤，包羅天地。仁以勉仁，學以樂學。允矣師模，啓我後覺。

海陵私淑門人唐珊贊布衣

先生有真體，不在耳目與口鼻。身以備三才，貌以諧四序。有手兮掌握天地，有足兮東西南北。是固非口舌之所能形，亦豈畫工之所可悉？我儀思之，渾然太極。

楚房郡後學李香撰訓導

浮海一歎，哲人挺生；匹夫有志，泰山貞珉。師門致知，衍爲力行；即修爲悟，力行近仁。高風百世，是欽是承。

新倡私淑門人陳履祥贊貢生

形恭而安，色温而厲。歌著大成，箴昭孝弟；丸弄乾坤，道通天地。孔孟同心，垂憲萬世。

清江私淑門人陳魁類撰布衣

誰不有形色？先生天性是。誰不有天性？先生形色是。格物格此物，修身修此身。東海一托跡，姚江傳至真。仰瞻何所似，太極自渾淪。

宛陵後學汪有源撰布衣

粤維夫子，人相厥真。仙丰道氣，玉骨金筋。子曰否否，惟聖統天。文成歎曰，鐵漢鐵漢。從今觀之，果然果然。天何言哉？小子述焉。

歷陽私淑門人郝繼可撰訓導

序跋

兵部給事中江西永豐縣受業弟子聶静子安撰《重刻先生語録》原序〔一〕

《重刻心齋王先生語録》者，静與董子兆時重刻以傳者也。刻《語録》何？先生不主言詮，或因問答，或寓簡書，言句篇牘，收之於流播，得之於十一者也。然詞約而旨遠，入聖之指南矣。

先生既殁，斯録乃傳。初刻於江浦，繼刻於漳南。記憶稍訛，傳寫或謬，而讀者疑焉。今年夏，先生仲子宗順携先生《年譜》過永豐而梓焉，又將《語録》三復讐校，正訛去謬，與《年譜》並刻。而是録爲完書也。

〔一〕文載底本卷首。

宗順謂靜遊先生之門有年，可無言以記顛末？靜惟先生之學獨契於「格物」之旨，其所爲教不患人不知學，患人不知格物以爲學也。蓋「致至在格物，物格而後知至」，《大學》揭聖學之全而云然者。中和位育之駿業，止至善之極功，孔子之集大成，而陽明王公之致吾良知者，其在兹乎？其在兹乎！何也？物有本末而身爲之本，天子、庶人皆本於修身，本亂而末治者否，此知本而知之至也，格物之謂也。是故道濟天下，吾道至尊，待人而行；吾身至尊，故君子安身而動，身安而天下可保。大人者，正己而物正，知所立本，知所達道也。故不知立本則不知尊其身而遺本，不知達道則不知尊其道而遺末，非聖學之全，孔子所爲賢於堯、舜者也。或曰：「立本以尊身，達道以尊道，何言乎『格物』？」曰：「身者天也，萬物之主也。反己、修己、正己、利用而安其身，愛人、敬人、信人至保乎家國天下，則吾身主宰乎天地萬物而天地萬物依乎己，運量乎天地萬物而不以吾身依乎天地萬物，植本而不遺其末，知所先後也。」曰：「出必爲帝者師，處必爲天下後世師，微旨云何？」曰：「非好爲人師也，格物之實際也。然非先生言之，孟子曰『有大有爲之君，必有所不召之臣』；有王者興，必來取法』，所以尊吾身也；孔子曰『吾非斯人之徒與而誰與』，歸與之歎，狂狷之思，不得志而修身見於世，所以尊吾道也。夫身尊則道尊，道尊則身尊。孔子之學不厭、教不倦，九二之見龍在田，此其志矣。謂非格物之實際乎？故曰：物格而後知至，知至則掌握乎乾坤、包羅乎天地，俟百世而不惑，施之後世而無朝夕，學之爲大成也。」

而録中備之矣。

嗟乎！學者之讀是録也，尚思先生之教，務格物以致吾之知乎？夫致知格物，孔、孟殁而微言絶矣。非王公啓其秘、先生發其要，而立心、立命以開太平之聖學，將愈久而愈晦，而後之學聖人者復何所觀則乎？不有所觀則而曰宇宙在我焉者，妄也！

静不敏，聞言而未悟，習事而未察，師門之罪人也，何足以敘先生之録？乃宗順委命至再，義不可辭，故摭拾所聞以弁於録首。觀是録者，其無以静之不學而略於先生之大成哉！是爲序。

案：原集無斯序，今於《王氏族譜》中録出。余因其文多發明格物精微之旨，列此以俾學者有印證焉。光緒戊申秋，後學袁承業謹識。

《心齋先生遺集》例言[一]

袁承業

一、《心齋先生集》，前明六刻，板均散佚。國朝四庫館開，曾加採録，傳益廣焉。嘉慶間，先生裔某搜訪遺板，合一庵、東厓兩先生集版，彙印百餘部，族人分藏之，署曰《淮南王氏三賢全

[一] 文載底本卷首。

書》，即今本是也。維時泰州先達王沂中世豐者，照原集祇刊《語録》，其餘詩文雜著概未刊行，印本亦無多。當此王學復興時代，中外志士求先生書者甚衆。爰將原書重編體例，先付排印，俾好學君子得以先睹爲快。尚當籌集資斧，再鐫梨棗，以廣其傳。

一、先生之學，自一庵翼之而始暢，至東厓繼之而更純。一庵者，先生族弟棟也；東厓者，先生仲子襞也。今印先生集，更名曰《明儒王心齋遺集》，以一庵、東厓兩集爲之附。仍依原書稍加編次，即如《心齋集》有《年譜》、有《譜餘》、有《續譜餘》、有《疏傳合編》，占集之三分有二，今重加編録，重復者删之，原缺者空之。標目用單行大字，撰文用雙行小字。初擬置之卷端，分四卷，因繁重倍於本集，乃移附卷末。至一庵年譜、傳文，東厓年譜並集内諸名公贈言、壽序、行狀、墓誌各文等均列之集首，匪特先賢向慕之忱不至湮没，方來君子其亦有感於斯。

一、先生以學世其家，海内共知。厥後以著述佐先生者惟一庵、東厓而已，餘多湮没不傳。緣編斯集，印證群書，從《王氏族譜》及諸集中得先生長子東堧、三子東隅、四子東日、曾孫天真詩文、雜著殘稿若干篇，因以觀感，未肯棄去，故摘録一卷，即補撰四傳，編訂目次，附諸集後，以成王氏一家之學源也。

一、原書心齋父守庵像與心齋、一庵、東厓三賢像及心齋衣冠蒲輪等製，悉照原刻鉤摹，仍列各卷之首，並增摹心齋兄汝全，弟汝勝、汝良、汝憲、汝晉、汝成六君像，附心齋像後，以彰儀容而免湮没。

一、心齋先生集内粹語，勝朝諸名家著述徵引者，原刻有姓氏書目録，今依原録附集尾。蓋原書未登諸書見引編録者尚多，如明劉蕺山引《樂學歌》於集中、國朝孫夏峰編入《理學宗傳》、黄黎洲編入《明儒學案》、李二曲編入《觀感録》、全謝山編入《經史問答》、陳文恭編入《學仕遺規》之類甚夥，擬續補入，又恐冗繁，姑置之。

一、《心齋集》後有「禋祀類紀」及「謀梓遺集尺牘」，今亦照原録附於集尾。

一、《一庵集》於嘉靖二十三年經族人集版彙印，時跋稱下卷已半損矣。今依原書鈔録，未遺一字，惟目録下已缺者注一「缺」字，以備待補云。且海内士君子有藏《一庵全集》者，請照缺者鈔示補之，豈僅王氏深感者耶？

一、《東厓先生續補遺》三篇，歌一，見《中十場志》，《壽文》一，《墓誌銘》一，皆見《王氏族譜》，今輯附後，以免遺佚云爾。

一、先生門弟子及私淑弟子幾遍天下，散諸各籍，一時難稽。今據原集弟子録，參《明史·儒林傳》、《明儒學案》等書及各府州縣誌，采得諸賢四百八十七人，分五傳編成《心齋弟子師承表》一卷，列於諸卷之後，以見授教之宏、向學之誠，爲後賢宗仰焉。余苦見聞狹隘，披輯維艱，缺憾甚多，當祈海内同志惠我書函，匡其不逮，庶幾前賢師承之緒不致缺失云。

一、《三賢全集》，後先編輯校刊者凡數十輩，若依舊刻置卷首，未免太冗，今於諸卷之末列一姓氏表，以免湮没。凡仕履於集中已見者概不復書，新編姓氏亦並列於此表中。

宣統二年庚戌四月，邑後學袁承業伯勤氏識。

《心齋先生全集》序[一]

陳履祥

文成夫子曰：「顏子殁而聖人之學亡。」何亡乎？蓋在聖門，有顏子者好學，今也則亡，況以後之人乎？噫！非果學不好，抑亦好非學也。迨文成出而良知一脈直接性善之宗，豈非顏子再世，而天實未亡聖學耶？心齋先生，其當門子也。先生未及門時，深思力踐，已透入性命之奧，故遇而傳，傳而遇，文成之學多有所發明，而鄒、錢、王、歐諸公又多藉所提倡。予姚江先師淵源所自不爽矣。

小子履神交，不翅面命，私淑殊甚雨化。於是登先生之堂，躬承樂學之宗，而丕建維揚十州縣之會，俊乂鬱起，非徼福先生之靈有是乎？

唯先生好悟類顏，精修類曾，勁挺類子輿氏。而勤懇造士，隱隱尼山父不厭倦之緒。其載

[一] 底本、和刻本無，據全集本卷一輯録。

在鄒子《真儒編》、劉子《學案》、周子《聖宗統》者，言言學人蓍蔡矣。

兹《語録》者何重修之爲？嗚乎！傳海錯者不在其多，望枵腹者唯恐其少。耿司馬表章者非歟？先生性真，不侈文字，而隨在指點，散在士林。識大識小，舊録未之悉也。諸孫氏之垣等旁搜而增益之，稍稍成先生全書。

世興道也，道興，世其有量乎？予小子既爲孚先矣。

萬曆疆圉協洽，歲林鍾之元，新安樂淑弟子陳履祥拜手書。

重刻王心齋先生遺集跋〔一〕

昔仲尼殁而微言絶，七十子喪而大義乖。先生興起三千年後，慨然以斯道爲己任，古謂豪傑之士者，非與？雖持論過高，不無流弊，然門徒之失，未足爲先生病也。

余嘗過安豐，歷東淘，覩廟貌車服之制，輒流連企慕而不能去焉。迄今二百餘年，遺風亦稍歇絶。已而海濱之士咸知崇禮讓敦名節，於以見天則民彝，人所固有，而教澤之感人者深也。

〔一〕　底本、和刻本無，據全集本輯録。

余故考其譜牒，識其《語録》，參以傳記。先生子姪論學之旨亦附於末，以志私淑，亦俾後之學先生者得所憑藉云。

時嘉靖丙子秋。後學王世豐謹題。

心齋語略跋〔一〕

曹儒川

秦漢以來爲理學言者，凡數十家，類汩没千，卜度研□之間，重以疑天下才傑士，俾視學若贅恍然。是亦吾濟有罪焉耳。心齋王先生得姚江之傳，而遡流濂洛，故其所存問答語，刊去支離，顯於閫奥，易簡成位，運諸掌焉。其若詩、歌、箴等，直指根源，起绝塵語，令人油然興起。謂之學人指南，非耶？

古洛見臺蔡子國賓將梓以行，而重有愛之，謂其流之疏畧，誕易未可知也。予憬然曰：先生言之矣，著意爲私，從人爲僞。所謂疏畧而誕易焉者，意爾人爾。蓋竊先生之似而非有真見者，是烏足以爲兹刻之累？

因併識之，以告同志，俾曉然如先生所謂超脱凡俗而入聖人之道者云。

〔一〕 底本、和刻本、全集本無，據萬曆本補。

心齋語略跋[一]

管志道

道之至者，曰惟仲尼。以匹夫明明德于天下，無所倚焉。故耳心齋之學，蓋得諸此。其言宏大簡易，因自審切體認中來也。蔡子所指數條，畧備矣。

嗟嗟！以泰州一布衣，直窺聖脈。師當代而風後賢，彼獨何人也哉？彼倚勢傍吻者，可以惕然省矣！

《王心齋先生全集》序[二]

余杜門卻掃，七年於兹；誦習之餘，終日無事。一日，與塾士子裕校心齋文，乃廢卷喟然而歎。

子裕曰：「先生何爲其歎也？」

余曰：「蓋歎其流弊爾！」

〔一〕底本、和刻本、全集本無，據萬曆本補。

〔二〕據和刻本輯録。

「然則心齋之説果有弊乎？」

曰：「否！心齋之説亦易簡矣。易簡果有弊乎哉？雖然，後世有庸丈夫緣其易簡之説以飾其陋者，則其弊不可復捄也。」

子裕曰：「願聞其説。」

曰：「心齋之爲人也，抱雄傑儁邁非常之資，而其立志直欲造聖人之域而止矣。且其用工易簡直捷，譬如霜隼摶空，此豈非心齋平生之事耶？後人既不獲心齋之資稟，而志亦庸下，而喜其易簡、便其捷徑，乃其流之弊，不狂則爲陋也必矣！然發人之蒙，莫善於易簡之説，顧其志何如耳。夫志猶權衡丈尺也，小有違焉，則輕重短長不得其法也。而其用工，猶用權衡丈尺山人量度輕重短長也。或抑或揚、或進或退，其勢不得不偏至矣。苟不偏至，則不能得其力，故聖賢之教有一定不易之權衡丈尺，而其抑揚進退實無一定之法矣。則其説之繁簡難易，皆所以用工也。然而權衡不定，何以量度乎？志向不立，何以用工乎？庸丈夫則不知立我之志也，而趨於易簡捷徑，是猶不持權衡以量輕重，而惡重喜輕也。而可乎？此余之所以歎也！然學者莫善於易簡之説，易簡非天德乎？故曰發人之蒙，莫善於此。」

子裕曰：「如是，則易簡之説而可也。而又抑揚進退，不亦繁難乎？」

曰：「抑之揚之，進之退之，乃所以歸夫易簡也。所謂不偏至，則不得其力也。而後之人不知立其志矣，喜易簡以至飾陋。噫！此豈心齋之志也哉！且余與子裕今講斯學於幽閒落寞之鄉，則未見其流弊何如也，而一旦有措諸事業，試諸顯著者，乃其弊立見矣。此不得不周思而遠慮也。」

子裕曰：「唯！」

因次其語以弁卷首。弘化四年孟冬上澣，平安潛庵源襄撰。

跋〔一〕

先君子嘗謂吾兄弟曰：「《文貞集》行世二百餘年矣，愛而傳之者心心相印，未易一二言其所以然也。而當時隨輯隨刊，編次未遑較畫，如《孝弟箴》《樂學歌》等篇，《年譜》《語録》並載，可一省；論説詩章又錯見於尺牘，可放；《論》《孟》某篇多記某某之例，比類編之；其前之譜系、後之傳誄，只載家乘可也。需重刊善本，則習讀者益便。謹識九十餘處，示汝輩讀書梯筏。得失不能自知，亦思附刊以正有道。」庭訓耳熟者如此。

顧先君子未果辦，長兄福未幾繼殁。兹協榮禧弟、聘之姪遵貽意，敬録原書，分爲五卷，重

〔一〕　底本、全集本無，據和刻本輯録。

新梨棗。

爰附識言，謹承數典不忘之誼。

道光六年仲春月　日，王榮禄謹跋。

丁未暮春，潛庵先生閲此集，又令裕校其半，裕因按：卷首載劉節、吴悌薦疏二章，然劉疏已失，無別本之可考。蓋此二疏當時不能進退公，而今也反托此集行。吾人讀此，當以知所從矣乎！

宇都宫岡田裕謹跋。

國朝李二曲先生觀感録叙[一]

其畧云：王心齋先生，泰州安豐場人也。俗業鹽，故少不知書。年近三十，謁孔廟而毅然思齊，紹先啓後，師範百世。爲人骨剛氣和，性靈澄徹，音欬顧盼使人意消。巡撫劉節、巡按吴悌，皆特疏薦聞。御史洪垣構東淘精舍，以居其徒。時，大儒太宰湛公甘泉、祭酒吕公涇野、宗伯鄒公東廓、歐公南野，咸嚴重先生，而羅殿元洪先尤數造其榻請益。卒年五十有八。大學士趙貞吉誌其墓；户部尚書耿定向傳其事；提學御史胡植祀先生於

[一] 底本無，據全集本、和刻本輯録。

鄉賢，馮天馭置精舍祠祭田、定祀典；兵備副使程學博奉督撫檄建專祠於州西；巡撫王宗沐、吴桂芳各捐俸置崇儒祠祭田；大學士李春芳、巡撫淩儒撰祠記；總督李燧修塋城；尚書孫應魁，祭酒敖銑，給事中黄直林，大欽戚賢，都御史耿定力、周寀、張元沖，總督毛愷，廉使胡堯時，太常卿郭汝霖，巡鹽御史彭端吾、陳遇文、謝正蒙、張九功，提學御史楊廷筠、宋儀望，巡按御史黄吉士，修撰焦竑，知府朱懷幹，推官徐鑾等，相繼置田肖像，表章私淑。萬曆十三年，右諭德韓世能、工部郎中蕭景訓題請從祀孔廟。二十七年，大學士沈一貫、郎中田大年、給事中王士性復請旨從祀。三十七年，給事中曹子忭、胡忻請旨待謚，後欽謚「文貞」。四方縉紳，凡宦於其地者，莫不晉謁瞻禮。祠宇以時葺治，春、秋二祭有永無替。

論曰：心齋先生不由語言文字，默契心宗，一洗俗學支離之陋，毅然以堯、舜、孔、孟以來道脈自任。當是時，雨化風行，萬衆環集，先生抵掌其間，啓以機鑰，道以固有，靡不心開目明，霍然如牾得脱，如得旅歸。門人本府同知周良相、本州知州朱篸、刑部郎中董燧、給事中聶静、文選郎中林春等，無慮數十百人，咸承傳其學，轉相詔導，而布政徐子直、布衣顔山農尤最著。子直之後，爲内閣趙文肅；山農之後，爲參政羅近溪、何心隱；近溪之後，爲少宰楊復所；心隱之後，爲錢懷蘇，爲程後臺。後先相繼，至今流播海内，火傳無盡。先生之道，彌久彌尊。嗚呼盛矣！先生嘗謂：「大人者，正己而物正者也，立其身以爲天下國之本，則位育有不襲時位者。」其

《樂學歌》有云：「人心本自樂，自將私欲縛。私欲一萌時，良知還自覺；一覺便消除，人心依舊樂。」示俞純夫云：「只心有所向便是欲，有所見便是妄。既無所向，又無所見，便是無極而太極，良知一點，分分明明，停停當當，不用安排思索。聖神之所以經綸變化，皆本諸此。」言言透髓，字字切實，吾人所當服膺也。

重刻王心齋先生遺録序[一]

胡　直

《心齋先生遺録》若干卷。始嘉靖間，門人張水部峯刻諸江浦。隆慶間，先生仲子某偕諸門人編校《年譜》，並《遺録》刻永豐。仲子嘗屬予序，而未之逮。今萬曆四年，水部重刻於家，乃亦以序見督。

予少讀《遺録》，而得先生學脈之大較矣。今且半皓，乃以水部所刻讀，忘寢食，而益得其旨歸，然後掩卷吁曰：「是刻，其可已乎？」

先生之學，先知本，故立其身以爲天下國家之本，則位育有不襲時位者，此旨歸也。然先生

[一] 據胡直（廬山）《衡廬精舍藏稿》卷十輯録。文載張昭煒編校：《胡直集》第二一六—二一七頁，上海古籍出版社二〇一五年版。

所以語立身者甚詳，非曰不辨不肖之身，而徒出身以師帥一世之謂也。先生所自爲立身者甚嚴，非曰不辭不腆之脩，而輒委身以鼓舞一世之謂也。

先生《録》中曰：「顔子有不善未嘗不知，常知故也；知之未嘗復行，常行故也。」又云：「誠意、忠恕、强恕、致曲，皆爲立本工夫。」平時揭示無欲之訓，不一而足。所著《勉仁》等篇，則又循循示人遷善改過，反躬自責，不爲葉言。是先生所語立身之事如此。

水部雅爲予言：先生最嚴取予，不苟一縑一葛。予又考先生自量不嫻文義，而孝誠天至，厚義薄利，咸出性成。及聞東越致知之旨，而深造自得，日以光大。巨節細行，咸可昭日月、通神明，故嘗以一身而活千萬人，以褐衣而師表乎王公，非獨纓緌詩書之士欽風而起，覿顔而消，而下逮農賈儓隸、齠齔禿翁，一聞謦咳，若澡雪其胸臆而牖發其天機。是先生所爲立身之實又如此。

而今之學者未少有得，則皆好爲人師，至南面抗顔，號召後生，猖狂鼓舞，自爲大於一時，亟高其言曰：「吾學即止至善，又焉用致知？焉有所謂無欲之功？」其極至習爲圓通，恣爲權譎，以便功利。大德既隳，猶自與曰：「吾誨不倦，即學不厭。」不知所誨果何物也？所謂出身以爲天下國家，果何身也？嗟夫！先生所爲訓與其自立者，豈端使然哉？

夫衡懸則不可欺以重輕，繩陳則不可欺以曲直，規矩設則不可欺以方圓。水部既重刻《遺録》，而又附以墓文、誌、傳，豈非所謂懸衡陳繩、申飭規矩以示斯人之徒者歟？

雖然，聖賢立言猶善醫者因病而施方，非可以方執而局泥也。先生《録》中有云：「出則爲帝者師，處則爲天下後世師。」予則以爲聖人出爲帝者師，而未嘗不師天下後世；處爲天下後世師，亦未嘗不師帝者。是故時濳時躍、時見時飛，而未嘗有家舍用舍，行藏莫不在天地萬物，是乃先生所學孔子家法，學者亦善觀善學之而已矣。

水部嘗令江浦，有惠政，民生祀之，豈亦有先生一體者歟？是刻爲學者慮至殷也，故援其意爲之序，且以復仲子。

重鐫心齋王先生語録序[一]

周汝登

心齋王先生，其東海之聖人矣乎！何以知之？陸子曰：「千百世之前，千百世之後，與夫東西南北海，有聖人出焉，此心此理同也，故聖則無弗同，同則無弗聖矣。」各生自信與伏羲、神農、黃帝、堯、舜、禹、湯、文、武、周公、孔子同此心，同此理，斷斷乎其不惑也，豈不既聖

[一] 據《周海門先生文録》卷四輯録。文載張夢新、張衛中點校《周汝登集》上册，第一二九—一三〇頁，浙江古籍出版社二〇一五年版。

矣乎！

或者曰：「此心此理，人無不同。人人同，豈人人聖乎？」曰：人人本同，人人本聖，知而信者誰？信則同，不信則異，聖凡之分也。千金之子，舍而負販，不信己富也；信之，則千金握中矣。侯王之子，棄而胥徒，不信己貴也；信之，則侯王刻下矣。或者又曰：「言信，則修爲己乎？」曰：不爲烏信，不信烏爲？千金之子而欲自信，則必稽基業所自，寶藏所存；侯王之子而欲自信，則必溯統系所承，符券所在。此爲以求信，非漫信也。信自千金，則常守此富，有自然之料理；信自侯王，則常守此貴，有難忘之制節。此信而後爲，非盲爲也。不然而有漫信者，基業、統系不知來，寶藏不入眼，符券不在手，則千金妄度、侯王妄號而已矣。不然而有盲爲者，業負販，則曰吾積累以致裕焉，盡其積累終身，負販之雄而止已；事胥徒，曰吾操勵以階進焉，極其操勵終身，胥從之良而止已。嗟乎，此聖學、俗學之所以分也。

聖學不明，凡幾百年。而陽明先生作，繼有先生，又有龍溪先生，共將此心此理昭揭示人。一時三王，可謂千古奇遇。

吾觀先生初過闕里，便奮然太息：「正德六年間，居仁三月半！」此何等信人乎！力行孝弟，體驗經書，行住語默，俱在覺中。此何等修爲乎！如先生者，真以一窶子而立享千金，以一匹夫而坐位侯王，晏然當之，毫不驚飾。陽明子曰：「此真爲聖人者也。」真爲，則真聖矣，又何疑哉？

三王之書流行於世，皆世間一日不可無者。越中二王先生之書多，而先生之語寡。真方療疾，一味與衆味同效；真金示人，一鎰與百鎰同精：固不必以多寡論也。不能過先生之里，拜先生之墓而修先生之祠，今十五年矣。先生之孫之垣重刻先生之語，而命子元鼎千里走乞不肖序其首。以不肖於先生仰止特深，不肖固願爲之言，而且喜先生之有後也，敬齋沐書此。

嗟乎！人而不欲希聖則已，苟有志乎伏羲、神農、黄帝、堯、舜、禹、湯、文、武、周公、孔子之爲聖，舍先生之言無由入。先生之言與越中二先生之言，一而已矣；千聖，一而已矣。

傳記

心齋先生事軼〔一〕

王心齋一日與徐波石同行，至一溝，溝殊闊。强波石超，波石不得已，奮力跳過。心齋大呼

〔一〕底本、和刻本無，據全集本輯録。

曰：「即日即此便是！」《白蘇齋集》

心齋公舟行，舟湫隘甚。自卧舟閣板上，而令僕卧其下。僕夜噥噥不休，及早起，呼之跪舟次，令自脱履置冠上，問僕：「如此，可看得？」亦冠履不容倒置意。《庭聞州世説》

心齋公途遇盜，盜拔刀將向公，公曰：「吾何畏於刀？所畏者，刃耳。試銜之，吾將恣所欲。」則推刃其兩頤。盜血肉離披，曰：「好道學！」亦見道學非無用。同上

心齋先生遊於市，見市人相罵。一人曰：「汝没天理！」「汝没良心！」先生謂門弟子曰：「二人正在講學，所惜者但以天理、良心責人，而不以天理、良心反己耳。」按，張子曰：「以責人之心責己，則盡道。」此即恕道也。《蕊亭隨筆》

或問心齋先生云：「師日間固無過，夢中有過否？」答曰：「夢中亦有過，但隨有隨改。」按，此則先生夢中實無過也。何也？即改故也。今人日間尚多過，況夢乎？日間之過尚不知改，況夢中乎？噫，可歎矣！同上

蔡學博述：心齋王先生一日在白下聯衆同志遊某寺中。初，心齋同衆友覓蹇前往，維時諸友忘分忘年，熙然類聚。心齋指示之曰：「此個景象便是羲皇世界！」有頃，東廓先生偕涇野諸

縉紳長者悉至，時諸友以齒以分秩然列坐。心齋先生又指示之曰：「此個景象便是三代世界！」日暮將歸，輿夫僕隸紛然搶攘。心齋先生又指示之曰：「此個景象便是戰國世界！」叔子（耿定力）曰：「羲皇時便有個羲皇出來提掇，三代時便有個禹、湯、文、武出來提掇，就是戰國時也有個孟子出來提掇，不然不成世界。」

余顧學博曰：「叔子此語良是，子能理會否？心齋先生此語是指點人令當下默識本體，未可就眼前口耳上接應，看做一番閑議論也。吾弟所謂『提掇』，羲皇等人，即當日熙然、秩然、紛然時，衆人不著不察，所以爲衆人也。即心齋先生此一指點，心齋便是當時羲皇、孟子等人矣。吾人從此一指點，便向裏默識，即一識便是個個心中有羲皇、孟子等人矣。人心一日十二時中，應感百交，安能保得時時俱是羲皇時光景？顧時時須認得此中有個羲皇、孟子在，便不是混世人，此是大關竅。」近日友朋人不信當下而別求光景，此便是混倒在戰國時而想像羲皇時景象，不知一提出孟子作主宰便是了。有種倡狂自恣者，冒認謔浪怒詈都是天機，是在戰國世界上打混，而不認得時有孟子乃命世人知宗而主之也。〔二〕

昔王汝止擬書上世廟，書中數千言，僉言孝弟也。張江陵（張居正）偶閲其遺稿，呀謂同志

〔二〕　據《耿定向集》卷八《紀言・心齋語記》輯録，文載傅秋濤點校《耿定向集》，華東師範大學出版社二〇一五年版。

友曰：「世多稱王心齋，比見《擬上世宗書》，一篇數千言，第言孝弟，何迂闊也！」羅丈（羅汝芳）聆之曰：「噫！孝弟迂闊耶？」有識者聞之矍然。愚惟孟子終生守此孝弟二字，當時炙轂之辯不能奪，談天之誕不能惑，雕龍之文不能眩，富強之術不能誘，豈不毅然默豪傑哉！稱之曰命世亞聖，不虛也。彼蓋真識其自心自性者的，而篤信夫孔氏之學脈，其見卓矣！蓋稽之《魯論》，首章言學次即言孝弟。其曰：「不犯上，不作亂者，是爲大順大化，而仁道自此成也。」《中庸》言宜兄弟、和妻子者，是即萬物所爲育；曰順父母，即天地所爲位也。《大學》言孝、弟、慈，是即國家天下所由齊治均平也。孰謂此道於世干涉眇小哉！〔一〕

王艮（節録）〔二〕

周汝登

王艮，字汝止，號心齋，泰州安豐場人。成化癸卯生，少陽明十一歲。家貧，父使治商，又業醫，皆弗竟。二十五歲，客山東，過闕里，謁孔子廟，瞻注久之，慨然奮曰：「是聖人者，可學而至耶！」同侣咸愕眙所言。歸取《孝經》、《論語》、《大學》日誦之，務見

〔一〕據《耿定向集》卷九《紀言》輯録，文載傅秋濤點校《耿定向集》，華東師範大學出版社二〇一五年版。
〔二〕據周汝登《聖學宗傳》卷十六輯，文載張夢新、張衛中點校《周汝登集》下册，第八六五—八六八頁，浙江古籍出版社二〇一五年版。

之行。

父役於官，天寒晨起，以冷水盥面。心齋見之，痛自責，以爲己罪。自是出代父役，入則晨昏定省，禮益虔。

心齋志必爲聖人，隨時默自體究，證悟有得，而人未之識也。嘗一夕夢天墜壓身，萬人奔號求救，先生奮臂托天起，見日月列宿失序，手爲整布如故，萬人歡舞拜謝。醒則汗溢如雨，頓覺心體洞然，萬物一體，宇宙在我。因題於壁曰：「正德六年間，居仁三月半。」從此行住語默皆在覺中。

制古衣冠，條經搢笏，所至與人講授。榜其門曰：「此道貫伏羲、神農、黄帝、堯、舜、禹、湯、文、武、周公孔子，不以老幼貴賤賢愚，有志願學者傳之。」

居嘗以經證悟、以悟證經，發明自得，不泥傳注。

有黄塾師者，吉州人，聞心齋語，詫曰：「此類吾省撫臺王陽明公之論學。」心齋亦訝曰：「有是哉？不可不往見之。如其同也，是天以王公與天下後世也；如其異也，是天以其與王公也。」

請於父，即日登舟。舟中夢與陽明拜亭下，覺曰：「此神交也。」抵豫章，刺稱海濱生，賦二詩爲贄，由中甬入，陽明降階迎之。心齋曰：「昨來夢交拜此亭。」陽明曰：「真人無夢。」心齋曰：「孔子何由夢見周公？」陽明曰：「此是他真處。我十年前亦知子來。」語畢，踞上坐。時，心齋服古冠服，手執木簡。坐定，問：「何冠？」曰：「有虞氏冠。」「何服？」曰：「老萊子服。」曰：「學老萊子乎？」曰：「然。」曰：「將止學其服，抑學其上堂詐跌，掩面啼哭也？」心齋色動，坐漸側。反覆論致知格物，心齋大嘆服，曰：「簡易直截，某所不及。」乃下拜，執弟子禮。辭出就館舍，繹思所聞，間有不合。明日復入見，曰：「某昨輕易拜矣，請與再論。」復上坐。陽明喜曰：「有疑便疑，可信便信，不爲苟從，甚善！」又反覆論難，曲盡端委，竟大服，再下拜，執弟子禮如初。心齋初名銀，是日陽明易「銀」爲「艮」。陽明退謂門人曰：「吾擒宸濠無少動，今卻爲斯人動。此真學聖人者也！」

居七日告歸，陽明曰：「何亟也？」心齋曰：「事親從兄，無非實學，何必遠遊乎？」陽明曰：「孟柯寄寡母居鄒，遊學於魯，七年而學成。我力量不逮子，學問路頭，我則先知之。」心齋對曰：「然父命不敢後也。」遂歸。

無何，擬再往。父以險阻難之，心齋謂：「誠可動天，無憚險阻。」時天旱，族長老曰：「試禱雨，得應，信天可動也。」心齋秉虔籲天，雨下如注，遂得父命而行。

過金陵，至太學前。六館士睹心齋冠服異常，環聚問六經大旨。心齋曰：「吾治總經，唯事此心耳！」大司成汪某延入與語，見而疑其異，乃問曰：「古言『無所乖戾』，云何？」「公何不問我『無所偏倚』？有無所偏倚，方無所乖戾。」汪公敬而憚之。

再抵豫章而返。

久之，陽明丁外艱，家居，四方來學者日衆。心齋至越爲調度，館穀以居之，而鼓舞開導其間，然猶以未能遍及天下。一日入告曰：「千載絶學，天啓吾師倡之，可使天下有不及聞此學乎？」既辭歸，制一蒲輪，沿途聚講，直抵京師。爲書千餘言，擬伏闕以上，同門阻之，乃止。時，陽明論學與晦庵頗牴牾，世方非詆，而心齋復講論勤懇，冠服、車輪悉古制度，人情益異。歐陽德諸人在都下者力促之歸。

還至會稽，陽明思裁之，及門三日不與見。一日，陽明送客出門外，心齋長跪街下曰：「某知過矣！」陽明不顧，心齋隨入至庭事，復厲聲曰：「仲尼不爲己甚！」陽明於是揖之起。時同志在側，莫不歎改過之勇。自是日依待陽明，益斂圭角，就夷坦，養粹氣和。音欬指顧，俱足令人意消。

丁亥，陽明起赴兩廣之命，心齋集同門講於會稽書院。明年戊子，陽明卒於師，心齋迎哭於桐廬，經紀其事而還。

至家，開門授徒，遠近皆至。

嘉靖己亥，心齋遘微疾，吉水羅文恭洪先造心齋廬。林子仁春率同郡諸生畢集，以心齋不能出，就榻前論證。

明年，心齋卒，年五十八。

心齋自童不嫻文義，亡所著述。乃其深造自得，則所謂六經皆注腳矣。

心齋曾兩畫策救海濱饑，所活人幾萬計，人謂以一華門儒生功侔宰相，心齋之學豈室於用者？

總漕都御史劉節、鹽法御史吴悌，皆特疏薦聞；内閣趙文肅貞吉曾疏請求用真儒，意實在心齋。俱格不報。

趙文肅曰：「先生之學，以悟性爲宗，以格物爲要，以孝弟爲實，以太虚爲宅，以古今爲旦暮，以明學啓後爲重任，以九二見龍爲正位，以孔丘爲家法，可謂契聖歸真，生知之亞者也。」

心齋王公〔一〕

李贄

公名艮，字汝止，泰州安豐場人。場俗故業鹽，無宿學者。而汝止孝出天性，寒日見親以急務盥冷水，乃痛哭曰：「某爲子而令親盥冷水乎？何用人子爲！」出代親役，入掃舍奉席。晨省

〔一〕據李贄《續藏書》卷二十二輯録。

夜定，如古禮唯謹。久之，行益純。忽心量洞明，悟性無礙，而天地萬物爲一體。自此行住語默，皆在覺體中。題其坐曰：「正德六年間，居仁三月半。」即悟入時已能如此。於是謝役秉禮爲儒者，而人未之識也。

益有年，王文成以副都御史撫江西矣。江西人有客安豐者，聞汝止説《論語》，詫曰：「此絶類王巡撫公之談學也。」汝止乃大喜，即日造江西，服古冠服，執木簡，賦二詩爲贄，以賓禮見。文成異之，下階迎入。艮長揖，上坐論學。居數日，有省，曰：「吾人之學，飾情抗節矯諸外；先生之學，精深極微，得諸心者也。」反服，執弟子禮。已，文成居越，時時造越中請質。已，太息曰：「是某之罪也夫！何風之未遠也？」辭還家，駕小車，從二僕北行。所至以師説化導，所至人聚觀聽者無慮千百。抵京，同志相顧愕眙，共匿車勸止。留一月，竟諧衆心而反。而汝止意終遠矣。

汝止骨剛氣和，性靈朗徹，見人眉睫即知其所存；學者意慮稍疏漏，見之不敢正而視也。接引人無間僕隸，雖顯貴悍戾不説學者，聞言皆愧悔謝不及。有蓄疑不解者，旁及他事，使本疑頓解。機應響疾、諸聲應氣求者望庭爲歸。與剖析精審，莫不虛往實還，而喜溢色眉也。

蓋汝止之學，以悟性爲宗，以及己爲要；以孝弟爲實，以樂學爲門，以太虛爲宅，以古今爲旦暮，以明學啓後爲重任，以九二見龍爲正位，以孔氏爲家法。其言曰：「只心有所向便是欲，有所見便是妄。既無所向，又無所見，便是無極而太極。」又曰：「知愚夫愚婦與知與能，與鳶魚飛躍同一活潑潑地，則知性矣。」語持功太嚴者曰：「君子不以養心者害心。」有問放心難收者，呼之，輒應聲而起，曰：「汝心見在，更何求乎？」曰：「即事是心，更無心矣；即心是事，更無事矣。」

郡守召，辭以疾。謂門人曰：「致師而學，學不誠矣；往教，教不立矣。不往，是不仁也；必往，是不智也。此道也。」

或問：「先生何不仕？」曰：「『吾無往而不與二三子者』，是某之仕也。」或勸之著述，不應。

洪御史垣構舍居其徒。吴御史悌抗疏薦，不報。

大學士趙貞吉誌其墓，以爲契聖歸真，生知之亞。

晚作《格物要旨》、《勉仁方》諸篇，或百世不可易云。

生五子，襞、璧、禔、補、雍，皆有立，而襞最知名。

明儒學案·泰州學案·處士王心齋先生艮〔一〕

黄宗羲

王艮，字汝止，號心齋，泰州之安豐場人。七歲受書鄉塾，貧不能竟學。從父商於山東，常銜《孝經》、《論語》、《大學》袖中，逢人質難，久而信口談解，如或啓之。其父受役，天寒起盥冷水，先生見之，痛哭曰：「爲人子而令親如此，尚得爲人乎？」於是有事則身代之。

先生雖不得專攻於學，然默默參究，以經證悟，以悟釋經，歷有年所，人莫能窺其際也。一夕，夢天墮壓身，萬人奔號求救，先生舉臂起之，視其日月星辰失次，復手整之。覺而汗溢如雨，心體洞徹。記曰：「正德六年間，居仁三月半。」自此行住語默，皆在覺中。乃按《禮經》制五常冠、深衣、大帶、笏板服之，曰：「言堯之言，行堯之行，而不服堯之服，可乎？」

時陽明巡撫江西，講良知之學，大江之南學者翕然信從。顧先生僻處，未之聞也。有黄文剛者，吉安人而寓泰州，聞先生論，詫曰：「此絶類王巡撫之談學也。」先生喜曰：「有是哉？雖然，王公論良知，艮談格物。如其同也，是天以王公與天下後世也；如其異也，是天以艮與王公

〔一〕 據黄宗羲《明儒學案》卷三十二輯録。

也。」即日啓行，以古服進見，至中門，舉笏而立。陽明出迎於門外。始入，先生據上座，辯難久之，稍心折，移其座於側。論畢，乃歎曰：「簡易直捷，艮不及也！」下拜，自稱弟子。退而繹所聞，間有不合，悔曰：「吾輕易矣！」明日入見，且告之悔。陽明曰：「善哉，子之不輕信從也！」先生復上座，辯難久之，始大服，遂爲弟子如初。陽明謂門人曰：「向者吾擒宸濠，一無所動；今日卻爲斯人動矣！」

陽明歸越，先生從之。來學者多從先生指授。已而歎曰：「千載絶學，天啓吾師，可使天下有不及聞者乎？」因問陽明以孔子轍環車制，陽明笑而不答。歸家，遂自製蒲輪，招搖道路，將至都下。有老叟夢黄龍無首，行雨至崇文門，變爲人立。晨起往候，而先生適至。當是時，陽明之學，謗議蠭起，而先生冠服言動不與人同，都人以怪魁目之。同門之在京者勸之歸，陽明亦移書責之，先生始還會稽。陽明以先生意氣太高，行事太奇，痛加裁抑，及門三日不得見。陽明送客出門，先生長跪道旁，曰：「艮知過矣！」陽明不顧而入，先生隨至庭下，厲聲曰：「仲尼不爲已甚！」陽明方揖之起。

陽明卒於師，先生迎哭至桐廬，經紀其家而後返。開門授徒，遠近皆至。同門會講者，必請先生席。

陽明而下，以辯才推龍溪，然有信有不信，惟先生於眉睫之間省覺人最多。謂「百姓日用即道」，雖童僕往來動作處，指其不假安排者指示之，聞者爽然。御史吴疏山悌上疏舉薦，不報。

嘉靖十九年十二月八日卒，年五十八。

先生以「格物，即物有本末之物。身與天下國家，一物也；格知身之爲本，而家國天下之爲末。行有不得者，皆反求諸己，反己是格物底工夫，故欲齊、治、平在於安身。《易》曰：『身安而天下國家可保也。』身未安，本不立也；知身安者，則必愛身、敬身。愛身、敬身者必不敢不愛人、不敬人，能愛人、敬人則人必愛我、敬我，而我身安矣。一家愛我、敬我，則家齊；一國愛我、敬我，則國治；天下愛我、敬我，則天下平。故人不愛我，非特人之不仁，己之不仁可知矣；人不敬我，非特人之不敬，己之不敬可知矣」。此所謂「淮南格物」也。子劉子曰：「後儒『格物』之説，當以淮南爲正。第少一注脚：格知，誠意之爲本，而正、修、治、平之爲末，則備矣。」然所謂安身者，亦是安其心耳，非區區保此形骸之爲安也。徒居危邦、入亂邦，見幾不作者，身不安而心固不安也，不得已而殺身以成仁。文王之羑里，夷、齊之餓，心安則身亦未嘗不安也。乃先生又曰：「安其身而安其心者，上也；不安其身而安其心者，次之；不安其身又不安其心，斯爲下矣。」而以緡蠻爲安身之法，無乃開一臨難苟免之隙乎？

先生以九二見龍爲正位，孔子修身講學以見於世，未嘗一日隱也。故有以伊、傅稱先生者，先生曰：「伊、傅之事我不能，伊、傅之學我不由。伊、傅之得君可謂奇遇，如其不遇，終身獨善而已。孔子則不然也。」此終蒲輪轍環意見，陽明之所欲裁抑者，熟處難忘也。於遯世不見知而不悔之學，終隔一塵。

先生曰：「聖人以道濟天下，是至重者道也。人能弘道，是至重者身也。道重則身重，身重則道重。故學也者，所以學爲師也，學爲長也，學爲君也。以天地萬物依於身，不以身依於天地萬物，舍此，皆妾婦之道。」聖人復起，不易斯言。

欽定明史王艮傳〔一〕

王艮，字汝止，初名銀，王守仁爲更名。七歲受書鄉塾，貧不能竟學。父灶丁，冬晨犯寒，役於官。艮哭曰：「爲人子，令父至此，得爲人乎？」出代父役。入，定省唯謹。艮讀書止《孝經》、《論語》、《大學》，信口談説，中理解。有客聞艮言，詫曰：「何類王中丞語？」艮乃謁守仁江西。與守仁辨，久之大服，拜爲弟子。明日告之悔，復就賓位自如。已，心折，卒稱弟子。從守仁歸里，歎曰：「吾師倡明絶學，何風之不廣也？」還家，制小車北上，所過招要人士，告以守仁之道，人聚觀者千百。抵京師，同門生駭異，匿其車，趣使返。守仁聞之，不

〔一〕底本、和刻本無，據全集本輯録。

悦。艮往謁，拒不見，長跪謝過，乃已。

王氏弟子遍天下，率都爵位有氣勢。艮以布衣抗其間，聲名反出諸弟子上。然艮本狂士，往往駕師説上之，持論益高遠，出入於二氏。

艮傳林春、徐樾，樾傳顔鈞，鈞傳羅汝芳、梁汝元，汝芳傳楊起元、周汝登、蔡悉。